DÉCO GUIDE
MARABOUT

le grand catalogue déco

3 000 références

salle de bains | cuisine | chauffage | accessoires

le grand catalogue déco

3 000 références

salle de bains | cuisine | chauffage | accessoires

SOMMAIRE

8

160

344

442

492

LE GRAND CATALOGUE DÉCO : MODE D'EMPLOI

• Afin de faciliter la compréhension des légendes, un glossaire spécifique à chaque chapitre définit les termes techniques (p. 10, p. 162, p. 346, p. 444).

• Tous les prix mentionnés dans l'ouvrage ne sont donnés qu'à titre indicatif et ne peuvent être considérés comme exacts.
La mention « NC » signale un tarif non communiqué.

• La lecture des dimensions respecte l'ordre suivant, quel que soit le produit présenté : Largeur x Profondeur x Hauteur.
Pour la partie « Cheminée » (p. 348-387), les données dimensions indiquent celles du foyer et non celles de l'habillage.

PRÉFACE

Du dessein au dessin, il n'y a qu'un pas vers l'harmonie de l'aménagement intérieur. Penser l'espace, créer un habitat à son image où vivre est un plaisir, devient aujourd'hui un projet accessible à tous.

Le Grand Catalogue Déco se propose de réunir une sélection des dernières tendances du marché en matière d'équipement lourd pour la maison.
Au fil de quatre chapitres — salle de bains, cuisine, chauffage et accessoires —, tous les principes d'aménagement existants sont présentés. Caractéristiques, dimensions et gammes de prix permettent de trouver la solution adaptée à ses contraintes, à son budget et à son idéal.
Ce livre s'adresse à tous les amateurs de design, des plus novices aux fins connaisseurs. On y retrouvera les plus grands designers contemporains (Philippe Starck, Giulio Cappellini, Pininfarina...), dont l'influence rayonne sur le moindre objet du quotidien.

Les innovations actuelles sont marquées par le progrès technologique, le mélange des traditions culturelles et le souci du développement durable. Et la vogue est à la modularité : pour petits espaces ou grandes surfaces chacun trouve son équilibre.

Dans la maison d'aujourd'hui, les poignées de porte se font discrètes quand elles ne diffusent pas de parfum. Les baignoires en bois, les plaques chauffantes ou les feux d'ambiance à l'éthanol se posent où nous le désirons.
Le four descend de sa cachette et le plan de travail se dévoile sous un plateau coulissant. On s'essaye à d'autres modes de cuisson, comme le teppan yaki japonais. Les repas se partagent autour d'un îlot central, le réfrigérateur-TV-MP3 dresse la *e-list* des courses et l'eau coule de robinets escamotables.
Pour notre plaisir, les lavabos se fondent au plan de toilette, les douches se dotent de lampes à bronzer et d'atmosphères lumineuses, les systèmes d'hydrothérapie portent des noms à faire rêver : SunShower, Rainmaker, Zen, Aquazzura...

À petit prix ou à la pointe du raffinement, découvrez les créations qui rendent l'espace à vivre — épuré à l'extrême — toujours plus sensuel et ultra fonctionnel.

Votre seule limite : le rêve.

Salle de Bains

- BAIGNOIRE
- DOUCHE
- LAVABO
- ROBINET
- BIDET/WC

salle de bains

MATÉRIAUX

ABS thermoformé
Acier inox
Acrylique
Altuglass®
Ardoise de synthèse
Aluminium anodisé
Béton de synthèse (Céramyl Decotec®)
Bouleau
Céramique
Cerisier
Chêne
Chrome
Coriant®
Cristalplant
Durat®
Ébène
Ekotek
Email
Exmar
Ficore®
Fonte émaillée
Laiton
Marbre de Carrare
Nickel
Noyer
Parapan®
Pierre (de Supaï, de synthèse)
Poirier
Polyéthylène
PVC flexible
Quaryl®
Résine
Satinox
Siltek
Teck
Verre
Zinc

GLOSSAIRE

BAIGNOIRE DE BALNÉOTHÉRAPIE
Une baignoire de balnéothérapie est équipée d'un système de brassage de l'eau qui permet des massages toniques ou relaxants. Il existe trois systèmes de balnéothérapie. Le système « air » procure des massages doux grâce à des injecteurs répartis au fond de la baignoire. Le système « eau/air » effectue des massages plus puissants et toniques, des buses disposées sur les parois de la baignoire diffusant de l'eau sous pression. Ces buses orientables permettent un hydromassage global ou localisé sur certaines parties du corps. Pour le système « mixte » la baignoire est équipée à la fois de buses de massage sur les côtés et d'injecteurs situés au fond.

BUSE DE MASSAGE
La buse de massage est un dispositif formant l'orifice de sortie d'un appareil de projection d'eau. Elle permet généralement un réglage de la grosseur des gouttelettes et de leur dispersion.

COLONNE DE DOUCHE MULTIFONCTIONS
La colonne de douche multifonctions désigne un ensemble qui comporte un mitigeur thermostatique ou mécanique et un système de buses ou de pommes de massage.

CHROMATHÉRAPIE
La chromathérapie est basée sur les principes de la médecine traditionnelle chinoise, en particulier la théorie des cinq couleurs. Alliée aux vertus de l'eau, la chromathérapie met en scène des couleurs grâce à des spots lumineux aquatiques. C'est une méthode d'harmonisation par les couleurs qui exercent une influence physique, psychique et émotionnelle.

DOUCHETTE À MAIN
La douchette à main est une petite pomme d'arrosage montée sur poignée mobile, fixée à l'extrémité d'un tuyau flexible d'alimentation par mélangeur ou mitigeur.

HYDROTHÉRAPIE/HYDROMASSAGE
L'hydrothérapie est connue depuis des millénaires par les Égyptiens, les Grecs et les Romains. On classe aujourd'hui sous l'expression « hydrothérapie » un ensemble de pratiques de soin, de remise en forme ou de confort reposant sur une utilisation thérapeutique de l'eau.
Un dispositif d'hydromassage permet de bénéficier de jets d'eau verticaux et horizontaux puissants.

LAVABO AVEC CACHE-SIPHON
Le cache-siphon, ou demi-colonne, a la même fonction esthétique que la colonne : cacher le siphon et les tuyauteries ; contrairement à la colonne, il ne repose pas sur le sol, ce qui facilite l'entretien sous le lavabo.

LAVABO AVEC DOSSERET
Ils'agit d'un lavabo équipé d'un panneau vertical destiné à protéger le mur.

LAVABO SUR COLONNE
C'est un lavabo suspendu sous lequel on ajoute une colonne, non pour soutenir le lavabo mais pour cacher le siphon et les tuyauteries.

LAVABO SUSPENDU
Les lavabos suspendus sont fixés sur une paroi ou un mur à l'aide de vis et de chevilles ; ils peuvent aussi reposer sur une console. Ils se placent directement à la hauteur voulue et sont d'un entretien facile.

LAVABO AVEC PIÈTEMENT
Aussi appelé lavabo-console, c'est une solution intermédiaire entre le lavabo et le plan de toilette. Équipé de plages latérales, c'est un lavabo suspendu sous lequel sont fixés des pieds ou un piètement métallique. Il peut être équipé de porte-serviettes ou d'accessoires de rangement sous le lavabo.

LUMINOTHÉRAPIE
La luminothérapie ou photothérapie est une technique très répandue en Europe du nord comme traitement contre les troubles affectifs saisonniers. Elle peut être associée à l'hydrothérapie grâce à un système d'halogènes à intensité variable, diffusant de la lumière dans la cabine de la douche.

MÉLANGEUR
Un mélangeur est un robinet composé de deux têtes (eau froide et eau chaude) alimentant un même bec.

MITIGEUR
Un mitigeur est un robinet composé d'une manette et d'un bec. La commande unique régit à la fois le débit et la température de l'eau distribuée.

MITIGEUR À COMMANDE INFRAROUGE
Un mitigeur à commande infrarouge est un robinet dont la manette de commande été remplacée par un interrupteur à infrarouge déclenchant l'écoulement de l'eau à une température et un débit déterminés par l'utilisateur.

MITIGEUR THERMOSTATIQUE
Un mitigeur thermostatique dispose de deux commandes séparées, l'une pour le débit et l'autre pour la température. La température souhaitée est prédéfinie et contrôlée automatiquement par un thermostat incorporé. La température de l'eau est donc constante et seul le débit est réglé manuellement.

POMME HAUTE OU DOUCHE DE TÊTE
La douche de tête permet d'obtenir un jet abondant s'écoulant en pluie du plafond ; elle peut aussi être montée sur un bras mural et certaines versions offrent un système lumineux. La pomme haute est inclinable ou fixe, intégrée à la colonne de douche.

POMMEAU DE DOUCHE
Le pommeau de douche permet une bonne diffusion de l'eau. Il est généralement en polyamide (certains modèles sont en laiton), chromé ou de couleur. Il peut être puissant, moussant ou très doux. Tout est affaire de jets :

- Jet pluie : fin et dense, il est très efficace pour rincer rapidement le corps.
- Jet moussant : voluptueux et sans éclaboussures, il est parfait pour se laver les cheveux, car sa douceur les préserve.
- Jet pluie concentrée : large et dense pour un maximum de confort.
- Jet massant : tonifiant et massant.
- Jet pulsant : jet massant alterné avec des pulsations d'air, il procure des sensations utlratonifiantes.
- Jet brumisateur : vaporisant de fines gouttelettes d'eau, pour des instants de détente très rafraîchissants.
- Jet doux : jet moussant plus doux que le jet moussant traditionnel.

RECEVEUR DE DOUCHE
Le receveur de douche est un bac équipé d'un siphon, destiné à recevoir et à évacuer l'eau et sur lequel reposent les parois et la porte de la douche.

VASQUE À POSER
La vasque se pose tout simplement sur le meuble de toilette. Il suffit de découper l'emplacement de l'évacuation.

VASQUE À ENCASTRER
Les vasques à encastrer sont prévues pour être installées par le dessus sur un plan de toilette ou sur un meuble de salle de bains préalablement découpé. Leur rebord est surélevé par rapport à la surface du plan.

baignoire

01. AGAPE
DESCRIPTIF : baignoire ronde avec appuie-tête
NOM : Ufo
DESIGN : Benedini Associati
MATIÈRE/COULEUR :
acier inox poli, Exmar, intérieur émail blanc
DIMENSIONS : ø 200 x 50 cm
EXISTE EN : intérieur émail noir
PRIX : env. 10 000 €

01.

pose libre

01. DURAT
NOM : Block Bath
MATIÈRE/COULEUR : Durat®
montée sur structure
métallique
EXISTE EN : large gamme
de couleurs disponible
DIMENSIONS :
178 x 79 x 72 cm
PRIX : env. 7 000 €

01.

02. DURAT
NOM : Mini Soikko
MATIÈRE/COULEUR : Durat® montée sur structure métallique
DIMENSIONS : 161 x 69 x 55 cm
PRIX : env. 5 000 €

03. AQUAMASS
NOM : Strip
DESIGN : Michel Boucquillon
MATIÈRE/COULEUR : Cristalplant
DIMENSIONS : 200 x 100 x 48 cm
PRIX : env. 2 000 €

04. DURAT
NOM : Soikko
MATIÈRE/COULEUR : Durat® montée sur structure métallique
DIMENSIONS : 167 x 70,5 x 65 cm
PRIX : env. 5 000 €

05. DURAVIT
DESCRIPTIF : baignoire à débordement
DESIGN : Philippe Starck
DIMENSIONS : 232 x 142 x 60 cm
EXISTE EN : éclairages colorés
GAMME : Starck X
PRIX : env. 8 000 €

02.

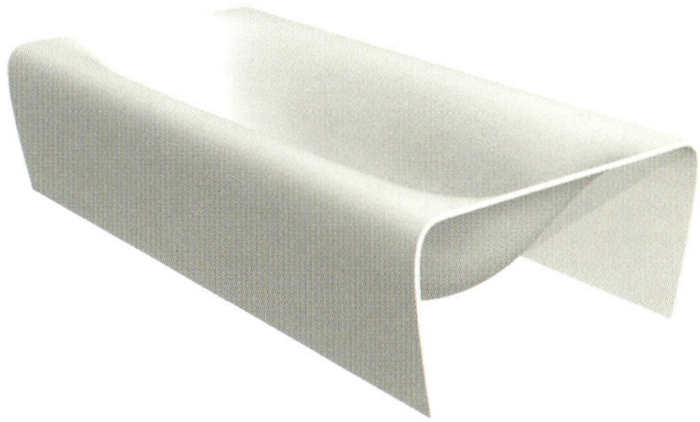
03.

04.

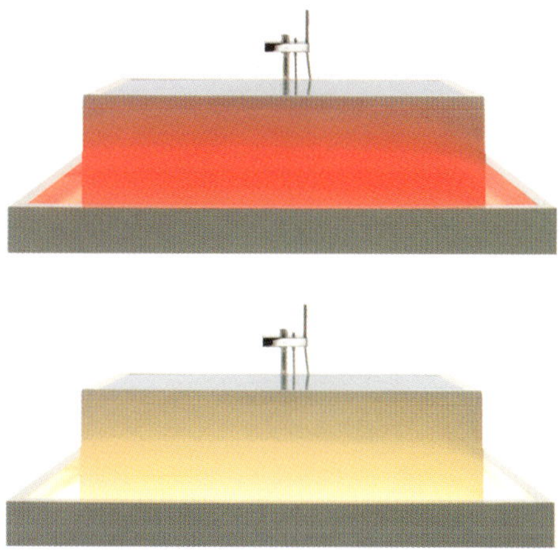
05.

pose libre

01. FLAMINIA
DESCRIPTIF : baignoire encastrée dans un coffrage
DESIGN : Alexander Duringer, Stefano Rosini
MATIÈRE/COULEUR : céramique blanche, coffrage en bois laqué
DIMENSIONS : 200 x 90 x 58 cm
EXISTE EN : large gamme de couleurs disponible
GAMME : lo
PRIX : env. 8 000 €

01.

02. FLAMINIA
DESCRIPTIF : baignoire avec contours
DESIGN : Alexander Duringer, Stefano Rosini
MATIÈRE/COULEUR : céramique blanche, contour en bois laqué
DIMENSIONS : 200 x 90 x 58 cm
EXISTE EN : large gamme de couleurs disponible
GAMME : Io
PRIX : env. 7 000 €

02.

01.

01. BOFFI
DESIGN : Claudio Silvestrin
MATIÈRE/COULEUR : Corian® blanc
DIMENSIONS : 191 x 126 x 55 cm
GAMME : Fiumi
PRIX : à partir de 19 000 €

02. AXIA
DESCRIPTIF : baignoire rectangulaire avec rangements frontaux
DESIGN : Lino Codato
MATIÈRE/COULEUR : Corian® blanc
PRIX : NC

03. BOFFI
DESIGN : Mårten Claesson
MATIÈRE/COULEUR : Corian® blanc
DIMENSIONS : 180 x 82 x 63 cm
GAMME : Mood
PRIX : env. 13 000 €

04. BOFFI
DESIGN : Marcel Wanders
MATIÈRE/COULEUR : Cristalplant
DIMENSIONS : 190 x 85 x 50 cm
GAMME : Gobi
PRIX : env. 8 000 €

02.

03.

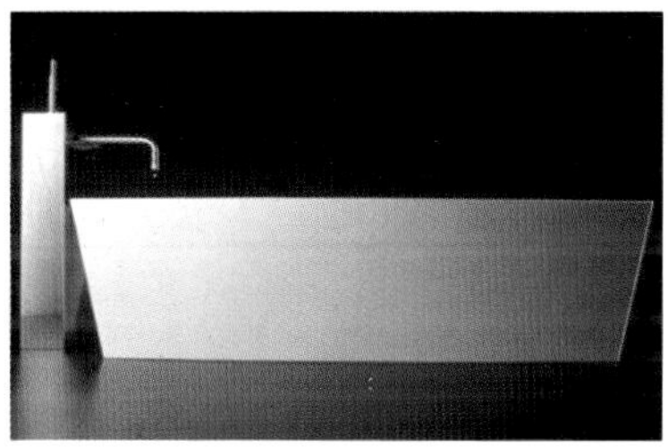

04.

01. TOSCOQUATTRO
DESCRIPTIF : baignoire îlot, vasque intégrée dans plan de toilette et rangements colonnes
DESIGN : Claudio Silvestrin
MATIÈRE/COULEUR : pierre de Supai
GAMME : Le Acque
PRIX : NC

02. TOSCOQUATTRO
DESCRIPTIF : baignoire îlot sur socle
DESIGN : Claudi Nardi
MATIÈRE/COULEUR : Siltek, socle en ébène
DIMENSIONS : 180 x 80 x 50 cm
GAMME : Jazz
PRIX : env. 6 000 €

03. VILLEROY & BOSCH
DESCRIPTIF : baignoire ovale avec tablier
MATIÈRE/COULEUR : acrylique
DIMENSIONS : 180 x 80 x 47 cm
GAMME : Wellness NewWave
EXISTE EN : large gamme de couleurs disponible
PRIX : NC

01.

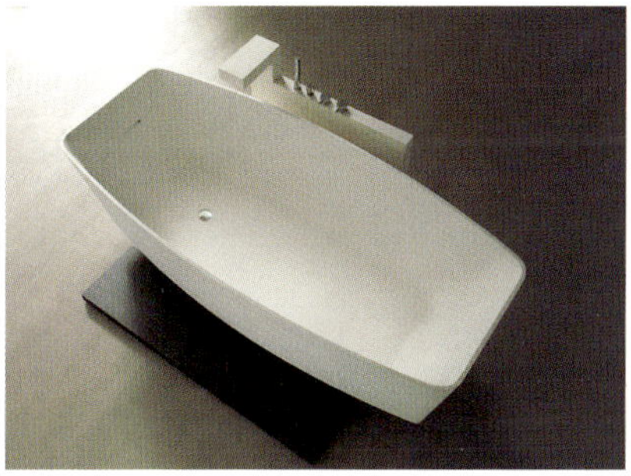
02.

03.

pose libre

01. AGAPE
DESCRIPTIF : baignoire îlot, intérieur ergonomique
DESIGN : Benedini Associati
MATIÈRE/COULEUR : bouleau contreplaqué imperméable
DIMENSIONS : 170 x 120 x 55 cm
EXISTE EN : placage chêne
GAMME : Woodline
PRIX : env. 9 000 €

02. PRESTIGE SANITAIRE
NOM : Enka
MATIÈRE/COULEUR : résine chargée de poudres minérales
DIMENSIONS : 172 x 82 x 58 cm
EXISTE EN : large gamme de couleurs disponible
PRIX : NC

03. AGAPE
DESCRIPTIF : baignoire avec rangements latéraux
NOM : Exline
DESIGN : Benedini Associati
MATIÈRE/COULEUR : Exmar blanc
DIMENSIONS : 170 x 92 x 55 cm
PRIX : env. 9 000 €

04. AGAPE
NOM : Spoon
DESIGN : Benedini Associati
MATIÈRE/COULEUR : Exmar blanc
DIMENSIONS : 185 x 101 x 46 cm
PRIX : env. 8 000 €

01.

02.

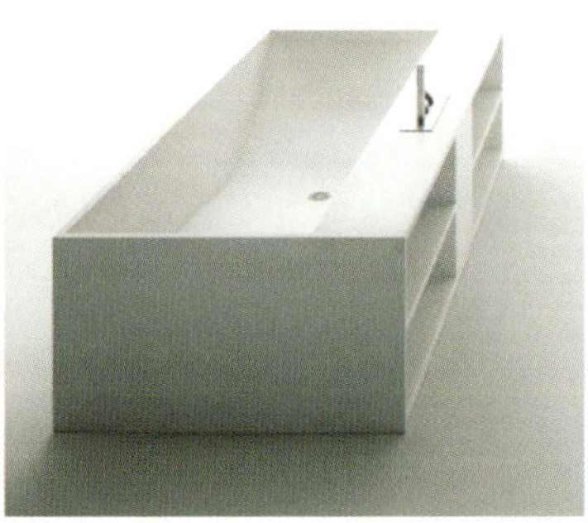

03.

04.

pose libre

01. DURAT
NOM : Soikko
MATIÈRE/COULEUR : Durat® montée sur structure métallique
DIMENSIONS : 167 x 70 x 65 cm
PRIX : env. 5 000 €

02. DURAVIT
DESCRIPTIF : baignoire avec coffrage
DESIGN : sieger design
MATIÈRE/COULEUR : céramique blanche, coffrage en noyer
DIMENSIONS : 180 x 80 x 46 cm
EXISTE EN : large gamme de couleurs disponible
GAMME : Happy D.
PRIX : env. 4 000 €

01.

02.

03. PRESTIGE SANITAIRE
NOM : Tama
MATIÈRE/COULEUR : résine chargée de poudres minérales
DIMENSIONS : 170 x 85 x 56 cm
EXISTE EN : large gamme de couleurs disponible
GAMME : Evolution
PRIX : NC

04. KOHLER
DESCRIPTIF : baignoire ovale à débordement
MATIÈRE/COULEUR : acrylique brillant
DIMENSIONS : 183 x 117 cm
EXISTE EN : large gamme de couleurs disponible
PRIX : à partir de 1 000 €

03.

04.

01

01. THE WATER MONOPOLY
DESCRIPTIF : reproduction d'une baignoire ancienne, fabrication artisanale
MATIÈRE/COULEUR : Ficore®
DIMENSIONS : 167 x 83 x 57 cm
GAMME : Paris
PRIX : env. 8 000 €

02. THE WATER MONOPOLY
DESCRIPTIF : reproduction d'une baignoire ancienne, fabrication artisanale
MATIÈRE/COULEUR : laiton
DIMENSIONS : 186 x 76 x 66 cm
GAMME : Copper
PRIX : env. 10 000 €

02.

01. THE WATER MONOPOLY
DESCRIPTIF : reproduction d'une baignoire ancienne, fabrication artisanale
MATIÈRE/COULEUR : céramique blanche, acier poli
DIMENSIONS : 166 x 69 x 58,5 cm
GAMME : Bateau
PRIX : env. 7 000 €

02. THE WATER MONOPOLY
DESCRIPTIF : reproduction d'une baignoire ancienne, fabrication artisanale
MATIÈRE/COULEUR : Ficore®
DIMENSIONS : 167 x 83 x 69 cm
GAMME : Paris
PRIX : env. 8 000 €

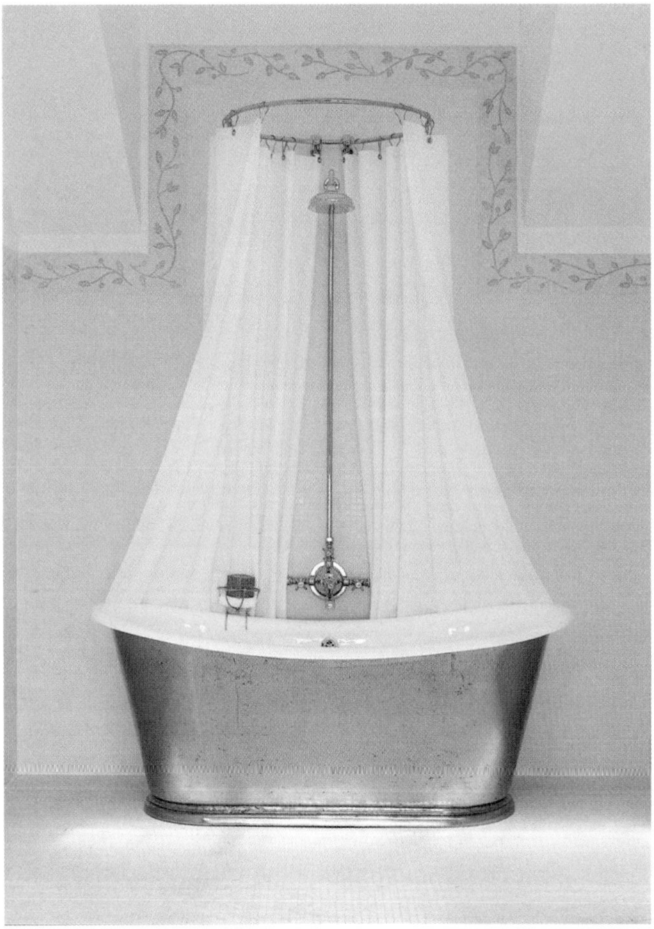

01.

02.

baignoire d'angle

01. VALENTIN
DESCRIPTIF : baignoire d'angle à encastrer
MATIÈRE/COULEUR : acrylique blanc
DIMENSIONS : 135 x 135 x 42 cm
GAMME : Long Island
PRIX : env. 400 €

02. VALENTIN
DESCRIPTIF : baignoire d'angle à encastrer
MATIÈRE/COULEUR : acrylique blanc
DIMENSIONS : 140 x 140 x 43 cm
GAMME : Lotus
PRIX : env. 400 €

03. VALENTIN
DESCRIPTIF : baignoire d'angle à encastrer
MATIÈRE/COULEUR : acrylique blanc
DIMENSIONS : 150 x 100 x 43 cm
GAMME : Momentaï
PRIX : env. 400 €

04. CASTORAMA
DESCRIPTIF : baignoire d'angle à encastrer
NOM : Valparaiso
MATIÈRE/COULEUR : acrylique blanc
DIMENSIONS : 120 x 120 x 43 cm
PRIX : env. 200 €

01.

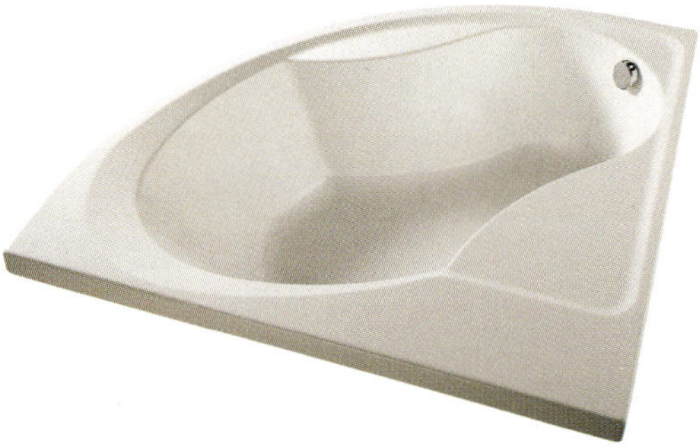

02.

03.

04.

05. DURAVIT

DESCRIPTIF : baignoire d'angle à tablier
MATIÈRE/COULEUR : acrylique blanc
DIMENSIONS : 180 x 80 x 46 cm
EXISTE EN : avec système balnéo
GAMME : Happy D.
PRIX : env. 2 000 €

05.

balnéo

01. JACOB DELAFON
DESCRIPTIF : baignoire d'angle avec système à propulsion d'air, chromathérapie, diffusion d'huiles essentielles
MATIÈRE/COULEUR : acrylique blanc
DIMENSIONS : 145 x 145 cm
GAMME : Deseo
PRIX : env. 7 000 €

02. VALENTIN
DESCRIPTIF : baignoire d'angle avec système à propulsion d'eau ou système mixte (eau et air)
MATIÈRE/COULEUR : acrylique blanc
DIMENSIONS : 140 x 140 x 43 cm
GAMME : Fjord
PRIX : env. 400 €

03. VALENTIN
DESCRIPTIF : baignoire d'angle avec système à propulsion d'eau ou système mixte (eau et air)
MATIÈRE/COULEUR : acrylique blanc
DIMENSIONS : 140 x 140 x 42 cm
GAMME : Long Island
PRIX : env. 800 €

04. VALENTIN
DESCRIPTIF : baignoire d'angle avec système à propulsion d'eau ou système mixte (eau et air)
MATIÈRE/COULEUR : acrylique blanc
DIMENSIONS : 150 x 100 x 43 cm
GAMME : Momentaï
PRIX : env. 800 €

05. VALENTIN
DESCRIPTIF : baignoire d'angle avec système à propulsion d'eau ou système mixte (eau et air)
MATIÈRE/COULEUR : acrylique blanc
DIMENSIONS : 170 x 80 x 41 cm
GAMME : Destress
PRIX : env. 700 €

01.

06. VALENTIN
DESCRIPTIF : baignoire d'angle avec système à propulsion d'eau ou système mixte (eau et air)
MATIÈRE/COULEUR : acrylique blanc
DIMENSIONS : 180 x 90 x 41,5 cm
GAMME : Alliance
PRIX : env. 1 000 €

07. HANSGROHE
DESCRIPTIF : baignoire avec tablier équipée d'un système mixte (eau et air)
MATIÈRE/COULEUR : acrylique blanc
DIMENSIONS : 170 x 70 x 50 cm
GAMME : Phâro
PRIX : à partir de 3 000 €

08. HANSGROHE
DESCRIPTIF : baignoire avec tablier équipée d'un système mixte (eau et air)
MATIÈRE/COULEUR : acrylique blanc
DIMENSIONS : 170 x 75 x 50 cm
GAMME : Phâro
PRIX : à partir de 5 000 €

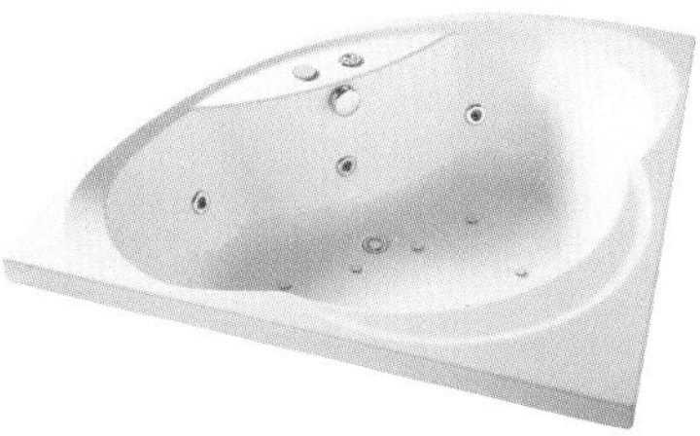
02.

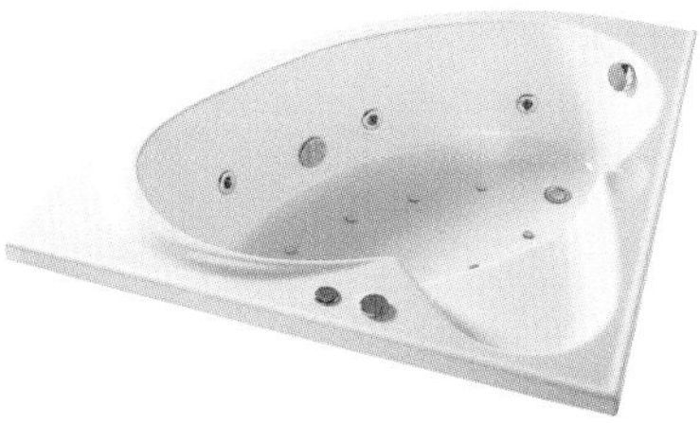
03.

04.

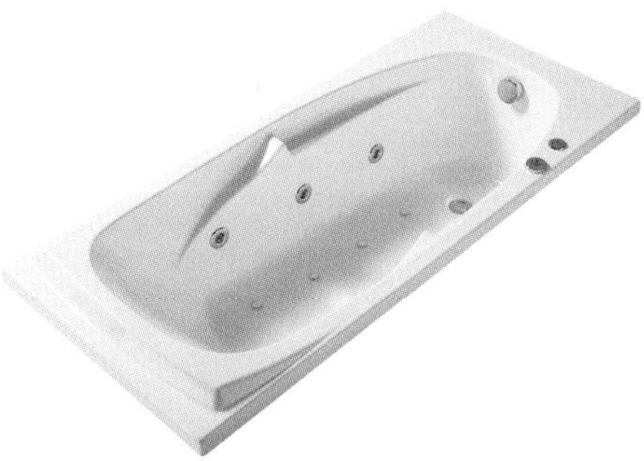
05.

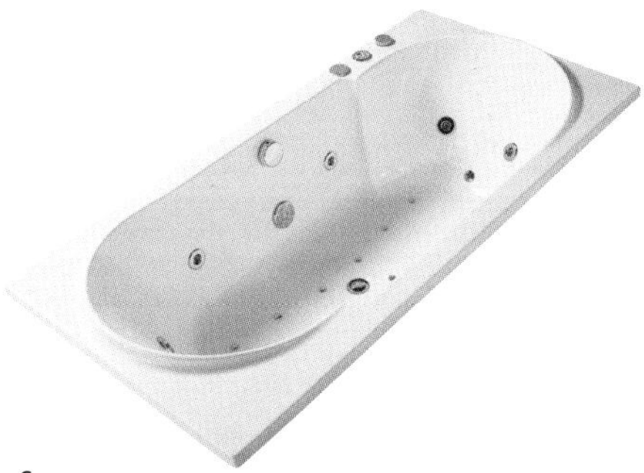
06.

07.

08.

à encastrer

01. VALENTIN
DESCRIPTIF : baignoire avec poignées
MATIÈRE/COULEUR : acrylique blanc
DIMENSIONS : 160 x 75 x 40,5 cm
GAMME : Solfa
PRIX : env. 700 €

02. VALENTIN
DESCRIPTIF : baignoire avec poignées
MATIÈRE/COULEUR : acrylique blanc
DIMENSIONS : 170 x 80 x 41 cm
GAMME : Ahora
PRIX : env. 700 €

03. VALENTIN
DESCRIPTIF : baignoire à vidage central avec poignées
MATIÈRE/COULEUR : acrylique blanc
DIMENSIONS : 180 x 80 x 43 cm
GAMME : Rondinara
PRIX : env. 800 €

04. VALENTIN
DESCRIPTIF : baignoire avec poignées
MATIÈRE/COULEUR : acrylique blanc
DIMENSIONS : 160 x 70 x 37 cm
GAMME : Longane
prix : env. 200 €

05. VALENTIN
DESCRIPTIF : baignoire avec poignées
MATIÈRE/COULEUR : acrylique blanc
DIMENSIONS : 170 x 80 x 42 cm
GAMME : Ginger
PRIX : env. 300 €

01.

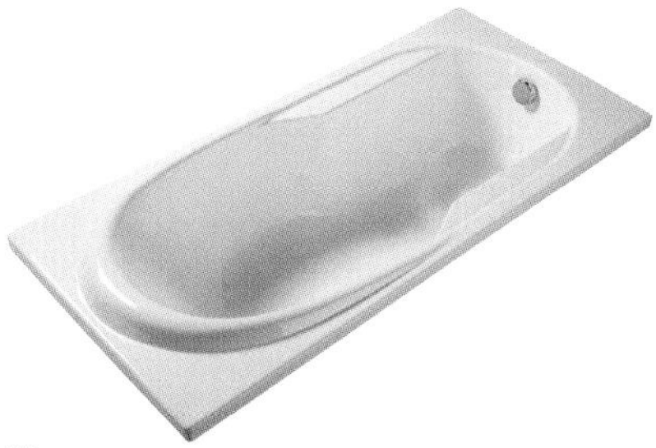
02.

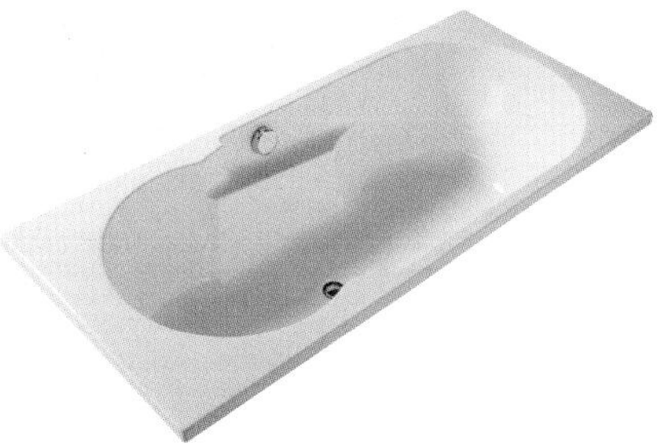
03.

04.

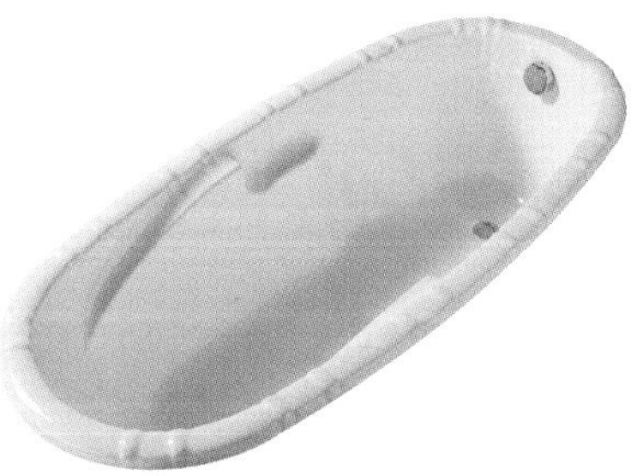
05.

06.

06. VALENTIN
DESCRIPTIF : baignoire à vidage central
MATIÈRE/COULEUR : acrylique blanc
DIMENSIONS : 180 x 80 x 44 cm
GAMME : Agapes
PRIX : env. 300 €

07. JACOB DELAFON
DESCRIPTIF : baignoire à débordement
MATIÈRE/COULEUR : acrylique blanc
DIMENSIONS : 190 x 104 cm
GAMME : Purist
PRIX : NC

08. JACOB DELAFON
DESCRIPTIF : baignoire avec accoudoirs intégrés
MATIÈRE/COULEUR : acrylique blanc
DIMENSIONS : 170 x 90 cm
GAMME : Trocadéro
PRIX : env. 2 000 €

07.

08.

01. AGAPE
DESCRIPTIF : cabine de douche sans porte
DESIGN : Benedini Associati
MATIÈRE/COULEUR : Parapan® receveur en Exmar, satiné blanc
DIMENSIONS : 163 x 202 cm
EXISTE EN : satiné sable
GAMME : Chiocciola
PRIX : env. 10 000 €

01.

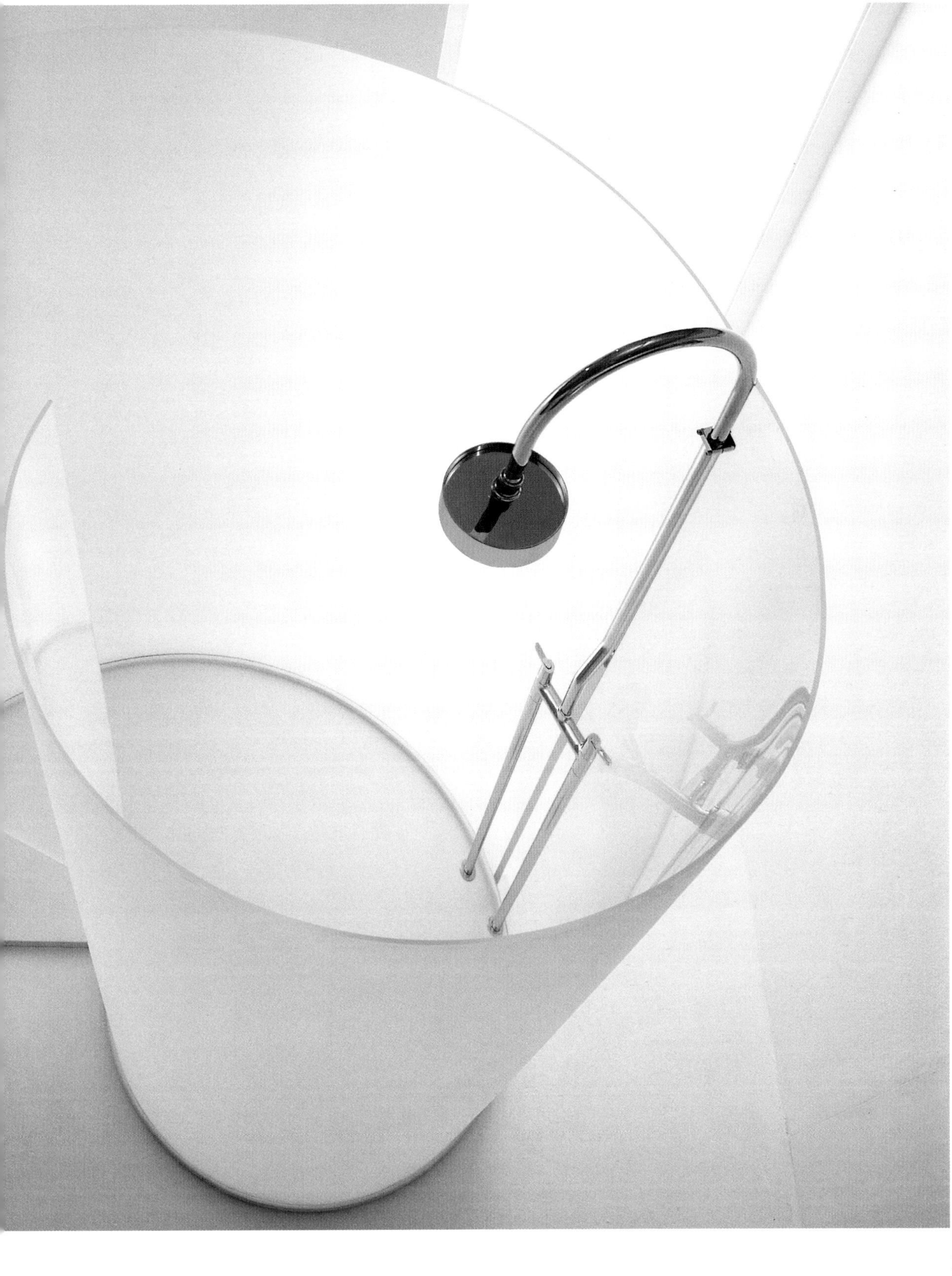

cabine

01. AGAPE
DESCRIPTIF : cabine de douche avec rideau monté sur tringle
DESIGN : Benedini Associati
MATIÈRE/COULEUR : tringle en acier, receveur en Exmar
DIMENSIONS : ø 108 x 200 cm
GAMME : Arabia
PRIX : env. 3 000 €

02. HANSGROHE
DESCRIPTIF : tête de douche montée sur un arc
NOM : Shower Arc
MATIÈRE/COULEUR : finition chrome
DIMENSIONS : 90 x 221 cm
GAMME : Phâro
PRIX : NC

03. AGAPE
DESCRIPTIF : cabine de douche sans porte
DESIGN : Benedini Associati
MATIÈRE/COULEUR : Parapan® receveur en Exmar, satiné blanc
DIMENSIONS : 163 x 202 cm
EXISTE EN : satiné sable
GAMME : Chiocciola
PRIX : env. 10 000 €

01.

02.

03.

cabine

01. DURAVIT
DESCRIPTIF : cabine de douche multifonctions (hydrothérapie et luminothérapie)
DESIGN : Jochen Schmiddem
MATIÈRE/COULEUR : orange, bleu, rouge, vert
DIMENSIONS : 180 x 110 x 229 cm
PRIX : env. 19 000 €

02. CASCADE DESIGN
DESCRIPTIF : cabine de douche à bronzer
NOM : Sunshower
DESIGN : Sentavi
DIMENSIONS : 40 x 20 x 200 cm
PRIX : env. 7 000 €

01.

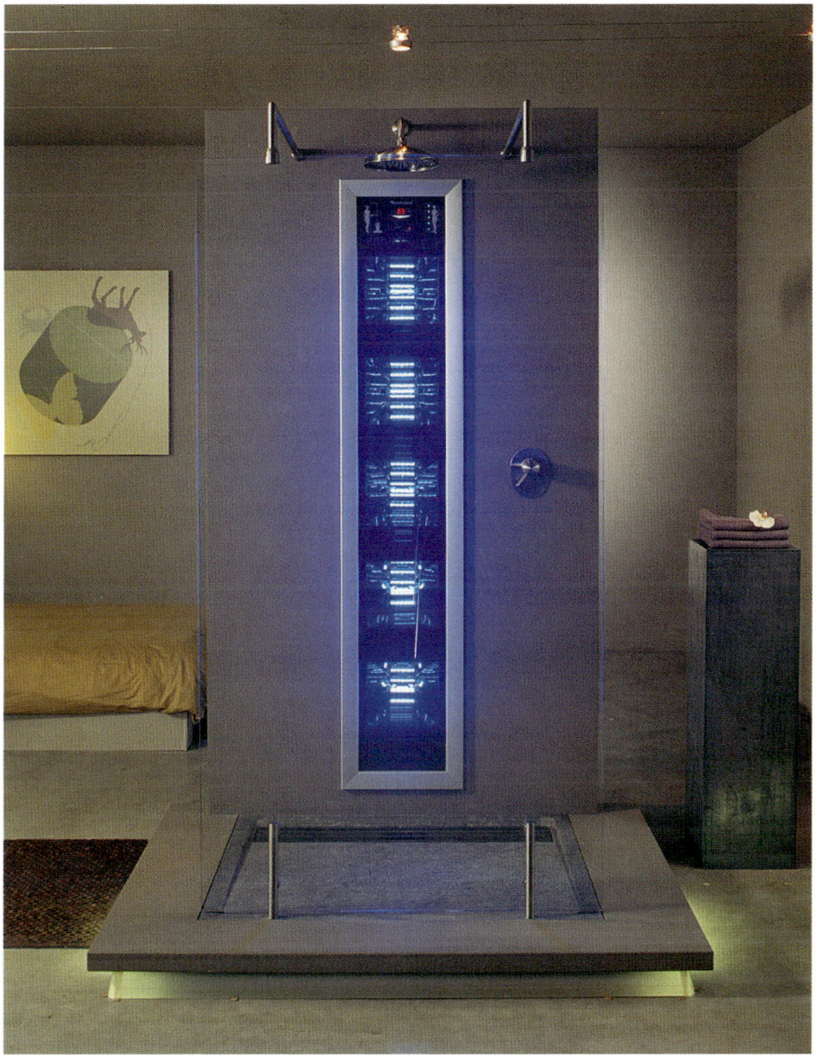

02.

01.

01. KOHLER
DESCRIPTIF : cabine de douche à plusieurs têtes orientables
MATIÈRE/COULEUR : finition chrome poli, nickel brossé
GAMME : WaterTile™
PRIX : NC

02. ALESSI
DESCRIPTIF : cabine de douche, ouverture à 120° couplée à la paroi fixe
DESIGN : Stefano Giovannoni
DIMENSIONS : 90 x 150 cm
PRIX : NC

03. HSK
DESCRIPTIF : cabine et colonne de douche sans porte
MATIÈRE/COULEUR : verre sécurit transparent, profilé chrome
DIMENSIONS : 104 x 140 x 210 cm
GAMME : Walk In
PRIX : env. 2 000 €

04. HSK
DESCRIPTIF : cabine et colonne de douche avec colonne d'hydromassage thermostatique
MATIÈRE/COULEUR : verre sécurit transparent, profilé chrome satiné
DIMENSIONS : 104 x 140 x 230 cm
GAMME : Walk In Hydro
PRIX : env. 3 000 €

02.

03.

04.

colonne

01. VALENTIN
DESCRIPTIF : colonne de douche multifonctions : 1 pomme haute, 1 pommeau, 1 douchette à main, 6 buses de massage
MATIÈRE/COULEUR : corps en aluminium anodisé
DIMENSIONS : 28 x 145 cm
GAMME : Nausicaa
PRIX : env. 900 €

02. VALENTIN
DESCRIPTIF : colonne de douche multifonctions : 1 pomme haute, 1 douchette à main, 6 buses de massage
MATIÈRE/COULEUR : corps en aluminium anodisé, tablette de commande en pierre de synthèse
DIMENSIONS : 40 x 160 cm
GAMME : Bain
PRIX : env. 1 000 €

03. VALENTIN
DESCRIPTIF : colonne de douche multifonctions : 1 pomme haute, 1 douchette à main, 4 buses de massage
NOM : Nautilus Ardoise
MATIÈRE/COULEUR : corps en ardoise de synthèse
DIMENSIONS : 33 x 145 cm
GAMME : Nautilus
PRIX : env. 2 000 €

04. VALENTIN
DESCRIPTIF : colonne de douche multifonctions : 1 pomme haute, 1 douchette à main, 6 buses de massage
NOM : Pro Jade
MATIÈRE/COULEUR : corps en verre
DIMENSIONS : 40 x 145 cm
PRIX : env. 1 000 €

05. HANSGROHE/AXOR
DESCRIPTIF : colonne de douche multifonctions : 1 pomme haute, 6 buses de massage
GAMME : Starck X Waterwall
PRIX : env. 4 000 €

01.

02.

03.

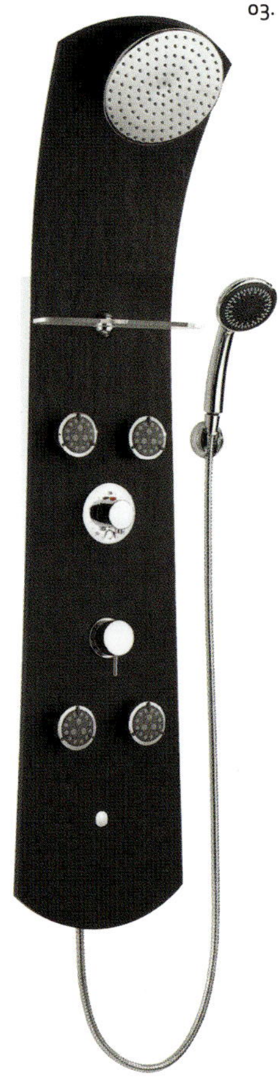

04.

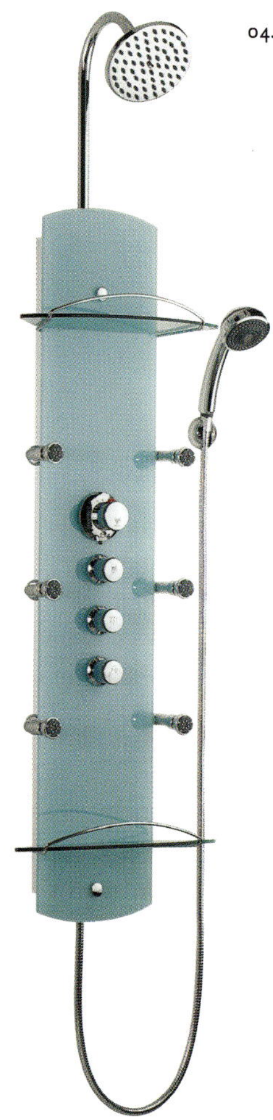

05.

colonne

01. DUSCHOLUX
DESCRIPTIF : colonne de douche multifonctions : 1 pomme haute, 1 douchette à main, 3 buses de massage
NOM : Duschofit Eco
MATIÈRE/COULEUR : argent, robinetterie chromée
DIMENSIONS : 23 x 124 cm
PRIX : env. 1 000 €

02. DUSCHOLUX
DESCRIPTIF : colonne de douche multifonctions : 1 pomme haute, 1 douchette à main, 3 buses de massage 3 possibilités de jets (massage, normal, soft)
NOM : Duschofit Comfort
MATIÈRE/COULEUR : corps argent, robinetterie chromée
DIMENSIONS : 23 x 124 cm
PRIX : env. 2 000 €

03. DORNBRACHT
DESCRIPTIF : ensemble douche/lavabo multifonctions : 1 pomme haute, 1 douchette à main, 4 buses de massage, 1 vasque, 1 miroir, 2 portes à battants
MATIÈRE/COULEUR : finition chrome, aluminium, verre sécurité
DIMENSIONS : hauteur de 240 à 275 cm
GAMME : Solitude
PRIX : env. 13 000 €

01.

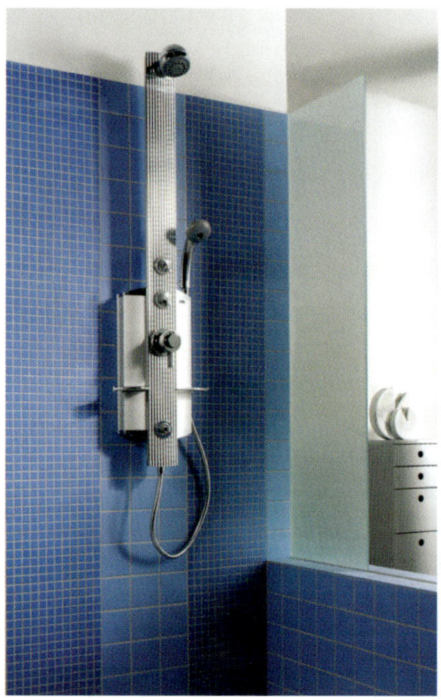

02.

03.

colonne

01. VALENTIN
DESCRIPTIF : colonne de douche : 1 douchette à main 3 jets, mitigeur avec sécurité antibrûlure
MATIÈRE/COULEUR : tableau de commande et tablette de rangement en altuglass®
DIMENSIONS : 34 x 106 cm
GAMME : 80 ABS
PRIX : env. 300 €

02. VALENTIN
DESCRIPTIF : colonne de douche : 1 douchette à main 3 jets, mitigeur avec sécurité antibrûlure
MATIÈRE/COULEUR : corps en ABS thermoformé
DIMENSIONS : 40 x 146 cm
GAMME : Alpha
PRIX : env. 300 €

03. VALENTIN
DESCRIPTIF : colonne de douche : 1 douchette à main 3 jets, mitigeur avec sécurité antibrûlure
MATIÈRE/COULEUR : corps en teck massif, tablette de rangement en altuglass®
DIMENSIONS : 28 x 110 cm
GAMME : 80 teck
PRIX : env. 1 000 €

04. VALENTIN
DESCRIPTIF : douchette à main 2 jets montée sur barre murale
MATIÈRE/COULEUR : finition chrome
GAMME : Mutine
PRIX : moins de 50 €

05. VALENTIN
DESCRIPTIF : douchette à main 2 jets montée sur barre murale avec porte-savon
MATIÈRE/COULEUR : finition chrome
GAMME : Celesta
PRIX : moins de 50 €

01.
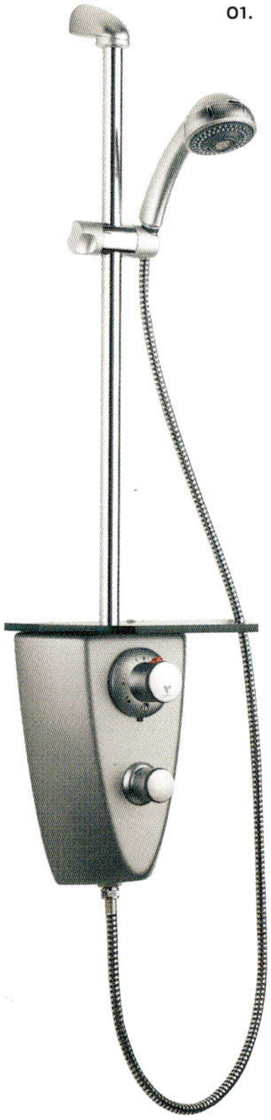

02.
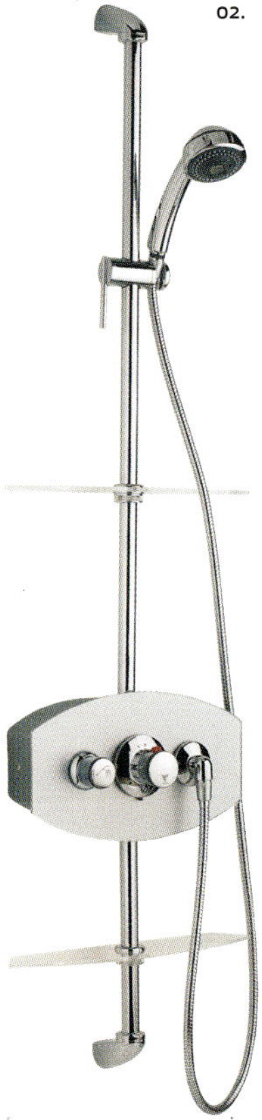

03.
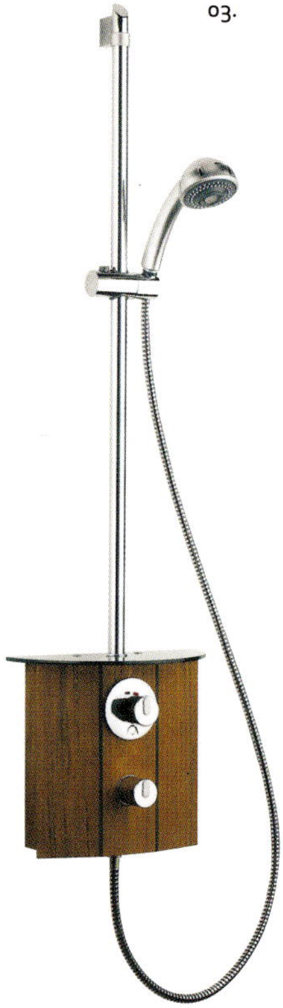

04.
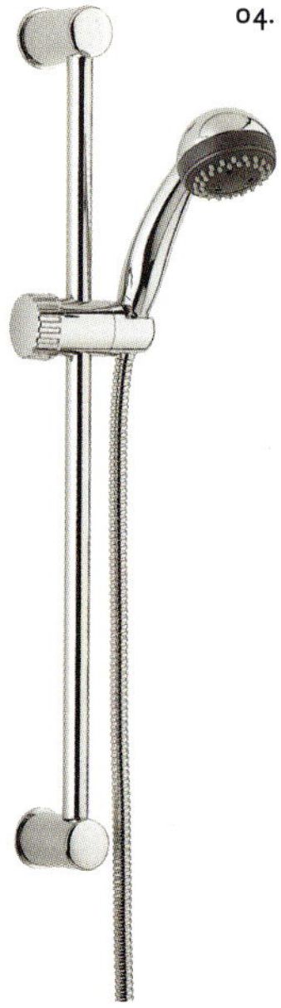

05.
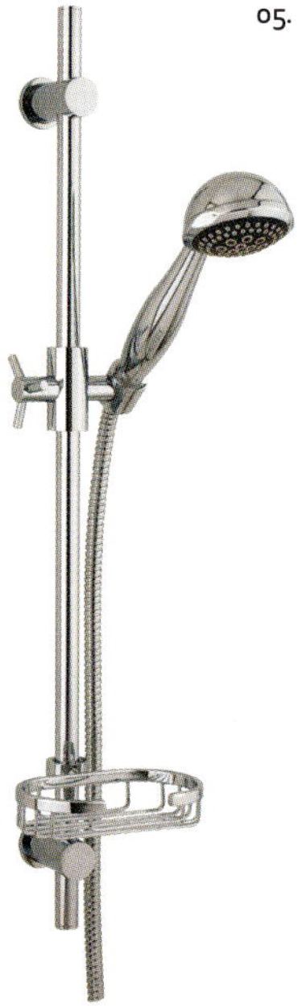

06. HANSGROHE
DESCRIPTIF : douchette à main 3 jets montée sur barre murale avec porte-savon
NOM : Set Raindance E 100 AIR
GAMME : Elegance
PRIX : env. 200 €

07. VALENTIN
DESCRIPTIF : colonne de douche : 1 pomme haute et 1 douchette à main
MATIÈRE/COULEUR : finition chrome
DIMENSIONS : 20 x 150 cm
GAMME : Elle et lui épure
PRIX : env. 400 €

08. VALENTIN
DESCRIPTIF : colonne de douche : 1 pomme haute et 1 douchette à main
MATIÈRE/COULEUR : finition chrome
DIMENSIONS : 15 x 98 cm
GAMME : Elle et lui rétro
PRIX : env. 200 €

09. VALENTIN
DESCRIPTIF : ensemble de douche : 1 pomme haute et 1 douchette à main
MATIÈRE/COULEUR : finition chrome
DIMENSIONS : 20 x 150 cm
GAMME : Elle et lui design
PRIX : env. 500 €

10. HANSGROHE/AXOR
DESCRIPTIF : colonne de douche : 1 pomme haute et 1 douchette à main
NOM : Showerpipe
MATIÈRE/COULEUR : finition chrome
EXISTE EN : platine
GAMME : Axor Citterio
PRIX : env. 2 000 €

06.

07.

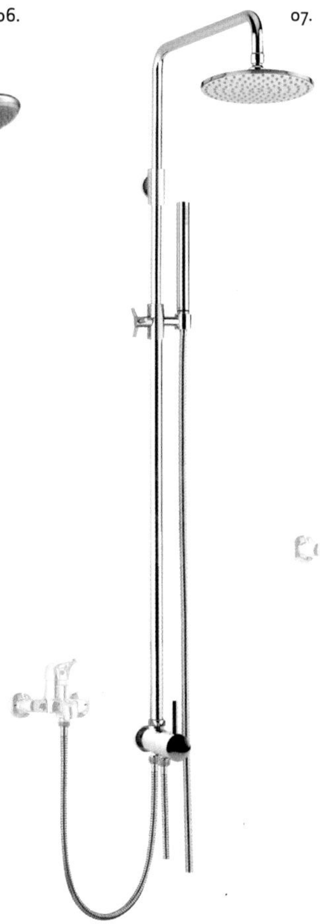

08.

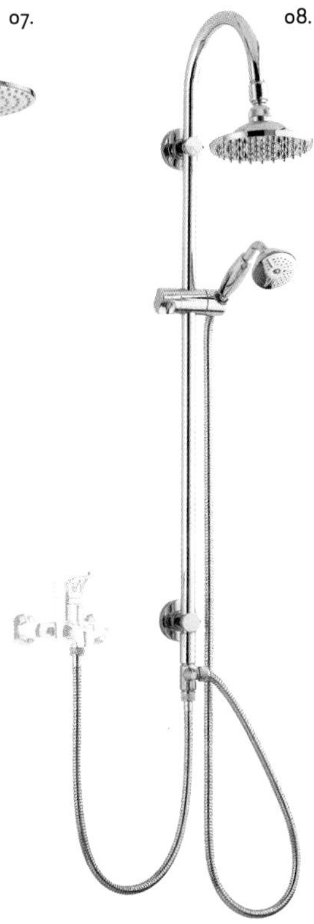

09.

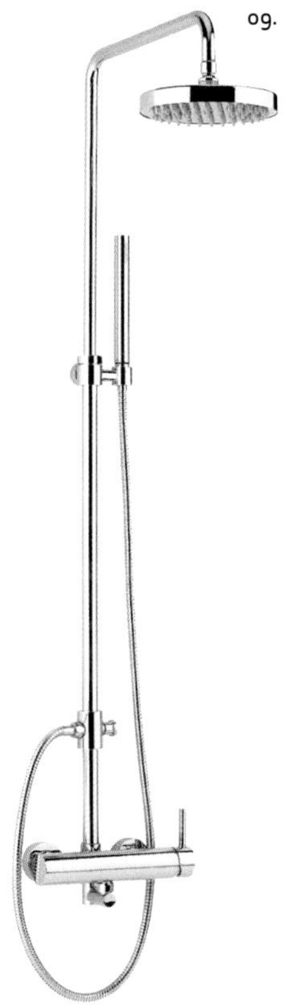

10.

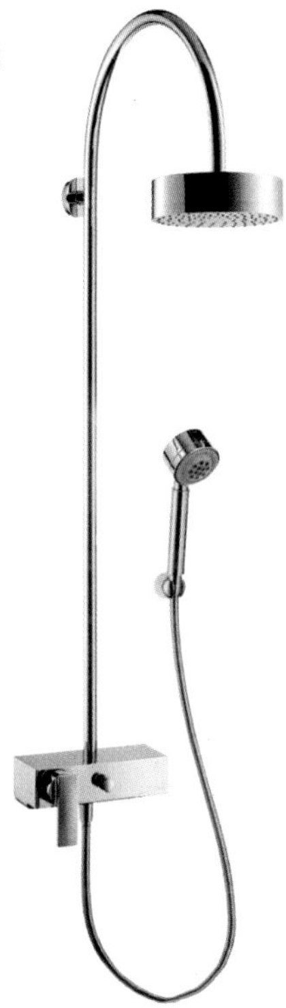

01

01. DORNBRACHT
DESCRIPTIF : ensemble de douche hydromassant : 6 buses et douchette à main
MATIÈRE/COULEUR : finition chrome
EXISTE EN : platine, laiton, autres finitions sur demande
GAMME : Tara
PRIX : à partir de 4 000 €

02. DORNBRACHT
DESCRIPTIF : ensemble de douche hydromassant : 4 buses et pommeau de douche
MATIÈRE/COULEUR : finition chrome
EXISTE EN : platine, laiton, autres finitions sur demande
GAMME : Tara
PRIX : à partir de 4 000 €

03. KOHLER
DESCRIPTIF : ensemble de douche hydromassant : 1 pommeau, 1 douchette à main, 3 buses
MATIÈRE/COULEUR : finition chrome poli
EXISTE EN : nickel brossé
PRIX : env. 1 000 €

04. DORNBRACHT
DESCRIPTIF : ensemble de douche hydromassant : mitigeur haut débit, 6 jets latéraux et robinetterie infrarouge
DESIGN : sieger design
MATIÈRE/COULEUR : finition chrome
EXISTE EN : platine mat
GAMME : Meta 02
PRIX : env. 2 000 €

2.

03.

04.

01. AGAPE
DESCRIPTIF : ensemble de douche : 1 pomme haute et 1 douchette à main
NOM : Kaa shower
DESIGN : Giulio Gianturco
MATIÈRE/COULEUR : orange
EXISTE EN : vert, rouge, gris
PRIX : env. 400 €

02. DORNBRACHT
DESCRIPTIF : colonne de douche : 1 douchette à main, mitigeur monocommande
DESIGN : sieger design
MATIÈRE/COULEUR : finition chrome
EXISTE EN : platine mat
GAMME : Meta 02
PRIX : à partir de 1 000 €

03. HANSGROHE
DESCRIPTIF : colonne de douche : 1 douchette à main, mitigeur monocommande
DESIGN : Philippe Starck
MATIÈRE/COULEUR : finition chrome
DIMENSIONS : 18,5 x 98,5 cm
EXISTE EN : satinox
PRIX : env. 400 €

02.

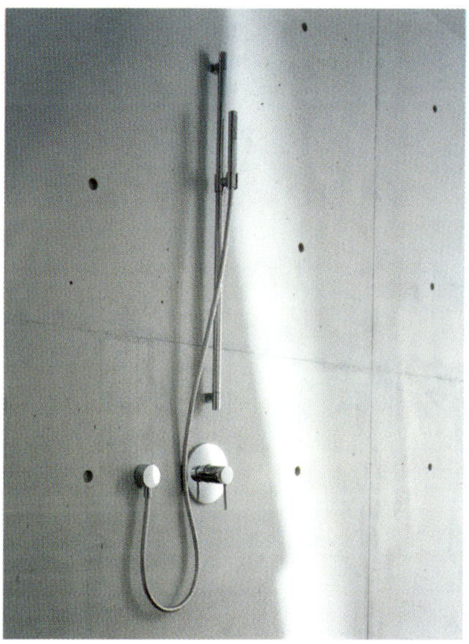
03.

pommeau

01. RITMONIO
DESCRIPTIF : pomme haute, rideau de pluie
DESIGN : Mihran Rovelli Manoukian, Enrico Tarabini
MATIÈRE/COULEUR : verre
GAMME : Euridice
PRIX : NC

02. DORNBRACHT
DESCRIPTIF : pommeau de douche arrosoir à fixation plafond
NOM : Just Rain
DESIGN : sieger design
MATIÈRE/COULEUR : finition acier inox poli ou mat
DIMENSIONS : 40 x 32 cm
GAMME : Balance Modules
PRIX : env. 20 000 €

03./04. DORNBRACHT
DESCRIPTIF : panneau de douche lumineux, 3 jets, diffuseur de parfum, commande électronique
NOM : RainSky
DESIGN : sieger design
MATIÈRE/COULEUR : finition acier inox poli ou mat
DIMENSIONS : 102 x 82 cm
GAMME : Balance Modules
PRIX : env. 21 000 €

01.

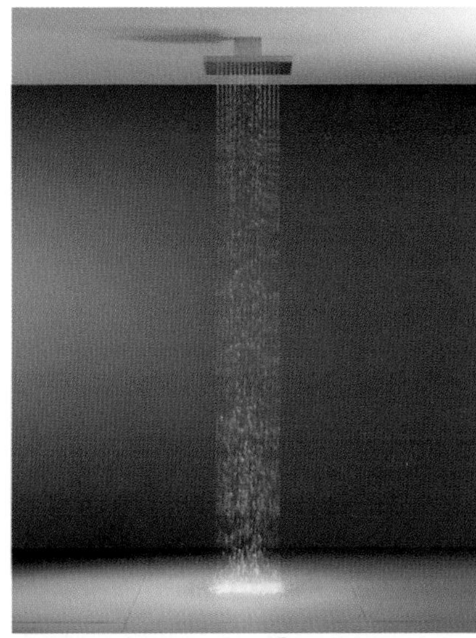
02.

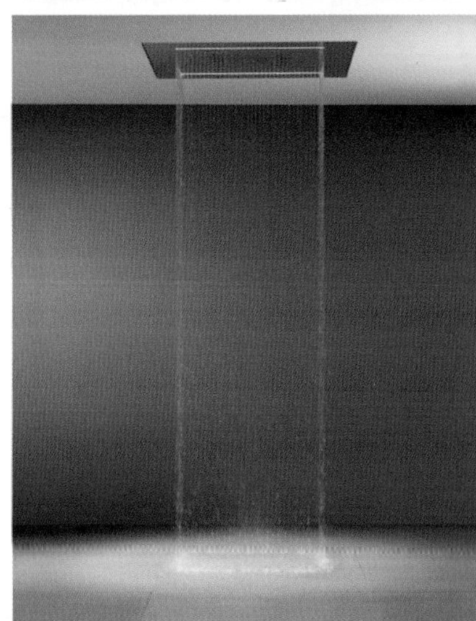
03

4.

pommeau

01./02. FANTINI
DESCRIPTIF : colonne de douche multifonctions : 1 pomme haute fixe, jets latéraux, 1 douchette à main
NOM : Aquatonica
DESIGN : Franco Sargiani
MATIÈRE/COULEUR : finition chrome
DIMENSIONS : 40 x 172,5 cm
PRIX : NC

03. FANTINI
DESCRIPTIF : ensemble de douche : 1 pomme haute à cascade, 1 douchette à main
NOM : Ala
DESIGN : C&P
MATIÈRE/COULEUR : finition chrome
DIMENSIONS : 40 x 20 cm
PRIX : NC

04. FANTINI
DESCRIPTIF : colonne de douche multifonctions : 1 pomme haute fixe lumineuse (blanc et bleu), jets latéraux, 1 douchette à main
NOM : Acquazzura
MATIÈRE/COULEUR : finition chrome
DIMENSIONS : 10 x 185 cm
PRIX : env. 4 000 €

01.

02.

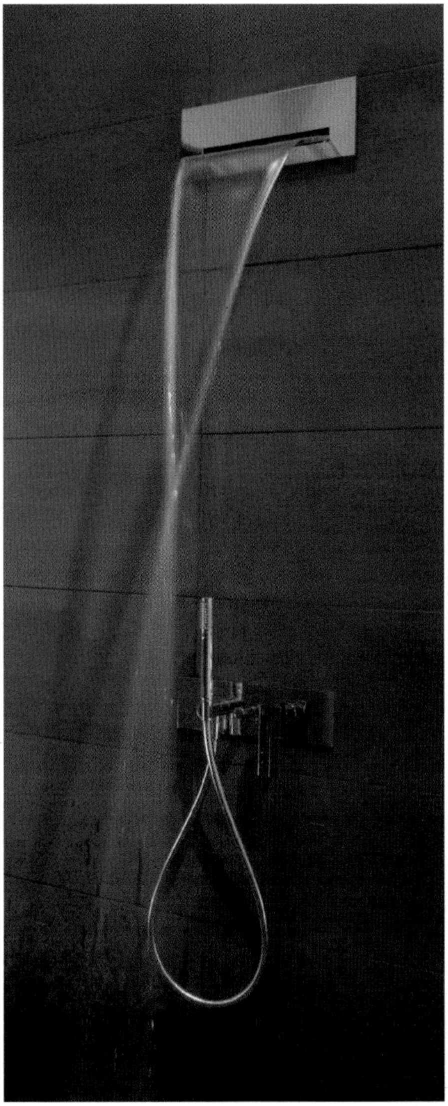
03.

pommeau

01. HANSGROHE
DESCRIPTIF : pomme haute fixe, raccordement plafond
MATIÈRE/COULEUR : finition chrome
DIMENSIONS : ø 24 cm
EXISTE EN : satinox
GAMME : Raindance
PRIX : env. 400 €

02. VALENTIN
DESCRIPTIF : pomme haute murale inclinable 1 large jet pluie
MATIÈRE/COULEUR : finition chrome
DIMENSIONS : ø 24 cm
GAMME : Jupiter
PRIX : moins de 50 €

03. HANSGROHE/AXOR
DESCRIPTIF : pomme haute murale inclinable 1 large jet pluie
MATIÈRE/COULEUR : finition chrome
DIMENSIONS : ø 24 cm
GAMME : Arco
PRIX : env. 500 €

04. VALENTIN
DESCRIPTIF : pomme haute murale inclinable 1 large jet pluie
MATIÈRE/COULEUR : finition chrome
DIMENSIONS : ø 20 cm
GAMME : Mercure
PRIX : env. 100 €

05. HANSGROHE
DESCRIPTIF : pomme haute murale inclinable 1 large jet pluie
MATIÈRE/COULEUR : finition chrome
DIMENSIONS : ø 24 cm
EXISTE EN : satinox, ø 18 cm
GAMME : Carlton
PRIX : env. 500 €

01.

06. VALENTIN
DESCRIPTIF : pomme haute murale inclinable 1 large jet pluie
MATIÈRE/COULEUR : finition chrome
DIMENSIONS : ø 20 cm
GAMME : Venus
PRIX : env. 100 €

07. VALENTIN
DESCRIPTIF : pomme haute murale 1 large jet pluie
MATIÈRE/COULEUR : finition chrome
DIMENSIONS : ø 20 cm
GAMME : Pluton
PRIX : env. 100 €

08. VALENTIN
DESCRIPTIF : pomme haute murale 1 large jet pluie
MATIÈRE/COULEUR : finition chrome
DIMENSIONS : ø 15 cm
GAMME : Gobo
PRIX : env. 100 €

09. VALENTIN
DESCRIPTIF : pomme haute murale 1 large jet pluie
MATIÈRE/COULEUR : acier inox
DIMENSIONS : ø 10 cm
EXISTE EN : ø 6,5 cm
PRIX : NC

10. VALENTIN
DESCRIPTIF : pomme haute murale 1 large jet pluie
MATIÈRE/COULEUR : finition chrome
DIMENSIONS : ø 6 cm
11,5 x 8 cm
GAMME : Diva
PRIX : moins de 50 €

02.

03.

04.

05.

06.

07.

08.

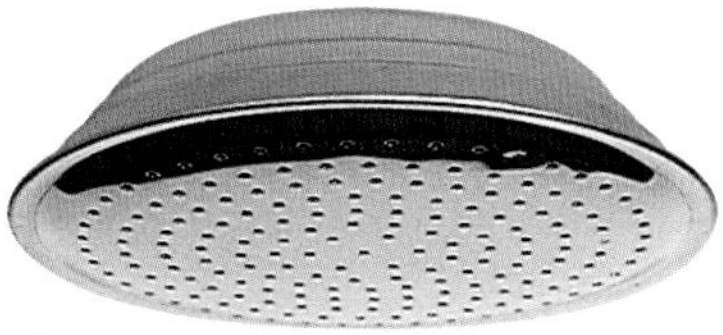
09.

10.

pommeau

01. VALENTIN
DESCRIPTIF : douchette à main 5 jets sur support mural 3 positions
MATIÈRE/COULEUR : finition chrome
GAMME : Equilibre
PRIX : env. 100 €

02. VALENTIN
DESCRIPTIF : douchette à main 5 jets sur support mural 3 positions
MATIÈRE/COULEUR : finition chrome
GAMME : Norma
PRIX : moins de 50 €

03. HANSGROHE
DESCRIPTIF : douchette à main 3 jets sur support mural 3 positions
MATIÈRE/COULEUR : finition chrome
DIMENSIONS : 45 x 52 cm
GAMME : Allrounder
PRIX : NC

04. VALENTIN
DESCRIPTIF : douchette à main 3 jets sur support mural 3 positions
MATIÈRE/COULEUR : finition chrome
GAMME : Xpresso
PRIX : moins de 50 €

05. VALENTIN
DESCRIPTIF : douchette à main 3 jets sur support mural 3 positions
MATIÈRE/COULEUR : finition chrome
GAMME : Traviata
PRIX : moins de 50 €

01.

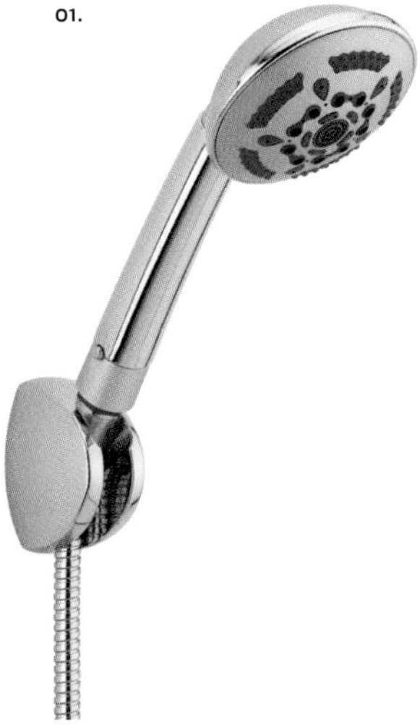

02.

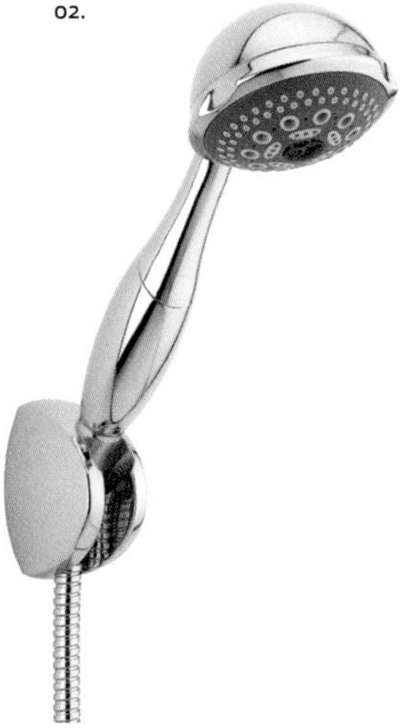

03.

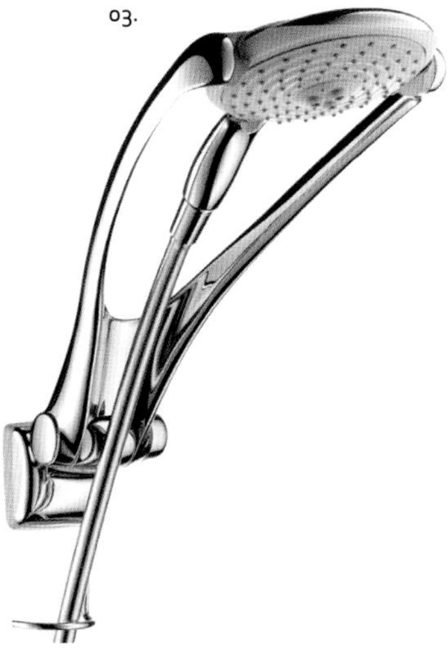

04.

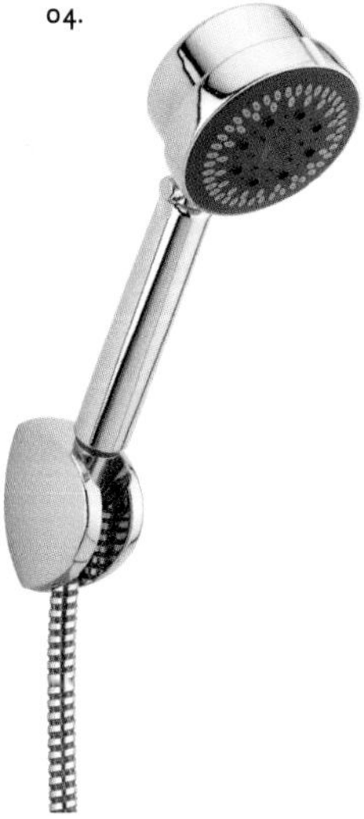

05.

06. VALENTIN
DESCRIPTIF : douchette à main hydrothérapie 3 jets
MATIÈRE/COULEUR : finition chrome
GAMME : Morgane
PRIX : moins de 50 €

07. VALENTIN
DESCRIPTIF : douchette à main
MATIÈRE/COULEUR : finition chrome
GAMME : Tube
PRIX : NC

08. VALENTIN
DESCRIPTIF : douchette à main 1 jet
MATIÈRE/COULEUR : blanc
GAMME : Sahara
PRIX : moins de 50 €

09. VALENTIN
DESCRIPTIF : douchette à main 1 jet pluie
MATIÈRE/COULEUR : finition chrome, blanc
GAMME : Rétro
PRIX : env. 200 €

10. VALENTIN
DESCRIPTIF : douchette à main 1 jet pluie
MATIÈRE/COULEUR : finition chrome, blanc
GAMME : Antique
PRIX : moins de 50 €

06.

07.

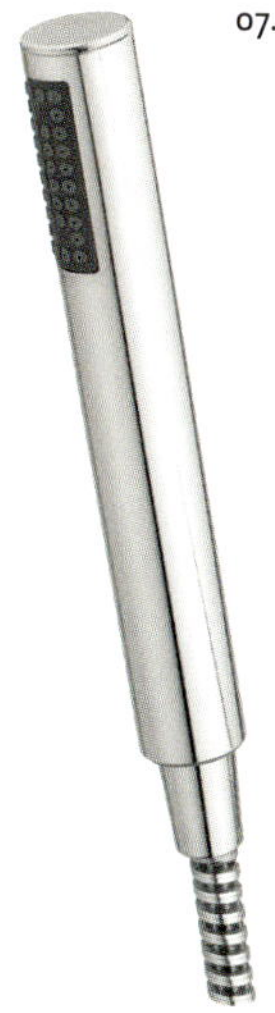

08.

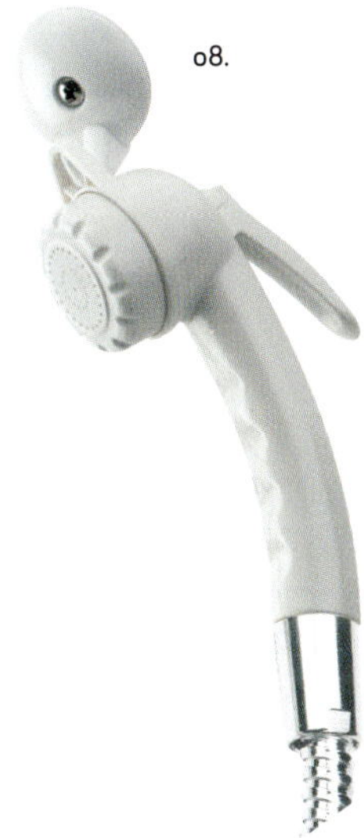

09.

10.

pommeau

01. VALENTIN
DESCRIPTIF : pommeau mural inclinable 3 jets
MATIÈRE/COULEUR : finition chrome
DIMENSIONS : 18 x 8,5 cm
EXISTE EN : blanc, finition chrome or
GAMME : Neptune
PRIX : env. 100 €

02. VALENTIN
DESCRIPTIF : buse orientable, 1 jet massant sur rotule
MATIÈRE/COULEUR : laiton
DIMENSIONS : 4 x 3,5 cm
PRIX : moins de 50 €

03. VALENTIN
DESCRIPTIF : pommeau mural inclinable 1 jet
MATIÈRE/COULEUR : finition chrome
DIMENSIONS : 9 x 6 cm
EXISTE EN : blanc, finition chrome mat
GAMME : Pulcina
PRIX : moins de 50 €

04. VALENTIN
DESCRIPTIF : buse latérale orientable 2 jets
MATIÈRE/COULEUR : laiton
DIMENSIONS : 6 x 5 cm
PRIX : moins de 50 €

05. VALENTIN
DESCRIPTIF : buse orientable, 1 jet massant sur rotule
MATIÈRE/COULEUR : laiton
DIMENSIONS : 8 x 6 cm
PRIX : moins de 50 €

01.

02.

03.

04.

05.

06.

06. HANSGROHE
DESCRIPTIF : pommeau mural pour sauna (grand débit, grand jet cascade)
MATIÈRE/COULEUR : finition chrome
DIMENSIONS : 12 x 6 cm
PRIX : env. 400 €

07. HANSGROHE
DESCRIPTIF : panneau à fixer au plafond, jet pluie extra-large, 3 buses de massage, éclairage intégré
NOM : Rainmaker
MATIÈRE/COULEUR : finition chrome
DIMENSIONS : ø 60 cm
GAMME : Raindance
PRIX : env. 4 000 €

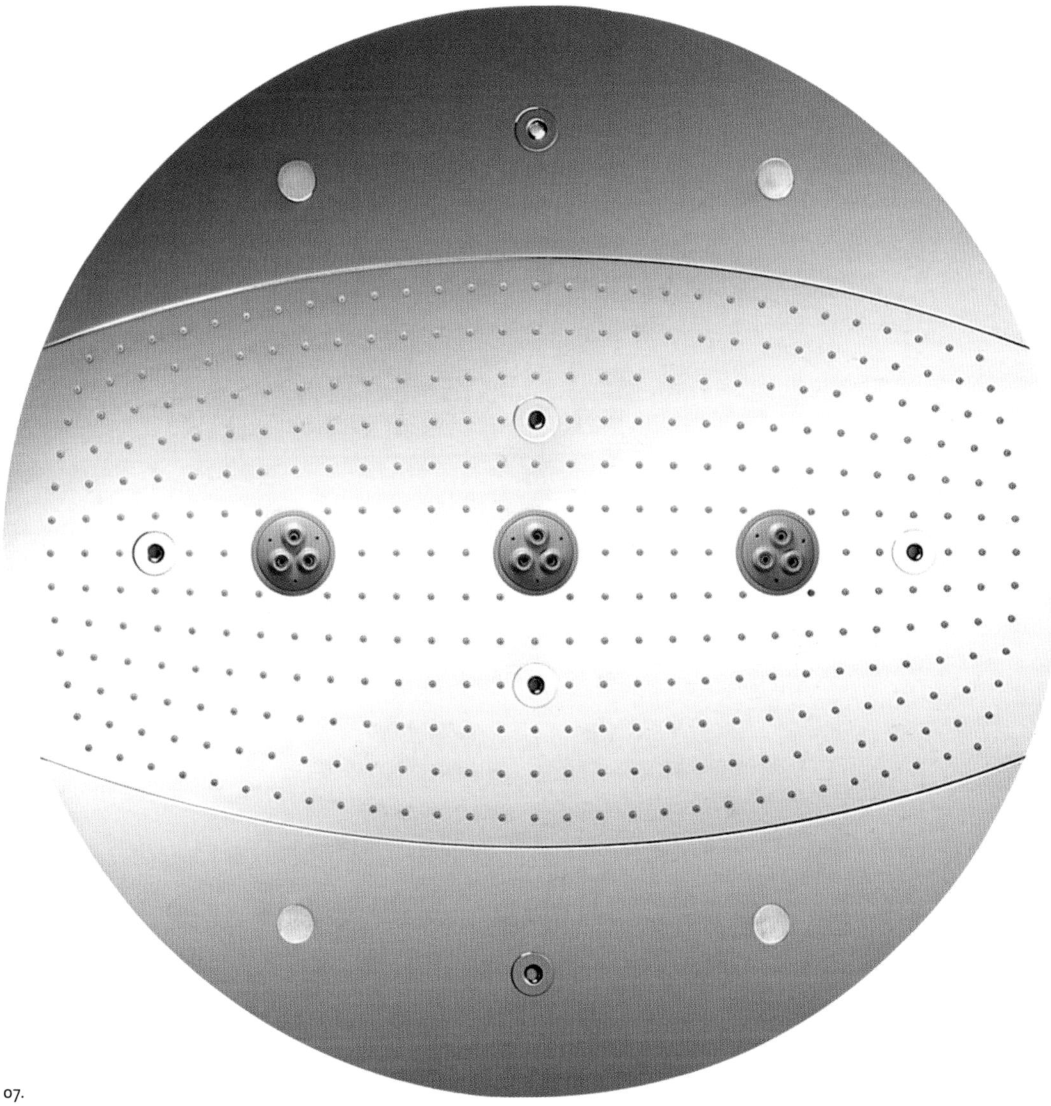

07.

receveur

01. DURAT
DESCRIPTIF : receveur de douche à poser
MATIÈRE/COULEUR : Durat®
DIMENSIONS : 88,5 x 18 x 88,5 cm
PRIX : env. 1 000 €

02. FLAMINIA
DESCRIPTIF : receveur de douche à poser ou à encastrer
DESIGN : Luca Cimarra
MATIÈRE/COULEUR : céramique
DIMENSIONS : 80 x 80 cm
PRIX : env. 700 €

01.

2.

receveur

01. VILLEROY & BOSCH
DESCRIPTIF : receveur de douche à poser
NOM : Futurion
MATIÈRE/COULEUR : Quaryl®
DIMENSIONS : 150 x 100 cm
EXISTE EN : large gamme de couleurs disponible
PRIX : NC

02. DURAVIT
DESCRIPTIF : receveur de douche à encastrer
DESIGN : sieger design
MATIÈRE/COULEUR : acrylique
DIMENSIONS : 120 x 90 cm
EXISTE EN : 100 x 80 cm ou 120 x 100 cm
GAMME : Happy D.
PRIX : env. 800 €

01.

02.

03. JACOB DELAFON
DESCRIPTIF : receveur extra-plat à encastrer
MATIÈRE/COULEUR : céramique blanche
DIMENSIONS : 90 x 70 cm
EXISTE EN : 100 x 80 cm
GAMME : Freelance
PRIX : env. 300 €

04. JACOB DELAFON
DESCRIPTIF : receveur d'angle extra-plat à poser ou à encastrer
MATIÈRE/COULEUR : acrylique blanc
DIMENSIONS : 80 x 100 cm
GAMME : Presqu'île
PRIX : env. 500 €

05. JACOB DELAFON
DESCRIPTIF : receveur extra-plat à encastrer
MATIÈRE/COULEUR : fonte émaillée blanche
DIMENSIONS : 90 x 90 cm
GAMME : Trocadéro
PRIX : env. 800 €

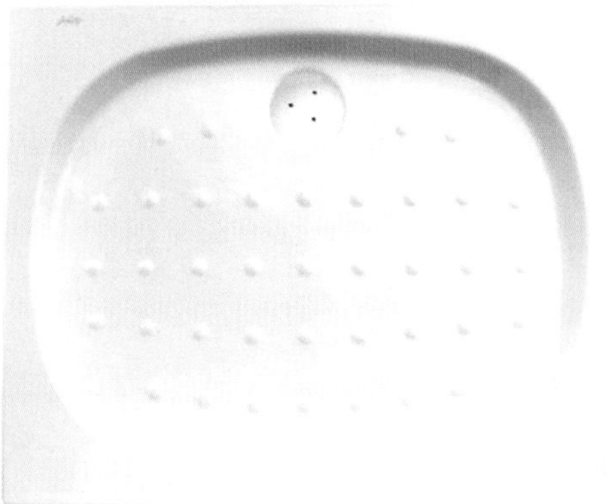
03.

05.

04.

receveur

01. JACOB DELAFON
DESCRIPTIF : receveur de douche d'angle extra-plat à encastrer
MATIÈRE/COULEUR : acrylique blanc
DIMENSIONS : 100 x 100 cm
GAMME : Presqu'île
PRIX : env. 800 €

02. VALENTIN
DESCRIPTIF : receveur de douche à poser
DIMENSIONS : 80 x 80 cm
EXISTE EN : 70 x 70 cm ou 90 x 90 cm
GAMME : Quorum
PRIX : à partir de 200 €

03. VALENTIN
DESCRIPTIF : receveur de douche à poser
DIMENSIONS : 80 x 80 cm
GAMME : Norma
PRIX : env. 200 €

04. VALENTIN
DESCRIPTIF : receveur de douche à poser
DIMENSIONS : 90 x 90 cm
GAMME : Splendid
PRIX : env. 200 €

05. VALENTIN
DESCRIPTIF : receveur de douche à encastrer
DIMENSIONS : 90 x 90 cm
GAMME : Agapes
PRIX : env. 200 €

01.

06. VALENTIN
DESCRIPTIF : receveur de douche à poser
DIMENSIONS : 90 x 90 cm
GAMME : Keos
PRIX : env. 200 €

07. VALENTIN
DESCRIPTIF : receveur de douche d'angle à poser
DIMENSIONS : 80 x 80 cm
GAMME : Nil
PRIX : env. 200 €

08. VALENTIN
DESCRIPTIF : receveur de douche d'angle à poser
DIMENSIONS : 90 x 90 cm
GAMME : Petrus
PRIX : env. 400 €

02.

03.

04.

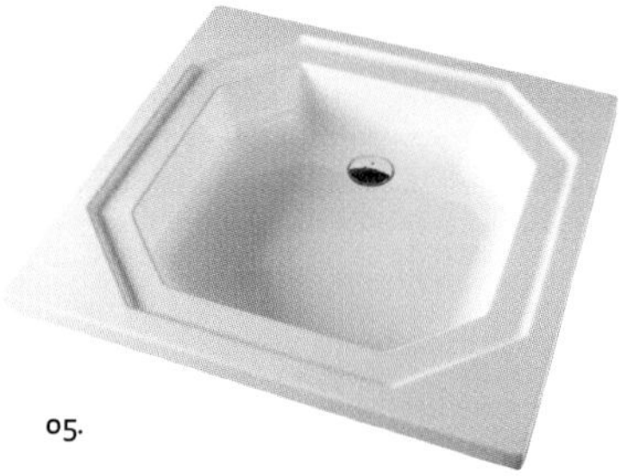
05.

06.

07.

08.

lavabo

01. TOSCOQUATTRO
DESCRIPTIF : plan de toilette avec vasque dissimulée par un panneau amovible
DESIGN : Claudio Nardi
MATIÈRE/COULEUR : Siltek
GAMME : Concerto
PRIX : env. 4 000 €

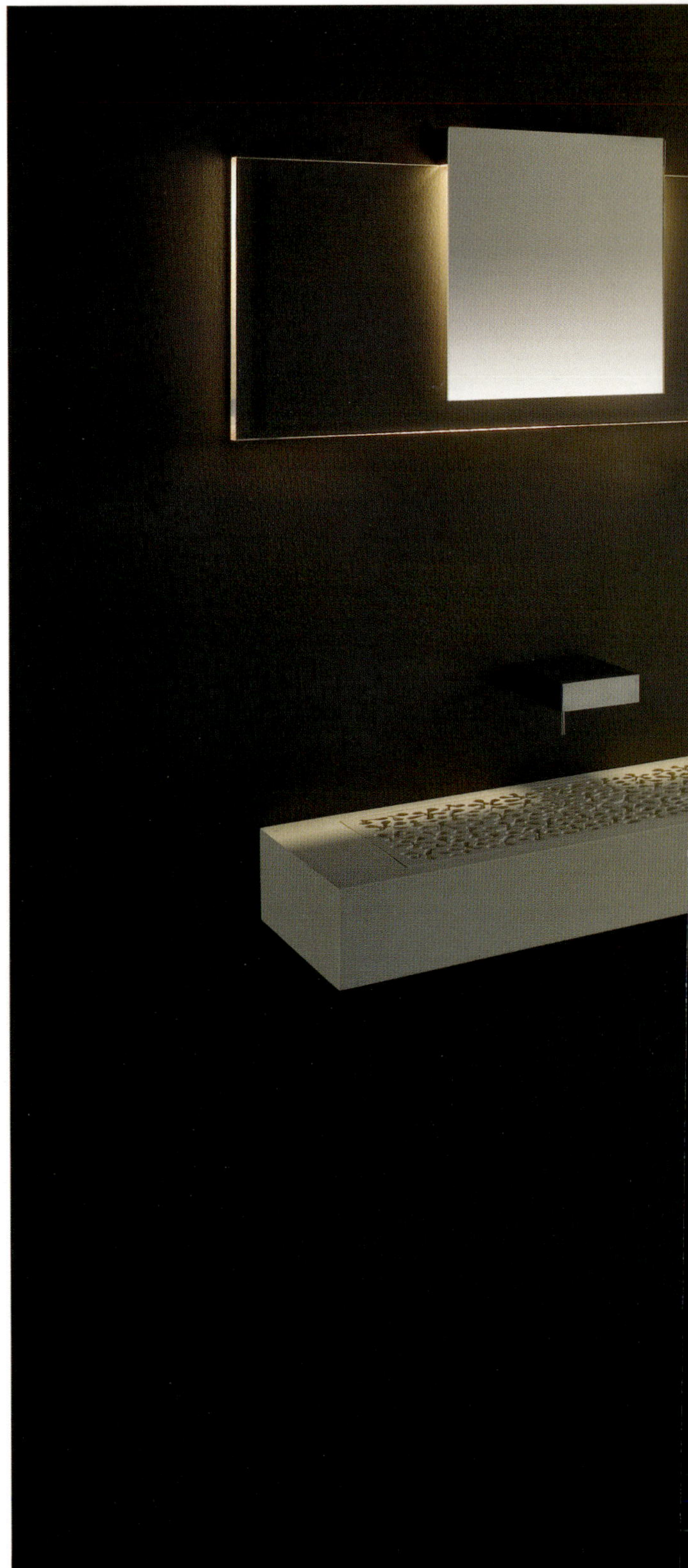

01.

lavabo

01. DURAVIT
DESCRIPTIF : lavabo monté sur meuble suspendu à tiroir
DESIGN : sieger design
DIMENSIONS : 58 x 41 cm
MATIÈRE/COULEUR : céramique blanche
GAMME : 2nd floor
PRIX : env. 500 €

02. FLAMINIA
DESCRIPTIF : vasques semi-encastrée dans plan de toilette
DESIGN : Alexander Duringer, Stefano Rosini
MATIÈRE/COULEUR : céramique blanche, chêne brun
DIMENSIONS : 75 x 55 cm
EXISTE EN : large gamme de couleurs disponible
GAMME : lo
PRIX : à partir de 2000 €

03. FLAMINIA
DESCRIPTIF : vasques semi-encastrées dans plan de toilette
DESIGN : Alexander Duringer, Stefano Rosini
MATIÈRE/COULEUR : céramique blanche, chêne brun
DIMENSIONS : 75 x 55 cm
EXISTE EN : large gamme de couleurs disponible
GAMME : lo
PRIX : à partir de 2000 €

01.

01. FLAMINIA
DESCRIPTIF : lavabo-colonne carré
DESIGN : Giulio Cappellini
MATIÈRE/COULEUR : céramique blanche
EXISTE EN : noir anthracite, noir brillant
DIMENSIONS : 40 x 40 x 85 cm
GAMME : Monowash
PRIX : env. 2 000 €

01.

02. AGAPE
DESCRIPTIF : lavabo-colonne
DESIGN : Angelo Mangiarotti
MATIÈRE/COULEUR :
marbre de Carrare
DIMENSIONS :
55 x 41 x 93 cm
GAMME : Lito
PRIX : env. 9 000 €

02.

lavabo

01. DURAVIT
DESCRIPTIF : lavabo sur piètement métallique
DESIGN : sieger design
MATIÈRE/COULEUR : céramique blanche
DIMENSIONS : 75 x 54,5 cm
EXISTE EN : 90 x 55 cm
GAMME : Happy D.
PRIX : env. 700 €

02. ALAPE
DESCRIPTIF : vasque à encastrer
MATIÈRE/COULEUR : acier inox émaillé blanc
DIMENSIONS : 80 x 49,5 cm
PRIX : env. 1 000 €

03. DURAVIT
DESCRIPTIF : lavabo sur colonne
DESIGN : sieger design
MATIÈRE/COULEUR : céramique blanche
DIMENSIONS : ø 65 cm
GAMME : Happy D.
PRIX : env. 200 €

01.

02.

03.

04. JACOB DELAFON
DESCRIPTIF : plan-vasque sur piétement métallique
MATIÈRE/COULEUR : céramique blanche
DIMENSIONS : 90,5 x 47 cm
EXISTE EN : blanc, pergamon, blanc pur
GAMME : Ove
PRIX : à partir de 400 €

05. BLINOX
DESCRIPTIF : lave-mains, montage mural
MATIÈRE/COULEUR : acier inox
DIMENSIONS : 43 x 38 cm
PRIX : env. 300 €

06. BLINOX
DESCRIPTIF : lave-mains caréné, montage mural
MATIÈRE/COULEUR : acier inox
DIMENSIONS : 45 x 45 cm
PRIX : env. 500 €

07. JACOB DELAFON
DESCRIPTIF : lave-mains suspendu
DIMENSIONS : 50 x 40 x 38,5 cm
EXISTE EN : large gamme de couleurs disponible
GAMME : Trocadéro
PRIX : env. 400 €

04.

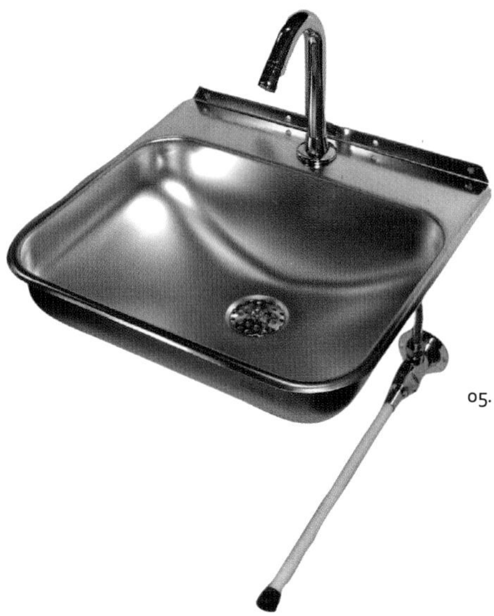
05.

07.

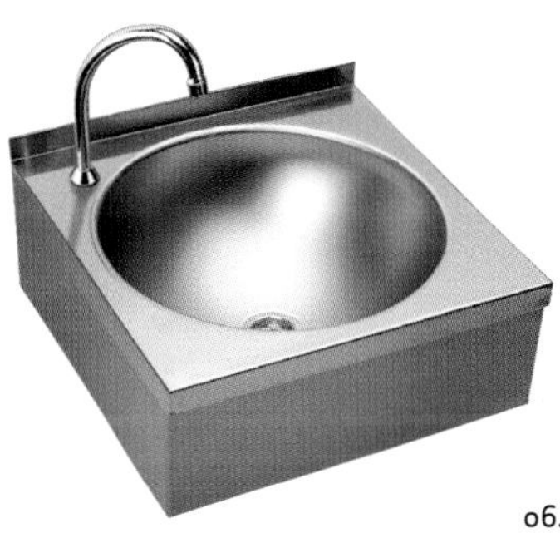
06.

lavabo

01. TOSCOQUATTRO
DESCRIPTIF : plan de toilette avec vasque intégrée dissimulée par un panneau amovible
DESIGN : Claudio Nardi
MATIÈRE/COULEUR : Siltek
GAMME : Opera
PRIX : NC

02. TOSCOQUATTRO
DESCRIPTIF : vasque à poser
DESIGN : Claudio Nardi
GAMME : Opera
PRIX : NC

03. KOHLER
DESCRIPTIF : vasque à encastrer
MATIÈRE/COULEUR : fonte émaillée rose
DIMENSIONS : 44,5 x 44,5 cm
EXISTE EN : large gamme de couleurs disponible
GAMME : Dolce vita
PRIX : à partir de 200 €

02.

03.

01.

lavabo

01. DURAVIT
DESCRIPTIF : vasque intégrée sur meuble avec rangements
DESIGN : Philippe Starck
MATIÈRE/COULEUR : céramique blanche, bois de poirier
DIMENSIONS : ø 58 x 85 cm
GAMME : Starck 1
PRIX : env. 3 000 €

02. DECOTEC
DESCRIPTIF : plan de toilette monobloc sur meuble avec rangements
MATIÈRE/COULEUR : plan en céramyl Decotec®
DIMENSIONS : 100 x 42 x 52 cm
GAMME : Trévise intégré
PRIX : env. 1 000 €

03. DECOTEC
DESCRIPTIF : plan de toilette monobloc sur meuble avec rangements
NOM : Vendôme Bayadère
DESIGN : Pierre Casenove
DIMENSIONS : 120 x 55 x 89 cm
PRIX : env. 2 000 €

01.

02.

03.

04. DECOTEC
DESCRIPTIF : vasque montée sur meuble et rangements suspendus
MATIÈRE/COULEUR : lavabo en céramyl Decotec®
DIMENSIONS : 55 x 40 x 47 cm
EXISTE EN : large gamme de couleurs disponible
GAMME : Rubicub
PRIX : env. 700 €

05. DECOTEC
DESCRIPTIF : vasque encastrée dans meuble sur pieds
NOM : Malle des Indes
DESIGN : Pierre Casenove
MATIÈRE/COULEUR : laqué rouge impérial
DIMENSIONS : 70 x 53 x 135 cm
PRIX : env. 2 000 €

06. VILLEROY & BOSCH
DESCRIPTIF : vasque montée sur meuble suspendu
MATIÈRE/COULEUR : blanc, plaqué chêne, teinté foncé
DIMENSIONS : 65 x 29 x 41 cm
EXISTE EN : large gamme de couleurs disponible
GAMME : Pur Basic
PRIX : NC

04.

05.

06.

lavabo

01. ALAPE
DESCRIPTIF : vasque à encastrer
MATIÈRE/COULEUR : acier vitrifié
DIMENSIONS : 80 x 42 cm
PRIX : env. 900 €

02. JACOB DELAFON
DESCRIPTIF : lavabo sur colonne
MATIÈRE/COULEUR : céramique blanche
DIMENSIONS : 56 x 44,5 x 84,5 cm
GAMME : Odéon
PRIX : env. 100 €

01.

02.

03. TOSCOQUATTRO
DESCRIPTIF : lavabo suspendu
DESIGN : Minotti Cucine
GAMME : Maya
PRIX : NC

04. DURAVIT
DESCRIPTIF : lave-mains suspendu
DESIGN : Philippe Starck
MATIÈRE/COULEUR : céramique
DIMENSIONS : 38 x 26 cm
GAMME : Stark 2
PRIX : env. 300 €

03.

04.

lavabo

01. KOHLER
DESCRIPTIF : lavabo intégré sur meuble
MATIÈRE/COULEUR : fonte émaillée
DIMENSIONS : 53 x 37 cm
EXISTE EN : large gamme de couleurs disponible
PRIX : à partir de 700 €

01.

02. ALAPE
DESCRIPTIF : vasques semi-encastrées
MATIÈRE/COULEUR : acier inox, émail blanc
DIMENSIONS : 80 x 50 cm
PRIX : env. 700 €

03. DURAVIT
DESCRIPTIF : lavabo suspendu avec dosseret
MATIÈRE/COULEUR : céramique blanche
DIMENSIONS : 60 x 47 cm
GAMME : Vero
PRIX : env. 600 €

04. DUPONT
NOM : Block
DESCRIPTIF : vasque intégrée dans le plan de toilette
DESIGN : Simone Micheli
MATIÈRE/COULEUR : Corian®
DIMENSIONS : ø 56 x 85 cm
GAMME : Planit
PRIX : à partir de 2 000 €

02.

03.

04.

lavabo

01. JACOB DELAFON
DESCRIPTIF : lave-mains suspendu
MATIÈRE/COULEUR : céramique blanche
DIMENSIONS : 44 x 35 cm
GAMME : Freelance
PRIX : env. 200 €

02. FLAMINIA
DESCRIPTIF : lave-mains suspendu
DESIGN : Giulio Cappellini
MATIÈRE/COULEUR : céramique blanche
EXISTE EN : châtaigne
DIMENSIONS : 25 x 40 cm
GAMME : Miniwash
PRIX : NC

01.

03. FLAMINIA
DESCRIPTIF : lavabo circulaire sur colonne
DESIGN : Roberto & Ludovica Palomba
MATIÈRE/COULEUR : céramique blanche
EXISTE EN : noir anthracite
DIMENSIONS : ø 70 cm
PRIX : NC

04. AGAPE
DESCRIPTIF : lavabo suspendu
DESIGN : Giampaolo Benedini
MATIÈRE/COULEUR : céramique blanche, acier inox poli
DIMENSIONS : 47 x 20 x 49 cm
GAMME : Charles
PRIX : env. 1 000 €

05. AGAPE
DESCRIPTIF : lavabo suspendu
DESIGN : Benedini Associati
MATIÈRE/COULEUR : finition chrome, Exmar
DIMENSIONS : 80 x 16,5 x 43 cm
GAMME : Perotel
PRIX : env. 2 000 €

03.

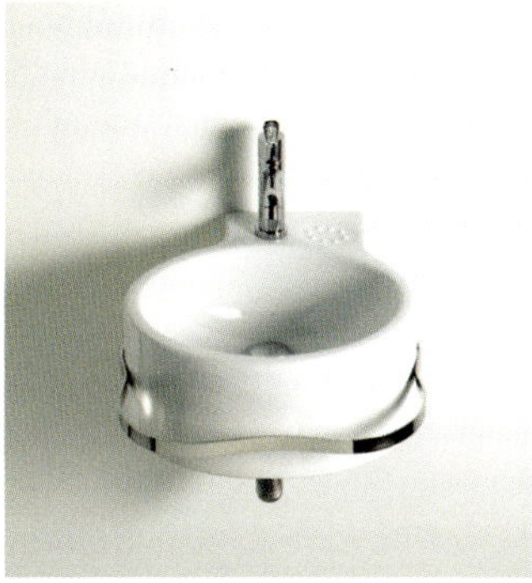
04.

05.

lavabo

01. TOSCOQUATTRO
DESCRIPTIF : vasque posée sur plan de toilette
DESIGN : Claudio Nardi
MATIÈRE/COULEUR : Siltek
GAMME : Jazz
PRIX : NC

02. DURAVIT
DESCRIPTIF : lavabo monté sur piétement métallique
MATIÈRE/COULEUR : céramique blanche
DIMENSIONS : 60 x 47 cm
GAMME : Vero
PRIX : env. 600 €

01.

lavabo

01. DURAT
DESCRIPTIF : lavabo suspendu
NOM : Kuutio
DESIGN : Ulla Koskinen
MATIÈRE/COULEUR : Durat®
DIMENSIONS : 50 x 50 x 50 cm
PRIX : env. 2 000 €

01.

02. DURAT
DESCRIPTIF : lavabos sur colonne
NOM : Torni
DESIGN : Arup Associates Mick Brundle
MATIÈRE/COULEUR : Durat®
DIMENSIONS : 34 x 66 cm et 46 x 85 cm
PRIX : env. 2 000 €

2.

lavabo

01. DURAVIT
DESCRIPTIF : lavabo sur piétement métallique
DESIGN : sieger design
MATIÈRE/COULEUR : céramique blanche
DIMENSIONS : 65 x 44,5 cm
GAMME : Happy D.
PRIX : env. 600 €

02. DURAVIT
DESCRIPTIF : lavabo avec dosseret sur piétement métallique
DESIGN : Philippe Starck
MATIÈRE/COULEUR : céramique blanche
DIMENSIONS : 48 x 46,5 cm
GAMME : Starck 3
EXISTE EN : pergamon
PRIX : env. 200 €

03. DURAVIT
DESCRIPTIF : lave-mains
MATIÈRE/COULEUR : céramique blanche
DIMENSIONS : 25 x 45 cm
GAMME : Vero
PRIX : env. 200 €

04. DURAVIT
DESCRIPTIF : lavabo sur meuble suspendu
DESIGN : Philippe Starck
MATIÈRE/COULEUR : céramique blanche
DIMENSIONS : 85 x 48,5 cm
GAMME : Starck 3
PRIX : env. 400 €

01.

02.

03.

04.

05. DURAVIT
DESCRIPTIF : lave-mains sur meuble suspendu
DESIGN : sieger design
MATIÈRE/COULEUR : céramique blanche, noyer américain
DIMENSIONS : 60 x 40 x 35 cm
GAMME : Happy D.
PRIX : env. 1 000 €

05.

01. DURAVIT
DESCRIPTIF : lave-mains d'angle
DESIGN : Prof. Frank Huster
MATIÈRE/COULEUR : céramique blanche
DIMENSIONS : 63,5 x 54 cm
GAMME : Architect
PRIX : env. 200 €

02. DUPONT
DESCRIPTIF : lavabo suspendu
NOM : Klip
DESIGN : Joan Font and ADC Design
MATIÈRE/COULEUR : Corian®
PRIX : NC

02.

lavabo

01. DURAVIT
DESCRIPTIF : lavabo sur meuble suspendu
DESIGN : Philippe Starck
MATIÈRE/COULEUR : céramique blanche
DIMENSIONS : 70 x 49 cm
GAMME : Starck 3
PRIX : env. 300 €

02. ALESSI
DESCRIPTIF : lavabo-colonne
DESIGN : Stefano Giovannoni
MATIÈRE/COULEUR : céramique blanche
DIMENSIONS : 51,5 x 53 x 85 cm
PRIX : NC

03. ALAPE
DESCRIPTIF : lavabo à encastrer
MATIÈRE/COULEUR : acier émaillé
DIMENSIONS : 80 x 45 cm
PRIX : env. 600 €

01.

03.

02.

05. DURAVIT
DESCRIPTIF : lavabo encastré
DESIGN : sieger design
MATIÈRE/COULEUR : acier inox
DIMENSIONS : 80 x 50 cm
GAMME : 2nd floor
PRIX : env. 700 €

lavabo

01. DUPONT
DESCRIPTIF : lavabo suspendu
DESIGN : Ellis Williams Architects
MATIÈRE/COULEUR : Corian®
PRIX : NC

01.

02. BOFFI
DESCRIPTIF : lavabo suspendu avec plan de toilette
DESIGN : Jeffrey Bernett
MATIÈRE/COULEUR : Ekotek
DIMENSIONS : 80 x 36 x 22 cm
GAMME : Quad
PRIX : env. 2 000 €

03. BOFFI
DESCRIPTIF : lavabo suspendu
DESIGN : Sacha Winkel
MATIÈRE/COULEUR : Ekotek
DIMENSIONS : 80 x 45 cm
GAMME : Soap
PRIX : env. 1 000 €

04. DURAVIT
DESCRIPTIF : lavabo suspendu en diagonale (droite ou gauche)
DESIGN : Prof. Frank Huster
MATIÈRE/COULEUR : céramique blanche
DIMENSIONS : 64,5 x 41 cm
GAMME : Architect
PRIX : env. 300 €

05. BOFFI
DESCRIPTIF : lavabo avec espace de rangement
DESIGN : Jeffrey Bernett
MATIÈRE/COULEUR : céramique blanche
DIMENSIONS : 36 x 40 x 53 cm
GAMME : Box
PRIX : env. 2 000 €

03.

02.

04.

05.

lavabo

01. TOSCOQUATTRO
DESCRIPTIF : vasque encastrée dans meuble suspendu
DESIGN : Elena Bolis
MATIÈRE/COULEUR : cerisier blanchi
GAMME : New Look
PRIX : NC

02. DURAVIT
DESCRIPTIF : vasques à poser
DESIGN : Philippe Starck
MATIÈRE/COULEUR : céramique blanche
DIMENSIONS : ø 46 cm
GAMME : Starck 1
PRIX : env. 300 €

03. JACOB DELAFON
DESCRIPTIF : plan-vasque avec cache-siphon
MATIÈRE/COULEUR : céramique blanche
DIMENSIONS : 100 x 52 cm
GAMME : Escale
PRIX : env. 600 €

04. DURAVIT
DESCRIPTIF : lavabo suspendu
NOM : Scola
MATIÈRE/COULEUR : céramique blanche
DIMENSIONS : 61,5 x 46 cm
PRIX : env. 400 €

01.

lavabo

01. DURAVIT
DESCRIPTIF : vasque à poser
DESIGN : Prof. Frank Huster
MATIÈRE/COULEUR : céramique blanche
DIMENSIONS : 45 x 45 cm
EXISTE EN : 42 x 42 cm ou 40 x 40 cm
GAMME : Architect
PRIX : env. 200 €

02. DURAVIT
DESCRIPTIF : vasque à poser
DESIGN : sieger design
MATIÈRE/COULEUR : céramique blanche
DIMENSIONS : 58 x 41,5 cm
EXISTE EN : blanc, acier inox mat
GAMME : 2nd floor
PRIX : env. 300 €

03. DURAVIT
DESCRIPTIF : vasque posée sur meuble
NOM : Ciottolo
DESIGN : sieger design
MATIÈRE/COULEUR : coloris platine
DIMENSIONS : ø 50 cm
PRIX : env. 900 €

01.

02.

03.

04. DURAVIT
DESCRIPTIF : table de toilette composée d'une vasque et d'un plan en céramique
DESIGN : Philippe Starck
MATIÈRE/COULEUR : céramique blanche, structure métallique chromée
DIMENSIONS : 73 x 58 cm
GAMME : Starck 1
PRIX : env. 1 000 €

05. DURAVIT
DESCRIPTIF : table de toilette composée d'une vasque et d'un plan en céramique
DESIGN : Philippe Starck
MATIÈRE/COULEUR : céramique blanche, structure métallique chromée
DIMENSIONS : 73 x 58 cm
GAMME : Starck 1
PRIX : env. 1 000 €

05.

lavabo

01. DURAVIT
DESCRIPTIF : lavabo double cuve sur piétement métallique
DESIGN : Philippe Starck
MATIÈRE/COULEUR : céramique blanche, céramique jaune, structure chromée
DIMENSIONS : 110 x 57 cm
EXISTE EN : blanc/blanc, blanc/platine, structure platine
GAMME : Starck X
PRIX : env. 2 000 €

02. DURAVIT
DESCRIPTIF : lavabo suspendu
DESIGN : Philippe Starck
MATIÈRE/COULEUR : céramique blanche
DIMENSIONS : 70,5 x 52 cm
GAMME : Starck X
PRIX : env. 800 €

03. DURAVIT
DESCRIPTIF : vasques à poser
MATIÈRE/COULEUR : céramique blanche
DIMENSIONS : 60 x 38 cm
GAMME : Vero
PRIX : env. 300 €

01.

02.

lavabo

01. FLAMINIA
DESCRIPTIF : vasques posées sur meuble
DESIGN : Giulio Cappellini
MATIÈRE/COULEUR : céramique blanche, chêne brun
DIMENSIONS : 150 x 60 x 66 cm
PRIX : env. 2 000 €

02. FLAMINIA
DESCRIPTIF : vasques à poser
DESIGN : Giulio Cappellini
MATIÈRE/COULEUR : céramique, blanche, bleue, châtaigne
DIMENSIONS : 48 x 36 cm et 40 x 40 cm
GAMME : Miniwash
PRIX : env. 600 € et 400 €

03. DURAVIT
DESCRIPTIF : lavabo suspendu sur meuble (placard et porte-serviette)
DESIGN : Philippe Starck
MATIÈRE/COULEUR : céramique blanche
DIMENSIONS : 55 x 47 cm
GAMME : Stark 2
PRIX : NC

01.

02.

03.

04. FLAMINIA

DESCRIPTIF : vasques encastrées dans meubles
DIMENSIONS : 75 x 45 cm
EXISTE EN : 90 x 48 cm
GAMME : Io
PRIX : NC

04.

lavabo

01. JACOB DELAFON
DESCRIPTIF : vasque à poser
NOM : Botticelli
MATIÈRE/COULEUR :
marbre de Carrare
DIMENSIONS : ø 56 x 14 cm
PRIX : env. 2 700 €

02. DURAT
DESCRIPTIF : lavabo
sur piétement métallique
MATIÈRE/COULEUR : Durat®
DIMENSIONS : 60 x 50 x 18 cm
EXISTE EN : rouge vif
PRIX : NC

01.

02.

03. DUPONT

DESCRIPTIF : vasque à poser
NOM : Orca
DESIGN : Thomas Sandell
MATIÈRE/COULEUR : Corian®
GAMME : Rapsel
PRIX : NC

03.

01. DURAVIT
DESCRIPTIF : vasque à encastrer
DIMENSIONS : ø 47,5 cm
MATIÈRE/COULEUR : céramique blanche
GAMME : Starck 2
PRIX : NC

02. BOFFI
DESCRIPTIF : vasque semi-encastrée
DESIGN : Claudio Silvestrin
MATIÈRE/COULEUR : Corian®
GAMME : Fiumi
PRIX : NC

03. BOFFI
DESCRIPTIF : vasque à poser
DESIGN : Marcel Wanders
MATIÈRE/COULEUR : Cristalplant
DIMENSIONS : 50 x 35 x 16 cm
GAMME : Gobi
PRIX : env. 2 000 €

04. BOFFI
DESCRIPTIF : vasque à poser
DESIGN : Sacha Winkel
MATIÈRE/COULEUR : Ekotek
DIMENSIONS : 80 x 45 x 14 cm
GAMME : Soap 2
PRIX : NC

02.

04.

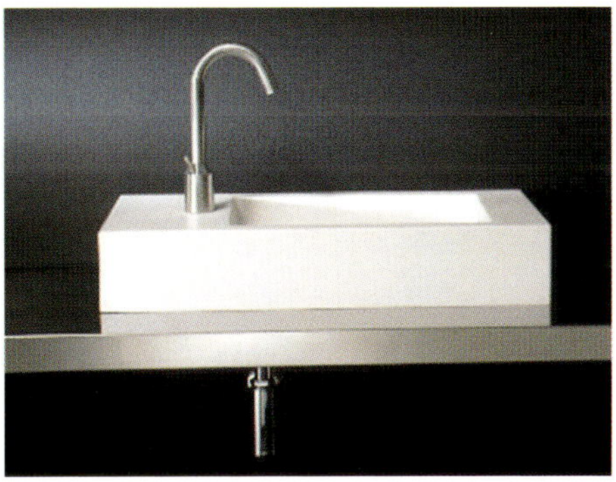
05.

lavabo

01. AGAPE
DESCRIPTIF : vasque posée sur plan de toilette
MATIÈRE/COULEUR : vasque en verre, plan de toilette en Corian©
DIMENSIONS : 65 x 168 x 76 cm
EXISTE EN : 65 x 128 cm, 2 bassins
GAMME : Minuetto
PRIX : env. 5 000 €

02. DURAVIT
DESCRIPTIF : vasque à poser
DIMENSIONS : ø 53 cm
MATIÈRE/COULEUR : céramique blanche
GAMME : Starck 1
PRIX : env. 600 €

03. JACOB DELAFON
DESCRIPTIF : vasque à poser
MATIÈRE/COULEUR : céramique blanche
DIMENSIONS : ø 41 cm
EXISTE EN : large gamme de couleurs disponible
PRIX : env. 200 €

04. VILLEROY & BOSCH
DESCRIPTIF : vasque à poser
MATIÈRE/COULEUR : céramique blanche
DIMENSIONS : 43 x 43 cm
EXISTE EN : large gamme de couleurs disponible
GAMME : Loop & Friends
PRIX : NC

05. DURAVIT
DESCRIPTIF : vasque sur plan de toilette avec piétement métallique
DESIGN : Philippe Starck
MATIÈRE/COULEUR : céramique blanche
DIMENSIONS : ø 48 cm
GAMME : Starck 1
PRIX : env. 600 €

01.

02.

03.

lavabo

01. JACOB DELAFON
DESCRIPTIF : plan-vasque
MATIÈRE/COULEUR :
céramique blanche
DIMENSIONS : 105 x 53,5 cm
EXISTE EN : avec
porte-serviettes
GAMME : Freelance
PRIX : env. 400 €

02. JACOB DELAFON
DESCRIPTIF : vasque
à débordement
(coupelle en option)
DIMENSIONS :
61 x 60 x 8 cm
GAMME : Purist
PRIX : env. 700 €

03. AGAPE
DESCRIPTIF : lavabo
suspendu
DESIGN : Giampaolo Benedini
MATIÈRE/COULEUR : bouleau
contreplaqué imperméable
DIMENSIONS :
ø 44 x 52 x 20,5 cm
PRIX : env. 1 000 €

01.

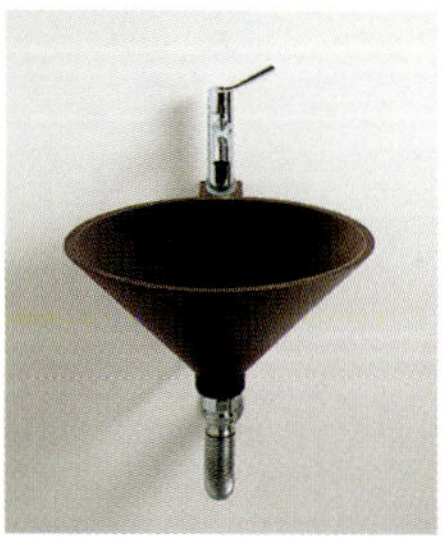

03.

02.

04. DURAVIT
DESCRIPTIF : lavabo suspendu
DESIGN : Philippe Starck
MATIÈRE/COULEUR : céramique blanche
DIMENSIONS : 105 x 48,5 cm
GAMME : Starck 3
PRIX : env. 600 €

05. DURAVIT
DESCRIPTIF : lavabo sur piètement métallique
DESIGN : Philippe Starck
MATIÈRE/COULEUR : céramique blanche
DIMENSIONS : 48 x 46,5 cm
GAMME : Starck 3
PRIX : env. 200 €

06. DURAVIT
DESCRIPTIF : vasque posée sur meuble suspendu
DESIGN : Philippe Starck
MATIÈRE/COULEUR : céramique blanche
DIMENSIONS : ø 48 cm
GAMME : Starck 1
PRIX : env. 500 €

04.

05.

06.

lavabo

01. AGAPE
DESCRIPTIF : lavabo suspendu
MATIÈRE/COULEUR : PVC flexible opaque
DIMENSIONS : 70 x 56 x 23 cm
EXISTE EN : vert, gris, orange, 40 x 38 x 11 cm ou 55,5 x 45 x 18 cm
GAMME : Foglio
PRIX : env. 500 €

02. DURAT
DESCRIPTIF : vasque suspendue
NOM : Kippo
DESIGN : Ulla Koskinen
MATIÈRE/COULEUR : Durat®
DIMENSIONS : ø 38 cm
PRIX : NC

03. AGAPE
DESCRIPTIF : lavabo sur colonne
NOM : Roto
DESIGN : Benedini Associati, Maurizio Negri
MATIÈRE/COULEUR : polyéthylène, violet
DIMENSIONS : 55 x 48 x 90 cm
GAMME : Roto
PRIX : env. 500 €

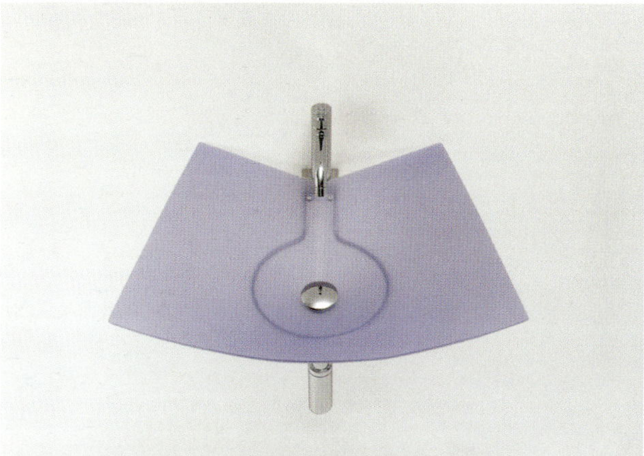
01.

02.

03.

04. PRESTIGE-SANITAIRE
DESCRIPTIF : vasque à poser
MATIÈRE/COULEUR : résine pleine masse, zinc
DIMENSIONS : 48 x 37,5 x 17 cm
EXISTE EN : 53 x 33 x 17 cm, large gamme de couleurs disponible
GAMME : Ginkgo
PRIX : NC

05. VILLEROY & BOSCH
DESCRIPTIF : vasque à poser
MATIÈRE/COULEUR : céramique blanche, céramique verte
DIMENSIONS : 66 x 47 cm
GAMME : Loop & Friends Colorine
PRIX : NC

04.

lavabo

01. VILLEROY & BOSCH
DESCRIPTIF : vasque à poser
MATIÈRE/COULEUR : céramique blanche
DIMENSIONS : 60 x 45,5 cm
GAMME : New Wave
PRIX : env. 800 €

02. ALAPE
DESCRIPTIF : vasque à poser
MATIÈRE/COULEUR : acier émaillé
DIMENSIONS : 54 x 25 cm
PRIX : NC

03. DURAVIT
DESCRIPTIF : table de toilette composée d'une vasque et d'une table
DESIGN : Philippe Starck
MATIÈRE/COULEUR : céramique blanche, bois massif
DIMENSIONS : 73 x 58 cm
GAMME : Starck 1
PRIX : env. 2 000 €

04. DURAVIT
DESCRIPTIF : vasque à poser
NOM : Bacino
MATIÈRE/COULEUR : céramique blanche
DIMENSIONS : ø 42 cm
GAMME : Design variation
PRIX : env. 300 €

01.

02.

03.

robinet

01. DORNBRACHT
DESCRIPTIF : mélangeur lavabo mural
DESIGN : sieger design
MATIÈRE/COULEUR : platine mat
DIMENSIONS : saillie 17 cm
EXISTE EN : finition chrome platine, laiton
GAMME : Tara
PRIX : à partir de 500 €

01.

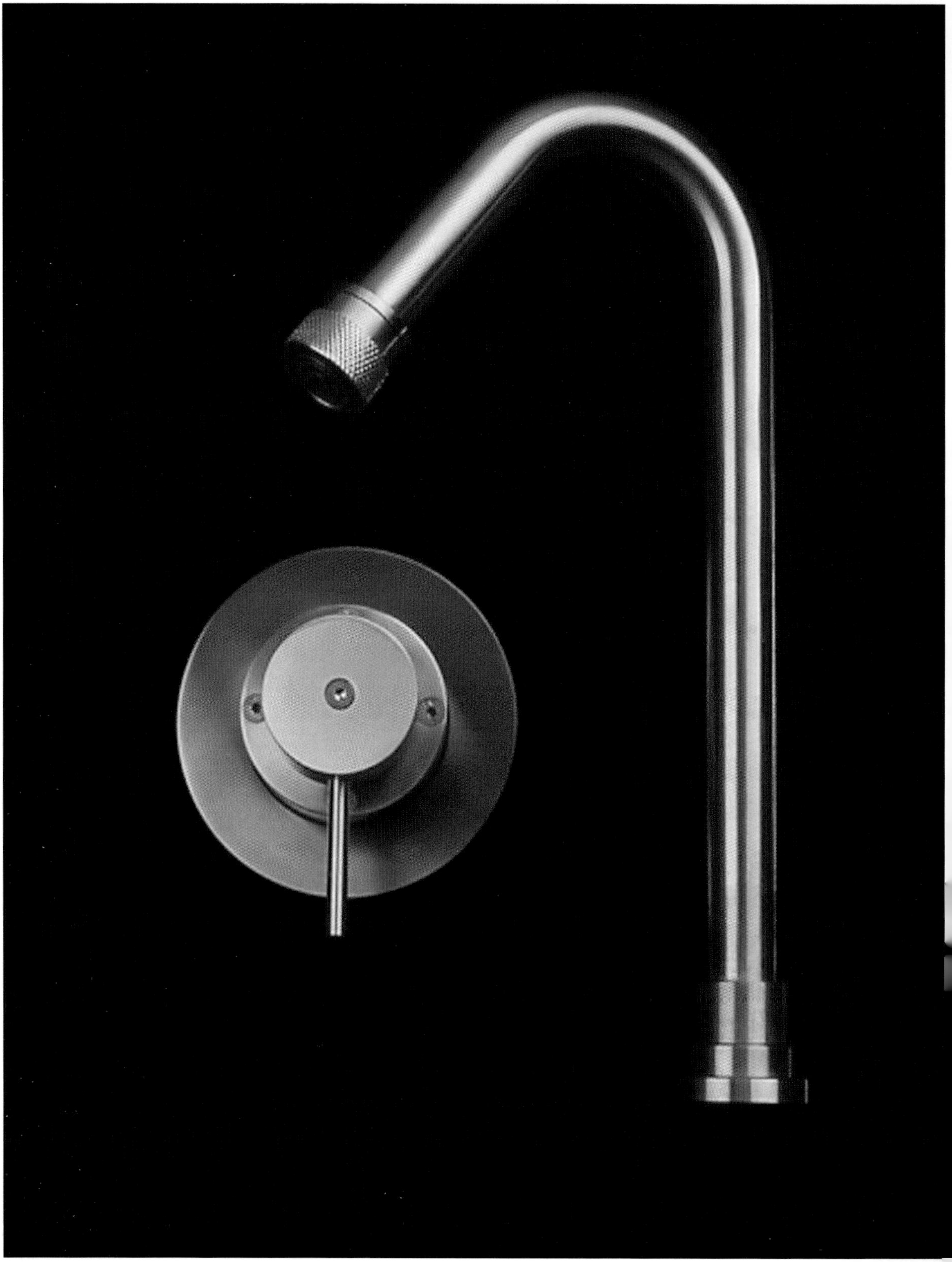

01. BOFFI
DESCRIPTIF : mitigeur lavabo
DESIGN : Giulio Gianturco
MATIÈRE/COULEUR : acier, finition satinée
GAMME : Minimal
PRIX : env. 1 000 €

02. PAINI
DESCRIPTIF : mélangeur lavabo
MATIÈRE/COULEUR : finition chrome
DIMENSIONS : 10 x 18 cm
GAMME : Tubos
PRIX : env. 200 €

03. GROHE
DESCRIPTIF : mitigeur lavabo
MATIÈRE/COULEUR : finition chrome
DIMENSIONS : 14 x 37 cm
GAMME : Tenso
PRIX : env. 500 €

02.

03.

robinet

01. TOSCOQUATTRO
DESCRIPTIF : robinet fontaine
DESIGN : Claudio Nardi
GAMME : Opera
PRIX : NC

02. DORNBRACHT
DESCRIPTIF : mitigeur lavabo mural
DESIGN : sieger design
MATIÈRE/COULEUR : finition chrome
EXISTE EN : platine mat, platine
GAMME : Mem
DIMENSIONS : saillie 20 cm
PRIX : à partir de 800 €

robinet

01. BOFFI
DESCRIPTIF : mitigeur lavabo monocommande mural
DESIGN : Giulio Gianturco
MATIÈRE/COULEUR : acier, finition satinée
GAMME : Minimal
PRIX : NC

02. FANTINI
DESCRIPTIF : mitigeur lavabo monocommande
DESIGN : Birgit Lohmann
MATIÈRE/COULEUR : émail blanc
DIMENSIONS : 17,5 x 11 cm
EXISTE EN : finition chrome argent
GAMME : Dolce
PRIX : NC

03. HANSA
DESCRIPTIF : mitigeur lavabo électronique avec indication colorimétrique (du rouge au bleu) de la température
NOM : Hansacanyon
DESIGN : Bruno Sacco
MATIÈRE/COULEUR : finition chrome
PRIX : env. 2 000 €

01.

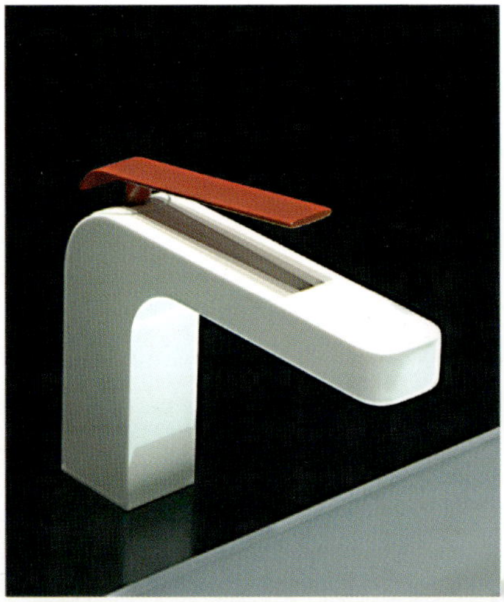

04. BOFFI
DESCRIPTIF : mitigeur lavabo
DESIGN : KWC
MATIÈRE/COULEUR : acier inox
EXITE EN : application murale
GAMME : Disko
PRIX : NC

05. BOFFI
DESCRIPTIF : mélangeur lavabo
DESIGN : Giulio Gianturco
MATIÈRE/COULEUR : acier finition satinée
GAMME : Minimal
PRIX : NC

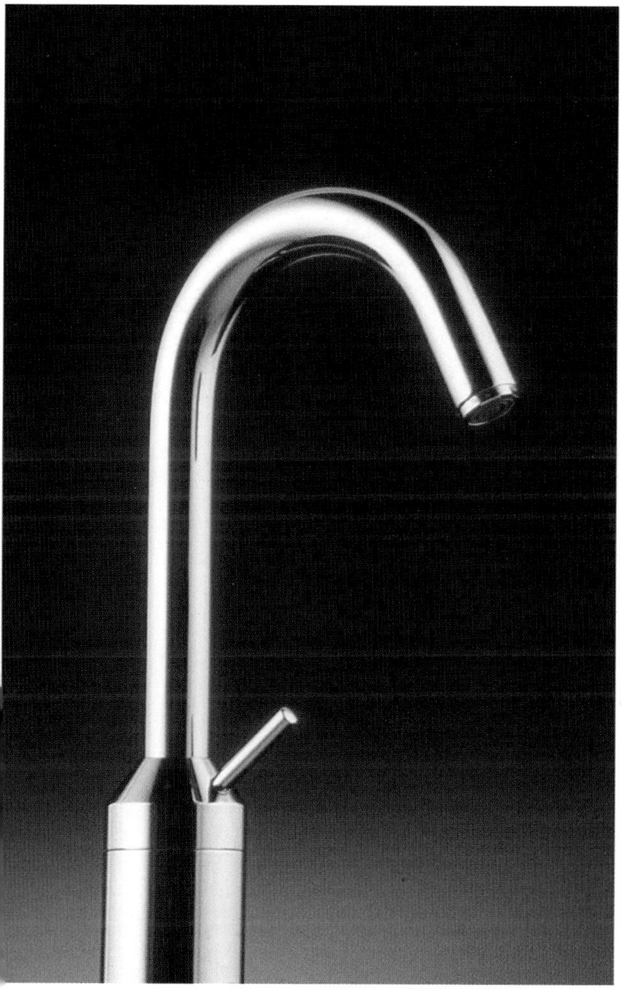

04.

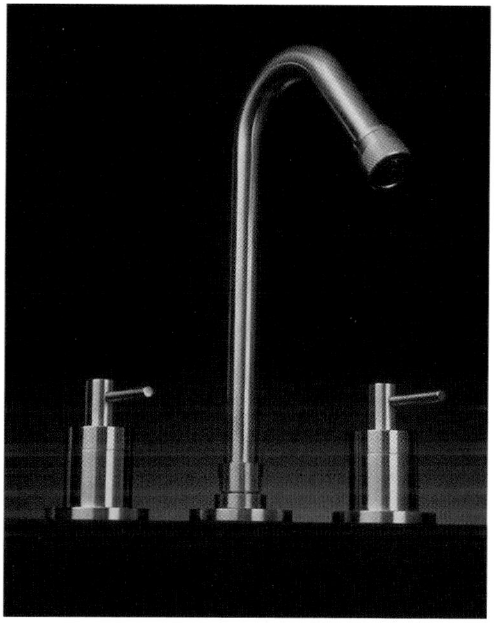

05.

robinet

01. JACOB DELAFON
DESCRIPTIF : mitigeur bain/douche thermostatique mural
MATIÈRE/COULEUR : finition chrome
DIMENSIONS : 20,5 cm
GAMME : Symbol
PRIX : env. 500 €

02. GROHE
DESCRIPTIF : mitigeur bain/douche
DIMENSIONS : 15 x 20 cm
MATIÈRE/COULEUR : finition chrome
GAMME : Eurofresh
PRIX : env. 200 €

03. GROHE
DESCRIPTIF : mitigeur bidet
DIMENSIONS : 9 x 16 cm
MATIÈRE/COULEUR : finition chrome
GAMME : Eurofresh
PRIX : env. 300 €

04. GROHE
DESCRIPTIF : mitigeur bain
MATIÈRE/COULEUR : finition chrome
DIMENSIONS : 18 x 33 cm
GAMME : Tenso
PRIX : env. 400 €

05. GROHE
DESCRIPTIF : mitigeur bidet
MATIÈRE/COULEUR : finition chrome
DIMENSIONS : 9 x 16 cm
GAMME : Tenso
PRIX : env. 400 €

01.

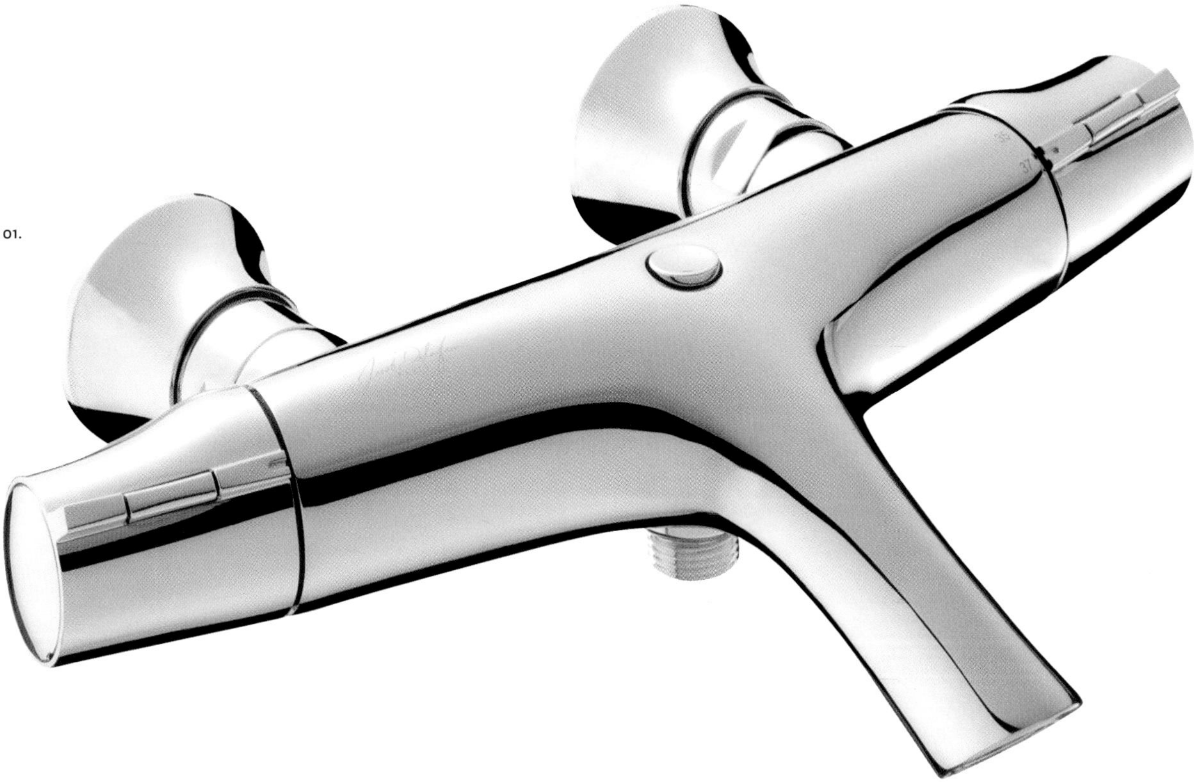

06. GROHE
DESCRIPTIF : mitigeur lavabo
MATIÈRE/COULEUR :
finition chrome
DIMENSIONS : 11 x 20 cm
GAMME : Tenso
PRIX : env. 400 €

07. GROHE
DESCRIPTIF : mitigeur lavabo
MATIÈRE/COULEUR :
finition chrome
DIMENSIONS : 16 x 16 cm
GAMME : Eurofresh
PRIX : env. 200 €

08. GROHE
DESCRIPTIF : mitigeur lavabo
MATIÈRE/COULEUR :
finition chrome
DIMENSIONS : 10 x 20 cm
GAMME : Essence
PRIX : env. 200 €

09. GROHE
DESCRIPTIF : mitigeur bidet, jet orientable
MATIÈRE/COULEUR :
finition chrome
DIMENSIONS : 11 x 20 cm
GAMME : Essence
PRIX : env. 200 €

02.

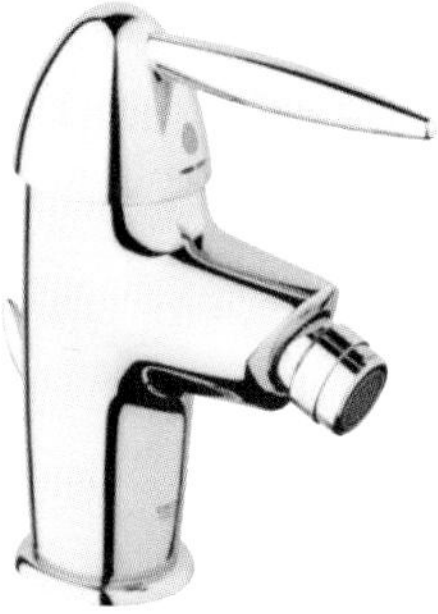
03.

04.

05.

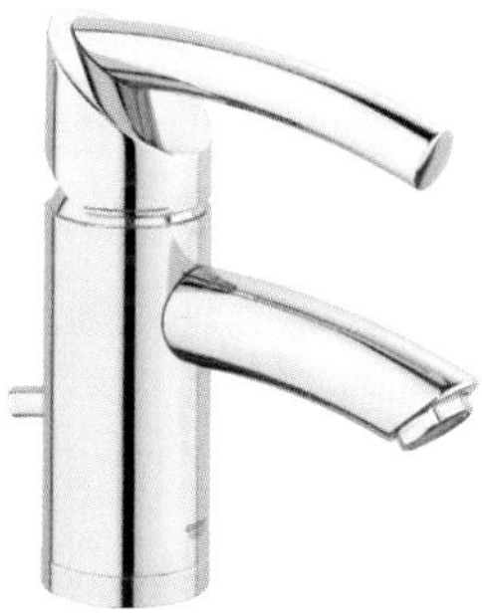
06.

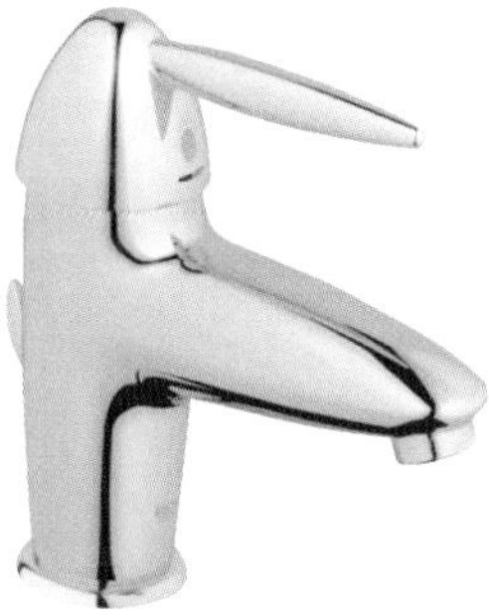
07.

08.

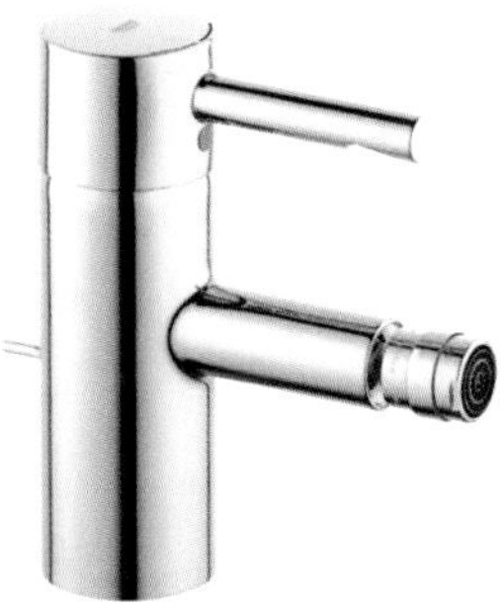
09.

robinet

01. GROHE
DESCRIPTIF : mélangeur lavabo
MATIÈRE/COULEUR : finition chrome
DIMENSIONS : 29 x 15 cm
GAMME : Atrio
PRIX : env. 400 €

02. IKEA
DESCRIPTIF : mélangeur lavabo
NOM : Enskär
MATIÈRE/COULEUR : laiton finition chrome
DIMENSIONS : saillie 13 cm
PRIX : env. 100 €

03. GROHE
DESCRIPTIF : mitigeur lavabo à commande infrarouge
DIMENSIONS : 15 x 15 cm
GAMME : Europlus E
PRIX : env. 600 €

04. IKEA
DESCRIPTIF : mélangeur lavabo
NOM : Apelskär
MATIÈRE/COULEUR : laiton finition chrome
DIMENSIONS : saillie 10 cm
PRIX : moins de 50 €

05. IKEA
DESCRIPTIF : mitigeur lavabo
NOM : Stockvik
MATIÈRE/COULEUR : laiton finition chrome
DIMENSIONS : saillie 19 cm
PRIX : env. 100 €

01.

02.

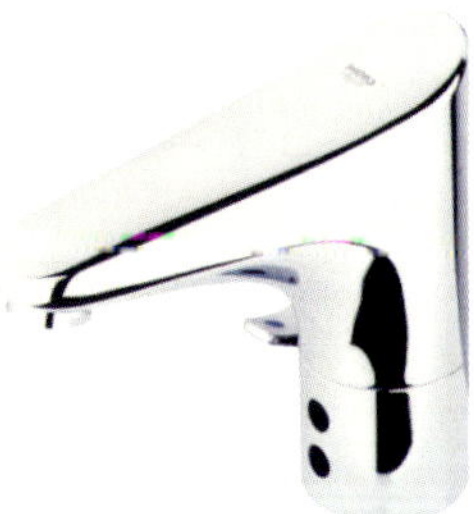
03.

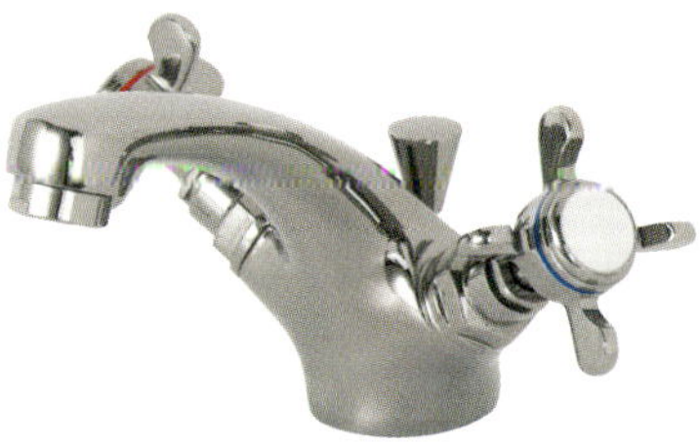
04.

05.

06. GROHE
DESCRIPTIF : mitigeur lavabo monocommande
DIMENSIONS : 22 x 30 cm
MATIÈRE/COULEUR : finition chrome brillant
GAMME : Zedra
PRIX : env. 400 €

07. GROHE
DESCRIPTIF : mitigeur lavabo monocommande
DIMENSIONS : 21 x 34 cm
MATIÈRE/COULEUR : finition chrome
GAMME : Zedra
PRIX : env. 400 €

08. GROHE
DESCRIPTIF : mitigeur lavabo monocommande
DIMENSIONS : 23 x 17 cm
MATIÈRE/COULEUR : finition chrome
EXISTE EN : autres finitions sur demande
GAMME : Europlus
PRIX : env. 200 €

09. GROHE
DESCRIPTIF : mitigeur lavabo monocommande
DIMENSIONS : 24 x 17 cm
MATIÈRE/COULEUR : finition chrome
EXISTE EN : autres finitions sur demande
GAMME : Europlus
PRIX : env. 400 €

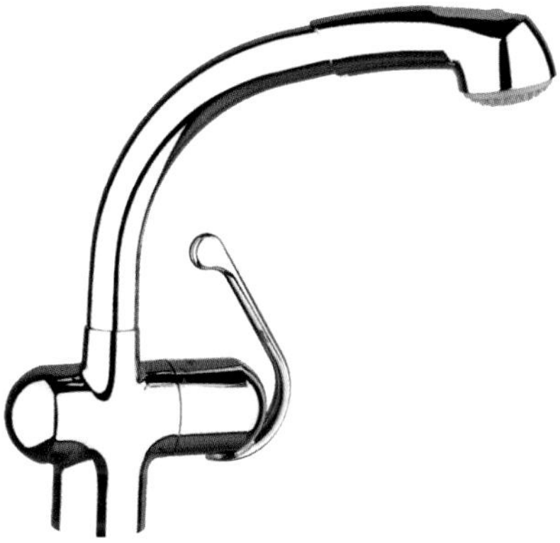
06.

07.

08.

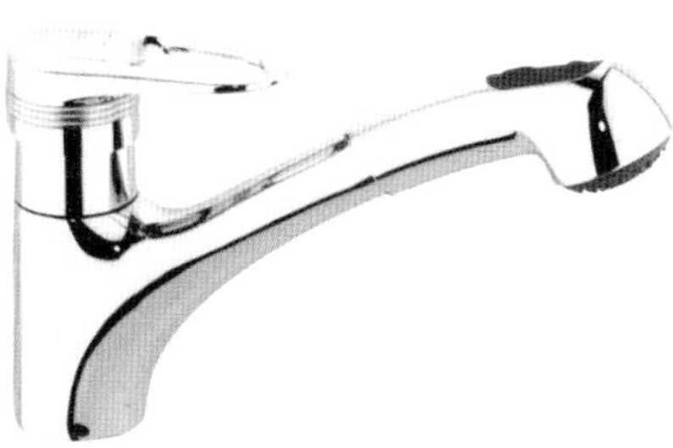
09.

robinet

01. DORNBRACHT
DESCRIPTIF : mitigeur lavabo à commande infrarouge
DESIGN : Jahn Lykouria Design
MATIÈRE/COULEUR : finition chrome
EXISTE EN : platine mat
DIMENSIONS : saillie 18 cm
GAMME : eTech
PRIX : env. 1 000 €

01.

02. DORNBRACHT
DESCRIPTIF : mitigeur bain à encastrer avec bec déverseur et douchette à fixation murale
DESIGN : sieger design
MATIÈRE/COULEUR : finition chrome, platine, platine mat
EXISTE EN : autres finitions sur demande
GAMME : Mem
PRIX : à partir de 1 000 €

03. DORNBRACHT
DESCRIPTIF : mitigeur bain/douche monocommande et douchette
DESIGN : sieger design
MATIÈRE/COULEUR : finition chrome, platine mat
EXISTE EN : autres finitions sur demande
DIMENSIONS : saillie 22 cm
GAMME : Meta
PRIX : à partir de 2 000 €

04. PAINI
DESCRIPTIF : mitigeur lavabo avec bec-cascade
MATIÈRE/COULEUR : finition chrome, bois blanchi
DIMENSIONS : 16 x 18 cm
GAMME : Morgana
EXISTE EN : verre
PRIX : env. 500 €

03.

02.

04.

robinet

01. DORNBRACHT
DESCRIPTIF : mitigeur lavabo monocommande
DESIGN : sieger design
MATIÈRE/COULEUR : finition chrome
DIMENSIONS : saillie 16,5 cm
EXISTE EN : platine, platine mat
GAMME : Mem
PRIX : à partir de 700 €

01.

02. DORNBRACHT
DESCRIPTIF : mélangeur lavabo
DESIGN : sieger design
MATIÈRE/COULEUR : finition chrome
EXISTE EN : platine, platine mat
DIMENSIONS : saillie 16,5 cm
GAMME : Mem
PRIX : à partir de 1 000 €

03. ALESSI
DESCRIPTIF : mitigeur bain/douche à bec rétractable
DESIGN : Stefano Giovannoni
PRIX : env. 800 €

04. DORNBRACHT
DESCRIPTIF : mitigeur lavabo monocommande
DESIGN : sieger design
MATIÈRE/COULEUR : finition chrome
EXISTE EN : platine, platine mat
GAMME : Tara Logic
PRIX : env. 500 €

02.

03.

04.

robinet

01. HANSGROHE
DESCRIPTIF : mélangeur lavabo
DESIGN : Philippe Starck
MATIÈRE/COULEUR : finition chrome
DIMENSIONS : saillie 10,5 cm
GAMME : Axor Starck 2
PRIX : env. 500 €

02 DORNBRACHT
DESCRIPTIF : mitigeur lavabo à commande infrarouge
DESIGN : sieger design
MATIÈRE/COULEUR : finition chrome
EXISTE EN : platine mat
DIMENSIONS : saillie 13,5 cm
GAMME : eMote
PRIX : à partir de 1 000 €

03. DORNBRACHT
DESCRIPTIF : mitigeur lavabo monocommande mural de bain
DESIGN : sieger design
MATIÈRE/COULEUR : finition chrome
EXISTE EN : large gamme de finitions disponible
GAMME : xStream
PRIX : env. 1 000 €

04. DORNBRACHT
DESCRIPTIF : mélangeur bain à 2 trous avec tubes verticaux et douchette
DESIGN : sieger design
MATIÈRE/COULEUR : finition chrome
DIMENSIONS : saillie 22 cm
EXISTE EN : platine mat, platine, laiton
GAMME : Tara
PRIX : env. 3 000 €

01.

02.

03.

robinet

01. DORNBRACHT
DESCRIPTIF : mitigeur lavabo monocommande
DESIGN : sieger design
GAMME : Tara Logic
PRIX : env. 800 €

02. DORNBRACHT
DESCRIPTIF : mitigeur bain monocommande mural avec douchette
DESIGN : sieger design
DIMENSIONS :
GAMME : Tara Logic
PRIX : env. 1 000 €

03. PAINI
DESCRIPTIF : mélangeur lavabo 3 trous
MATIÈRE/COULEUR : finition chrome
DIMENSIONS : 18,5 x 28 cm
GAMME : Elix
PRIX : env. 400 €

04. PRESTIGE SANITAIRE
DESCRIPTIF : mélangeur bain
MATIÈRE/COULEUR : socle bois laqué teck
EXISTE EN : large gamme de finitions disponible
DIMENSIONS : 30,5 x 30,5 x 85 cm
GAMME : Evolution Totem 1
PRIX : NC

01.

02.

03.

04.

05. DORNBRACHT
DESCRIPTIF : mitigeur lavabo monocommande mural
DESIGN : sieger design
DIMENSIONS : saillie 20 cm
GAMME : Lulu
PRIX : env. 700 €

06. FANTINI
DESCRIPTIF : mitigeur lavabo monocommande
MATIÈRE/COULEUR : finition chrome
DESIGN : Benedini Associati
DIMENSIONS : 12 x 22 cm
PRIX : env. 1 000 €

05.

06.

01. DORNBRACHT
DESCRIPTIF : robinet lavabo mural à commande infrarouge avec bouton mitigeur
DESIGN : sieger design
MATIÈRE/COULEUR : finition chrome
EXISTE EN : platine mat
DIMENSIONS : saillie 17 cm
GAMME : eMote
PRIX : à partir de 700 €

02. HANSGROHE
DESCRIPTIF : mitigeur lavabo mural
DESIGN : Philippe Starck
MATIÈRE/COULEUR : finition chrome
GAMME : Axor Starck X
PRIX : env. 700 €

03./04. HANSGROHE
DESCRIPTIF : mitigeur lavabo fontaine
DESIGN : Philippe Starck
MATIÈRE/COULEUR : finition chrome
GAMME : Axor Starck X
PRIX : env. 400 €

02.

04.

03.

robinet

01. DORNBRACHT
DESCRIPTIF : mélangeur lavabo
DESIGN : sieger design
MATIÈRE/COULEUR : finition chrome
DIMENSIONS : saillie à partir de 10 cm
EXISTE EN : platine mat, platine, laiton
GAMME : Tara
PRIX : à partir de 500 €

02. DORNBRACHT
DESCRIPTIF : mélangeur lavabo 3 trous
DESIGN : sieger design
MATIÈRE/COULEUR : finition chrome
DIMENSIONS : saillie 13,5 ou 16,5 cm
EXISTE EN : platine mat, platine, laiton
GAMME : Tara Classique
PRIX : à partir de 1 000 €

01.

02.

03. DORNBRACHT
DESCRIPTIF : mitigeur lavabo monocommande
DESIGN : sieger design
MATIÈRE/COULEUR : finition chrome
DIMENSIONS : saillie 16,5 cm
EXISTE EN : platine mat, platine, laiton, avec éléments de design
GAMME : Tara Classique
PRIX : env. 600 €

04. RITMONIO
DESCRIPTIF : mitigeur lavabo monocommande
DESIGN : Peter Jamieson
MATIÈRE/COULEUR : finition chrome
DIMENSIONS : 16 x 18 cm
GAMME : Serif
PRIX : NC

03.

04.

01. RITMONIO
DESCRIPTIF : mélangeur lavabo à console
DESIGN : Peter Jamieson
MATIÈRE/COULEUR : finition chrome
DIMENSIONS : 17,5 x 16 cm
EXISTE EN : nickel finition chrome
GAMME : Waterblade
PRIX : NC

01.

02. HANSA
DESCRIPTIF : fontaine de bain
DESIGN : Bruno Sacco
MATIÈRE/COULEUR :
finition chrome
GAMME : Hansacanyon
PRIX : env. 2 000 €

03. DORNBRACHT
DESCRIPTIF : bec déverseur
de bain avec tube vertical
DESIGN : sieger design
MATIÈRE/COULEUR :
finition chrome
EXISTE EN : platine
mat, platine
GAMME : Lulu
PRIX : env. 2 000 €

02.

03.

robinet

01. GROHE
DESCRIPTIF : mitigeur douche thermostatique mural
MATIÈRE/COULEUR : finition chrome
DIMENSIONS : 33 x 10 cm
GAMME : Tenso
PRIX : env. 500 €

02. GROHE
DESCRIPTIF : mitigeur bain/douche thermostatique mural
MATIÈRE/COULEUR : finition chrome
DIMENSIONS : 33 x 18 cm
GAMME : Tenso
PRIX : env. 700 €

03. GROHE
DESCRIPTIF : mitigeur bain mural
MATIÈRE/COULEUR : finition chrome
DIMENSIONS : 31 x 10 cm
GAMME : Essence
PRIX : env. 200 €

04. GROHE
DESCRIPTIF : mitigeur bain/douche mural
MATIÈRE/COULEUR : finition chrome
DIMENSIONS : ø 17 cm
GAMME : Essence
PRIX : env. 200 €

05. GROHE
DESCRIPTIF : mitigeur douche mural
MATIÈRE/COULEUR : finition chrome
DIMENSIONS : ø 17 cm
GAMME : Essence
PRIX : env. 100 €

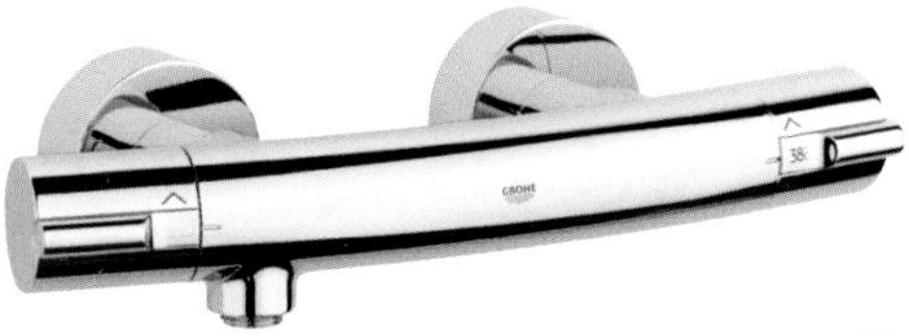

01.

02.

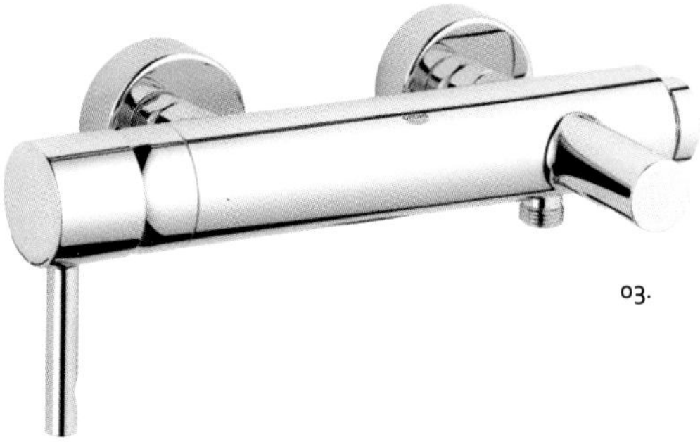

03.

6. GROHE
ESCRIPTIF : mitigeur douche
ıermostatique mural avec
.quadimmer
ATIÈRE/COULEUR : finition
hrome
IMENSIONS : ø 20 cm
AMME : Tenso
RIX : env. 100 €

07. GROHE
DESCRIPTIF : mitigeur
bain/douche mural
MATIÈRE/COULEUR : finition
chrome
DIMENSIONS : ø 20 cm
GAMME : Tenso
PRIX : env. 200 €

08. GROHE
DESCRIPTIF : mitigeur
douche mural
MATIÈRE/COULEUR : finition
chrome
DIMENSIONS : ø 16 cm
GAMME : Tenso
PRIX : env. 100 €

09. GROHE
DESCRIPTIF : mitigeur douche
thermostatique mural
MATIÈRE/COULEUR : finition
chrome
DIMENSIONS : ø 16 cm
GAMME : Tenso
PRIX : env. 300 €

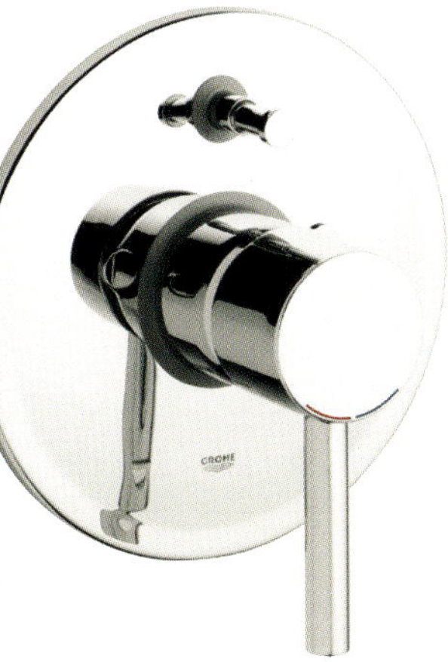
4.

05.

06.

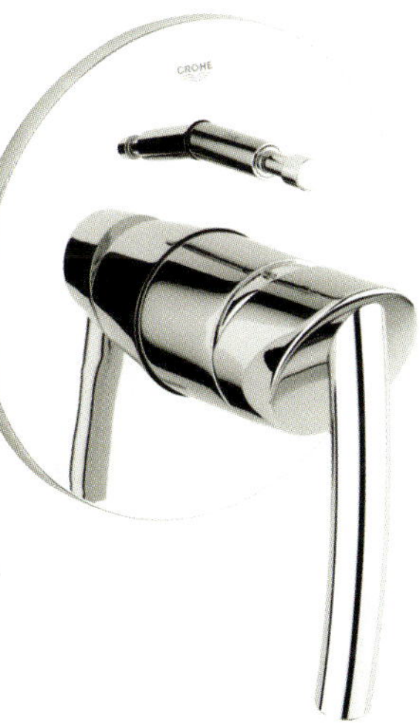
)7.

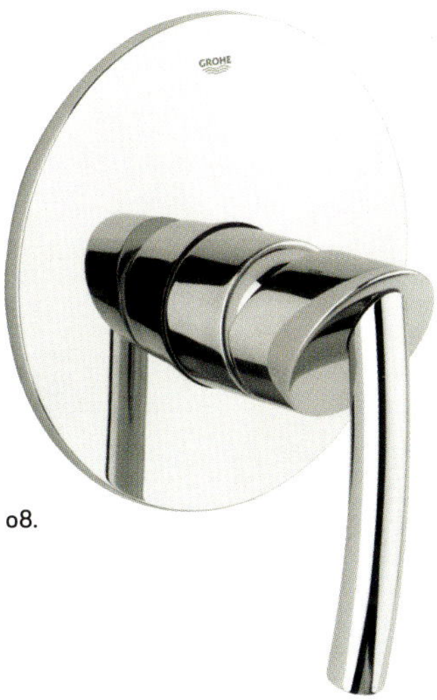
08.

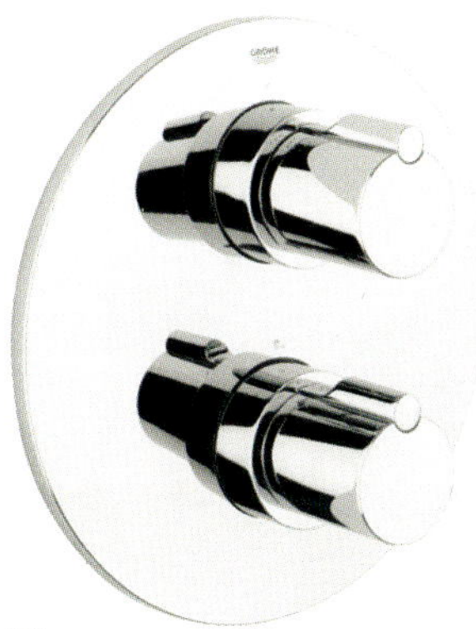
09.

01. FLAMINIA
DESCRIPTIF : cuvette et bidet suspendus
DESIGN : Giulio Cappellini
MATIÈRE/COULEUR : céramique blanche
DIMENSIONS : 36 x 56 x 42 cm
GAMME : lo
PRIX : cuvette env. 700 €, bidet env. 800 €

01.

01. FLAMINIA
DESCRIPTIF : cuvette et bidet sur pied avec réservoir
DESIGN : Ludovica et Roberto Palomba
MATIÈRE/COULEUR : céramique blanche
DIMENSIONS : 98,5 x 40 x 69 cm
GAMME : Niagara
PRIX : cuvette et bidet env. 1 000 €

02. ALESSI
DESCRIPTIF : cuvette et bidet suspendus
DESIGN : Stefano Giovannoni
MATIÈRE/COULEUR : céramique blanche
DIMENSIONS : 58,5 x 39 x 41,5 cm
PRIX : NC

02.

01. JACOB DELAFON

DESCRIPTIF : cuvette avec réservoir et bidet à poser

MATIÈRE/COULEUR : céramique blanche

DIMENSIONS : cuvette 37,5 x 68 x 83 cm, bidet 37,5 x 60 x 39,5 cm

GAMME : Escale

PRIX : cuvette env. 1 000 €, bidet env. 300 €

02. DURAVIT
DESCRIPTIF : cuvette et bidet suspendus
DESIGN : Philippe Starck
MATIÈRE/COULEUR : céramique blanche
DIMENSIONS : 36 x 47,5 cm
EXISTE EN : pergamon
GAMME : Starck 3
PRIX : cuvette env. 200 €, bidet env. 300 €

03. JACOB DELAFON
DESCRIPTIF : cuvette avec réservoir monobloc et bidet à poser
MATIÈRE/COULEUR : céramique blanche
DIMENSIONS : cuvette 38,5 x 67,5 x 74 cm, bidet 38,5 x 68 x 39 cm
GAMME : Trocadéro
PRIX : cuvette env. 2 000 €, bidet env. 1 000 €

02.

03.

bidet/wc

01. DURAVIT

DESCRIPTIF : cuvette et bidet suspendus
DESIGN : Philippe Starck
MATIÈRE/COULEUR : céramique blanche
DIMENSIONS : 33 x 56,5 cm
EXISTE EN : fond plat
GAMME : Stark 2
PRIX : cuvette env. 400 €, bidet env. 300 €

02. DURAVIT
DESCRIPTIF : cuvette et bidet suspendus
DESIGN : Philippe Starck
MATIÈRE/COULEUR : céramique blanche
DIMENSIONS : 41 x 57,5 cm
GAMME : Starck 1
PRIX : cuvette env. 900 €, bidet env. 700 €

03. BLINOX
DESCRIPTIF : cuvette et bidet suspendus
NOM : Adam et Eve
MATIÈRE/COULEUR : acier inox
DIMENSIONS : 36 x 55 x 36 cm
PRIX : cuvette et bidet env. 3 000 €

04. DURAVIT
DESCRIPTIF : cuvette avec réservoir et bidet à poser
MATIÈRE/COULEUR : céramique blanche
DIMENSIONS : cuvette 37 x 66 cm, bidet 37 x 57 cm
GAMME : 2nd floor
PRIX : cuvette et bidet env. 400 €

02.

04.

bidet/wc

01. JACOB DELAFON
DESCRIPTIF : cuvette avec réservoir à poser
MATIÈRE/COULEUR : céramique blanche
DIMENSIONS : 38 x 69,5 x 78,5 cm
GAMME : Presqu'île
PRIX : env. 700 €

02. JACOB DELAFON
DESCRIPTIF : cuvette avec réservoir à poser
MATIÈRE/COULEUR : céramique blanche
DIMENSIONS : 36 x 71,5 x 77,5 cm
EXISTE EN : large gamme de couleurs disponible
GAMME : Freelance
PRIX : env. 500 €

03. JACOB DELAFON
DESCRIPTIF : cuvette suspendue
MATIÈRE/COULEUR : céramique blanche
DIMENSIONS : 36 x 55 x 39 cm
EXISTE EN : large gamme de couleurs disponible
GAMME : Freelance
PRIX : env. 400 €

04. BLINOX
DESCRIPTIF : cuvette à poser
MATIÈRE/COULEUR : acier inox
DIMENSIONS : 36 x 40 x 50 cm
PRIX : env. 2 000 €

05. JACOB DELAFON
DESCRIPTIF : cuvette suspendue
MATIÈRE/COULEUR : céramique blanche
DIMENSIONS : 36 x 53,5 cm
EXISTE EN : large gamme de couleurs disponible
GAMME : Odéon
PRIX : env. 200 €

06. JACOB DELAFON
DESCRIPTIF : cuvette suspendue
MATIÈRE/COULEUR : céramique
DIMENSIONS : 40 x 54 cm
EXISTE EN : large gamme de couleurs disponible
GAMME : Ove
PRIX : env. 300 €

02.

03.

04.

05.

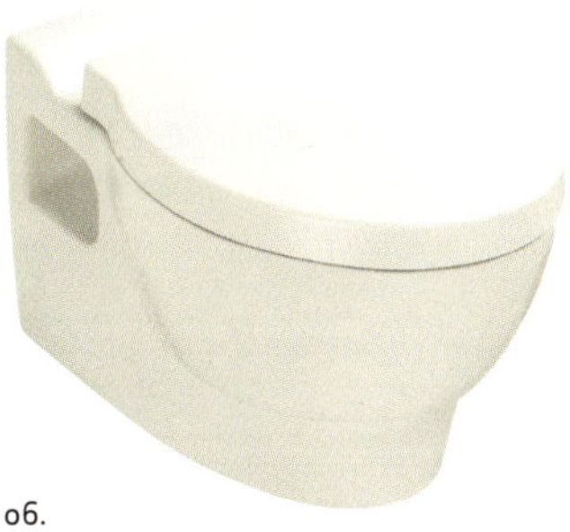
06.

bidet/wc

01. JACOB DELAFON
DESCRIPTIF : bidet surélevé à poser
MATIÈRE/COULEUR : céramique blanche
DIMENSIONS : 39 x 55 x 45 cm
EXISTE EN : large gamme de couleurs disponible
GAMME : Ove
PRIX : env. 300 €

02. JACOB DELAFON
DESCRIPTIF : bidet suspendu
MATIÈRE/COULEUR : céramique blanche
DIMENSIONS : 39 x 54 x 40 cm
EXISTE EN : large gamme de couleurs disponible
GAMME : Ove
PRIX : env. 200 €

03. JACOB DELAFON
DESCRIPTIF : bidet à poser
MATIÈRE/COULEUR : céramique blanche
DIMENSIONS : 38,5 x 68 x 39cm
EXISTE EN : pergamon
GAMME : Trocadéro
PRIX : env. 800 €

04. JACOB DELAFON
DESCRIPTIF : bidet à poser
MATIÈRE/COULEUR : céramique blanche
DIMENSIONS : 37,5 x 60 x 35 cm
EXISTE EN : large gamme de couleurs disponible
GAMME : Escale
PRIX : env. 300 €

05. JACOB DELAFON
DESCRIPTIF : bidet suspendu
MATIÈRE/COULEUR : céramique blanche
DIMENSIONS : 38 x 55 cm
EXISTE EN : large gamme de couleurs disponible
GAMME : Presqu'île
PRIX : env. 300 €

01.

02.

03.

04.

05.

06.

06. JACOB DELAFON
DESCRIPTIF : bidet à poser
MATIÈRE/COULEUR :
céramique blanche
DIMENSIONS :
33 x 61,5 x 39 cm
EXISTE EN : large gamme
de couleurs disponible
GAMME : Presqu'île
PRIX : env. 200 €

07. DURAVIT
DESCRIPTIF : bidet à poser
DESIGN : Philippe Starck
MATIÈRE/COULEUR :
céramique blanche
DIMENSIONS : 41 x 64 cm
GAMME : Starck 1
PRIX : env. 600 €

07.

Cui-sine

- CUISINE COMPLÈTE
- ÉLECTROMÉNAGER CONSERVATION
- ÉLECTROMÉNAGER CUISSON
- HOTTE
- ÉLECTROMÉNAGER LAVAGE
- ÉVIER
- ROBINET

MATÉRIAUX

Acier émaillé
Acier inox (brossé, satiné, chromé, verni)
Aluminium
Bambou multicouches
Baydur
Céramique
Cerisier
Chêne
Corian®
Fonte
Fonte émaillée
Fradura®
Fragranit Durakleen®
Granit
Laiton
Laminé
Laque
Makassar
Marbre
Mélaminé
Merisier
Mosaïque
Noyer
Olivier
Orme
Pierre (artificielle, naturelle, de lave)
Roche volcanique
Stratifié
Verre (acide, athermique, laqué, miroir, opalin, sérigraphié, trempé)
Vitrocéramique

GLOSSAIRE

APPAREIL ENCASTRABLE
Un appareil électroménager encastrable s'insère dans les meubles. Réfrigérateur, four, table de cuisson, micro-ondes, hotte, lave-vaisselle et lave-linge sont tous disponibles en version encastrables.

APPAREIL POSE LIBRE
Un appareil électroménager pose libre peut être placé dans la cuisine indépendamment du reste des éléments.

ÉLECTROMÉNAGER CONSERVATION

ALARME
Dans un réfrigérateur ou un congélateur, l'alarme est un témoin visuel et/ou sonore informant d'un dysfonctionnement de l'appareil.

AIR BRASSÉ
L'air brassé est généré par un ventilateur situé sur l'évaporateur (élément de production de froid). Ce système permet une meilleure homogénéité des températures et une production de givre limitée.

AUTONOMIE
L'autonomie d'un appareil s'exprime en heures. Cette donnée traduit le temps que met la température pour monter de – 18°C à – 9°C dans le congélateur, en cas de coupure d'électricité ou de défaillance de l'appareil.

CLASSE ÉNERGIE
La classe énergie répertorie les appareils en fonction de leurs performances énergétiques sur une échelle allant de A (pour les plus économes) à G (pour les plus gourmands).

DÉGIVRAGE AUTOMATIQUE
Le dégivrage est automatique lorsque le compresseur s'arrête par intermittence afin de permettre au givre accumulé sur les parois de fondre et d'être évacué par écoulement à l'arrière de l'appareil. Le givre est ensuite évaporé grâce à la chaleur du moteur. La remise en marche du compresseur s'opère automatiquement.

FROID VENTILÉ
Aussi appelé « système no frost », la fonction froid ventilé permet d'éviter le dégivrage de l'appareil. Déchargé de son humidité par un évaporateur extérieur, l'air froid sec est réintroduit dans le réfrigérateur.
Dans un congélateur, la ventilation permet de congeler les aliments plus rapidement et d'éviter ainsi la cristallisation.

PORTES RÉVERSIBLES
Les portes réversibles permettent d'adapter le sens d'ouverture du réfrigérateur selon son positionnement dans la cuisine.

POUVOIR DE CONGÉLATION
Le pouvoir de congélation est exprimé en kilos par 24 heures. Il indique la masse de denrées que l'appareil peut congeler en une seule fois.

PROGRAMMATION ÉLECTRONIQUE DE LA TEMPÉRATURE
La programmation électronique de la température permet un réglage très précis grâce à la présence de sondes sensibles dans l'enceinte de l'appareil. Les températures peuvent être visualisées grâce à un affichage digital. Certains modèles proposent des fonctions spécifiques : touche super réfrigération et/ou touche super congélation.

RÉFRIGÉRATEUR TYPE AMÉRICAIN
Un réfrigérateur américain est un réfrigérateur de grand volume (supérieur à 500 litres bruts), équipé de deux portes, assurant un froid ventilé dans les deux compartiments et offrant de nombreux équipements de confort : tiroirs à température et humidité variables, distributeur d'eau, de glaçons, éclairage panoramique...

SYSTÈME EVER FRESH
Le système Ever Fresh, intégré au réfrigérateur, permet d'allonger la durée de conservation des aliments frais sans avoir recours à la congélation.

TOUCHE SUPER CONGÉLATION
Cette touche permet d'abaisser la température du congélateur dans un délai très court afin d'assurer aux produits frais une rapide et parfaite congélation.

VOLUME NET
Le volume net est exprimé en litres. Il indique le volume utilisable du réfrigérateur ou du congélateur.

ÉLECTROMÉNAGER CUISSON

BRÛLEUR/FOYER
Pour les tables de cuisson, on distingue les deux grandes familles d'énergie : le gaz et l'électricité. On parle de « brûleur » pour les modèles gaz et de « foyer » pour les modèles électriques.

BRÛLEUR DOUBLE OU TRIPLE COURONNES
Les brûleurs à double ou triple couronnes désignent des modèles puissants munis d'une double ou triple rangée de flammes.

BRÛLEUR WOK
Le brûleur wok, à double rangée de flammes, est conçu pour cuisiner dans de grands récipients

CLASSE ÉNERGIE A
La classe énergie A garantit une faible consommation d'énergie grâce à une isolation et une gestion des températures maîtrisées.

PROGRAMMATEUR ÉLECTRONIQUE AUTOMATIQUE (OU FONCTION AUTOMATIQUE)
Cette fonction permet au four de déterminer automatiquement le temps approprié et la température idéale pour plusieurs types de plats préenregistrés.

PROGRAMMATEUR ÉLECTRONIQUE
Le programmateur électronique permet de fixer le mode, la durée et l'heure de fin de cuisson souhaité. Il détermine la température et l'heure à laquelle le four se mettra en fonction.

CHALEUR TOURNANTE
La chaleur tournante (comme l'air brassé ou pulsé) permet d'obtenir rapidement une température homogène, avec un temps de préchauffage très court. Une turbine brasse l'air chaud à l'intérieur du four pour une cuisson uniforme, idéale pour cuire sur deux niveaux sans mélanger les saveurs.

CRÉDENCE MURALE
La crédence murale sert à protéger le mur d'éventuelles éclaboussures d'eau derrière l'évier et des graisses à proximité de la plaque de cuisson. Elle permet également de suspendre des ustensiles de cuisine ou de la vaisselle.

DOMINO
Le domino désigne une table de cuisson composée de deux foyers brûleurs.

FOUR À MICRO-ONDES ET FOUR À MICRO-ONDES «COMBINÉ»
Les appareils à micro-ondes se répartissent en deux familles principales : les modèles standard, et les modèles combinés, qui associent les fonctions d'un four et d'un micro-ondes grâce au gril et à la chaleur tournante.

FOYER À INDUCTION

L'induction est une technologie de cuisson basée sur le principe du champ magnétique. Un générateur produit un champ électromagnétique qui traverse le verre et se transforme en chaleur au contact du récipient. La table de cuisson reste ainsi froide. Ces tables sont faciles à nettoyer : les boutons de commandes sont des touches sensitives qui offrent une grande précision de réglage en passant instantanément d'une cuisson vive à une cuisson douce.

FOYER EXTENSIBLE

En demi-lune ou concentriques, le foyer extensible permet de doubler la surface de chauffe. Il s'adapte à tous types de préparations et d'ustensiles.

FOYER HIGH LIGHT

Le foyer high lignt (ou li-light) est un foyer rapides à infrarouge.

NETTOYAGE PAR CATALYSE

La fonction catalyse consiste à oxyder toutes les graisses à l'aide d'un catalyseur inclus dans les microporosités de l'émail. Elle s'effectue à 250 °C.

NETTOYAGE PAR PYROLYSE

La fonction pyrolyse consiste à éliminer tous les résidus par une montée de la température à 500 °C, pendant une à deux heures.

NETTOYAGE PAR HYDROLYSE

La marque Neff est la seule à proposer ce mode de nettoyage. Il consiste à verser de l'eau savonneuse dans le four avant de mettre en route le programme ; celui-ci ne dure qu'une vingtaine de minutes.

PLAQUE « COUP DE FEU »

La traditionnelle plaque coup de feu, ou plaque de mijotage, se compose de plusieurs anneaux amovibles. Sa température très élevée au centre décroît progressivement. Ce procédé permet de démarrer une cuisson au milieu et de la poursuivre sur la périphérie, sans avoir à modifier le réglage du brûleur, mais aussi de cuisiner plusieurs plats en même temps.

PORTE FROIDE

La porte froide est constituée de 4 à 5 vitres ventilées en permanence. La température de la porte reste toujours inférieure au seuil de brûlure (65 °C).

TABLE DE CUISSON TEPPAN YAKKI

C'est une plaque en inox, idéale pour une cuisson saine sans ajout de matières grasses. Les aliments sont saisis et conservent ainsi toute leur saveur ; ce mode de cuisson préserve également les vitamines et les sels minéraux.

THERMOCOUPLE

La fonction de sécurité thermocouple coupe automatiquement l'arrivée du gaz en cas d'extinction de la flamme, à la suite d'un courant d'air ou d'un débordement. Il écarte ainsi les risques de fuite de gaz et d'accident.

TOUCHES SENSITIVES

Les touches sensitives des tables de cuisson répondent à une simple pression du doigt.

TURBOCHALEUR

La fonction turbochaleur assure une chaleur pulsée intensive.

VITROCÉRAMIQUE

Le vitrocéramique est un matériau utilisé pour les plaques ou tables de cuisson électriques. Il s'agit d'un verre spécial qui transmet la chaleur soit par conduction, soit par rayonnement. Le verre vitrocéramique supporte des températures jusqu'à 800°C et offre une bonne résistance aux chocs physiques.

ÉLECTROMÉNAGER LAVAGE

TURBOSÉCHAGE

Le mode turboséchage s'effectue grâce à une turbine évacue la vapeur dégagée en fin de cycle de lavage.

WOOLMARK PLATINUM CARE

Ce programme permet le lavage de la pure laine vierge grâce à une cadence de brassage plus lente et à un temps de repos prolongé entre deux tours.

HOTTE

ARRÊT TEMPORISÉ

La fonction arrêt temporisé permet de

prolonger l'aspiration après la cuisson et d'éliminer toute fumée ou mauvaise odeur résiduelle.

ASPIRATION
Exprimée en mètres cubes par heure, l'aspiration indique le débit d'évacuation de la hotte.

ÉVIER

À ENCASTRER
Se dit d'un évier à encastrer par le dessus dans un plan de travail à découper aux dimensions de l'évier.

À MONTER SOUS PLAN
Se dit d'un évier à monter sous le plan de travail.

ÉVIER NON PERCÉ/PRÉPERCÉ/PERCÉ
Cette information précise si le produit est livré avec ou sans trous de robinetterie et d'évacuation.

VIDAGE AUTOMATIQUE
Le vidage est automatique lorsqu'un levier permet d'actionner l'ouverture et la fermeture de la bonde.

ROBINET

INVERSEUR
L'inverseur est un élément de robinetterie qui permet le retour de la position douche à la position bain lors de la fermeture de la robinetterie, évitant les risques d'éclaboussure.

MOUSSEUR
Le mousseur est une pièce métallique grillagée qui, à la sortie du bec du robinet, aère l'eau et lui donne un aspect moussant.

01. ELMAR
DESCRIPTIF : îlot central et bloc mural finition laque noire brillante ; plan de travail en acier inox ; table coulissante escamotable sous la plaque de cuisson
NOM : Frame
EXISTE EN : large gamme de couleurs et de finitions disponible
PRIX : NC

01.

01. SCHIFFINI
DESCRIPTIF : éléments modulables en laminé blanc et aluminium ; poignées encastrées profilées aluminium, hotte en acier inox
DESIGN : Ludovica et Roberto Palomba
EXISTE EN : large gamme de finitions disponible
GAMME : Spezie
PRIX : NC

02/03/04. SCHIFFINI
DESCRIPTIF : îlot central modulaire escamotable en aluminium alvéolaire, hotte en acier inox
DESIGN : Giuliano Giaroli
EXISTE EN : verre trempé, marbre blanc composite, bambou multicouches
DIMENSIONS : 120 x 80 x 91 cm
GAMME : G.box
PRIX : NC

05. CASA CUCINE
DESCRIPTIF : cuisine d'angle, plan de travail en Corian®, placards finition laque blanche brillante et aluminium
DESIGN : Cester Dante
GAMME : Lucrezia
PRIX : entre 20 000 et 40 000 €

05.

01. SCHIFFINI
DESCRIPTIF : éléments bas en verre sérigraphié et aluminium ; four et plaque de cuisson posés sur le plan de travail
NOM : Soviore
DESIGN : Vico Magistretti
EXISTE EN : aluminium extrudé ou bois
PRIX : NC

02. SCHIFFINI
DESCRIPTIF : îlot central et bloc mural en aluminium et laminé blanc ; poignées encastrées profil aluminium, hotte en acier inox
DESIGN : Ludovica et Roberto Palomba
EXISTE EN : large gamme de finitions disponible
GAMME : Spezie
PRIX : NC

01.

cuisine complète

01. CASA CUCINE
DESCRIPTIF : cuisine 2 blocs finition acier inox et laque mate ; portes supérieures escamotables
DESIGN : Cester Dante
EXISTE EN : large gamme de finitions disponible
GAMME : Lucrezia
PRIX : entre 20 000 et 40 000 €

02. CASA CUCINE
DESCRIPTIF : îlot central et bloc mural finition chêne teinté noir ; plan de travail stratifié
DESIGN : Cester Dante
EXISTE EN : large gamme de finitions disponible
GAMME : Coco
PRIX : entre 20 000 et 40 000 €

03. CASA CUCINE
DESCRIPTIF : bloc lavage et modules de cuisson finition laque et verre acide ; plan de travail en acier inox
DESIGN : Cester Dante
EXISTE EN : large gamme de finitions disponible
GAMME : Lucrezia
PRIX : entre 20 000 et 40 000 €

04. BINOVA
DESCRIPTIF : cuisine monobloc placage bois ; lavage et plan de cuisson en acier inox ; hotte centrale lumineuse
DESIGN : Paolo Nava et Fabio Casiraghi
EXISTE EN : laqué blanc brillant et mat
GAMME : Modus CL
PRIX : à partir de 20 000 €

05. CASA CUCINE
DESCRIPTIF : cuisine d'angle, finition chêne noir et laque blanche brillante ; plan de travail stratifié
DESIGN : Cester Dante
EXISTE EN : large gamme de finitions disponible
GAMME : Lucrezia
PRIX : NC

01.

02.

06. CESA
DESCRIPTIF : îlot central et bloc mural finition laque blanche ; plan de travail en granit noir ; double hotte ; coin repas
NOM : Sabloney
EXISTE EN : large gamme de finitions disponible
PRIX : NC

07. CASA CUCINE
DESCRIPTIF : plan de travail stratifié, intégrant cuisson et lavage ; bloc mural intégrant réfrigérateur et four ; rangements et étagères finition chêne teinté noir
EXISTE EN : large gamme de finitions disponible
GAMME : Coco
PRIX : entre 20 000 et 40 000 €

04.

05.

06.

07.

01. BINOVA
DESCRIPTIF : 2 îlots et bloc mural finitions laque blanche ; plan de travail en acier inox ; hotte centrale lumineuse ; poignées encastrées
DESIGN : Paolo Nava et Fabio Casiraghi
EXISTE EN : large gamme de finitions disponible
GAMME : Modus HT
PRIX : à partir de 20 000 €

02. CASA CUCINE
DESCRIPTIF : éléments bas finitions chêne teinté noir ; plan de travail stratifié ; bloc mural en acier inox ; hotte îlot ; coin repas
DESIGN : Cester Dante
EXISTE EN : large gamme de finitions disponible
GAMME : Lucrezia
PRIX : entre 20 000 et 40 000 €

02.

cuisine complète

01. CASA CUCINE
DESCRIPTIF : îlot et bloc mural finition chêne blanchi ; plan de travail en granit
DESIGN : Cester Dante
EXISTE EN : large gamme de finitions disponible
GAMME : Zoé
PRIX : entre 20 000 et 40 000 €

02. CASA CUCINE
DESCRIPTIF : îlot central finition chêne blanchi ; bloc mural acier inox ; plan de travail en marbre ; étagères
DESIGN : Cester Dante
EXISTE EN : large gamme de finitions disponible
GAMME : Lucrezia
PRIX : entre 20 000 et 40 000 €

03. CASA CUCINE
DESCRIPTIF : 2 îlots cuisson et bloc mural finition cerisier et verre acide ; plan de travail en acier inox
DESIGN : Cester Dante
EXISTE EN : large gamme de finitions disponible
GAMME : Lucrezia
PRIX : entre 20 000 et 40 000 €

04. CASA CUCINE
DESCRIPTIF : îlot central et bloc mural finition chêne blanchi ; plan de travail en acier inox ; coin repas
DESIGN : Cester Dante
EXISTE EN : large gamme de finitions disponible
PRIX : entre 20 000 et 40 000 €

05. CASA CUCINE
DESCRIPTIF : plan de travail se terminant par un îlot central de cuisson ; bloc mural intégrant réfrigérateur, four et lavage ; coin repas
DESIGN : Cester Dante
EXISTE EN : large gamme de finitions disponible
GAMME : Lady
PRIX : NC

01.

02.

03.

04.

06. CASA CUCINE
DESCRIPTIF : îlot central et blocs muraux finition cerisier et laque mate ; plan de travail en acier inox intégrant lavage et cuisson ; coin repas
DESIGN : Cester Dante
EXISTE EN : large gamme de finitions disponible
GAMME : Zoé
PRIX : entre 20 000 et 40 000 €

07. CASA CUCINE
DESCRIPTIF : cuisine monobloc murale finition cerisier et laque mate ; plan de travail en acier inox
DESIGN : Cester Dante
EXISTE EN : large gamme de finitions disponible
GAMME : Zoé
PRIX : entre 20 000 et 40 000 €

08. CASA CUCINE
DESCRIPTIF : 2 îlots parallèles et bloc mural finition chêne clair ; plan de travail stratifié ; coin repas
DESIGN : Cester Dante
EXISTE EN : large gamme de finitions disponible
GAMME : Coco
PRIX : entre 20 000 et 40 000 €

05.

06.

07.

08.

cuisine complète

01. LEICHT
DESCRIPTIF : îlot central et bloc mural renfermant l'électroménager, en mélaminé à haute brillance décor makassar ; coin repas
EXISTE EN : large gamme de finitions disponible
GAMME : Amica
PRIX : NC

02. BULTHAUP
DESCRIPTIF : cuisine murale : éléments modulables finition poirier ; plan de travail en acier inox ; panneau mural en verre
NOM : Copenhague
EXISTE EN : large gamme de finitions disponible
PRIX : NC

03. LEICHT
DESCRIPTIF : 2 blocs muraux lavage et rangements ; îlot central de cuisson, coin repas, finition noyer
EXISTE EN : large gamme de finitions disponible
GAMME : Wood
PRIX : NC

04. SIEMATIC
DESCRIPTIF : 2 blocs muraux et îlot central de cuisson en bois et laque polyuréthane mate ; poignées encastrées dans les portes
EXISTE EN : large gamme de couleurs et de finitions disponible
GAMME : Siematic SL
PRIX : NC

01.

02.

03.

04.

cuisine complète

01. SNAIDERO
DESCRIPTIF : cuisine îlot circulaire et bloc mural en acier inox et aluminium satiné, évier 2 cuves, plan de cuisson vitrocéramique
NOM : Acropolis
DESIGN : Pininfarina
PRIX : NC

02. BOFFI
DESCRIPTIF : cuisine en mélaminé, placage bois ; plan de travail en aluminium ; poignées encastrées dans les portes
DESIGN : Piero Lissoni et C.R.S. Boffi
EXISTE EN : large gamme de finitions disponible
GAMME : Zone
PRIX : NC

03. BINOVA
DESCRIPTIF : 2 îlots centraux finition laque blanche et acier inox ; large hotte centrale lumineuse avec télécommande
DESIGN : Paolo Nava et Fabio Casiraghi
EXISTE EN : large gamme de finitions disponible
GAMME : Modus HT
PRIX : à partir de 20 000 €

04. SNAIDERO
DESCRIPTIF : cuisine îlot, bloc mural pour rangements et réfrigération, finition orme et laque brillante ; coin repas
NOM : Kube
DESIGN : Giovanni Offredi
EXISTE EN : laque mate ou métallique
PRIX : NC

05. SIEMATIC
DESCRIPTIF : îlot central cuisson, double hotte en laque polyuréthane brillante ; blocs muraux ; plan de travail en mosaïque (faite main) ; poignées intégrées dans les portes
GAMME : Siematic SL
PRIX : NC

01.

02.

03.

06. LEICHT
DESCRIPTIF : armoire à portes escamotables enfermant rangements et fours, finition bois
DIMENSIONS : 90 x 217 x 58 x 90 cm
EXISTE EN : large gamme de finitions disponible
PRIX : NC

07. CASA CUCINE
DESCRIPTIF : îlot central sur 2 niveaux intégrant lavage et cuisson, plan de travail en acier inox, hotte îlot, coin repas
DESIGN : Cester Dante
EXISTE EN : large gamme de finitions disponible
GAMME : Zoé
PRIX : NC

04.

05.

06.

07.

cuisine complète

01. LEICHT
DESCRIPTIF : cuisine d'angle décor merisier et laque vert pomme ; hotte intégrée dans les éléments hauts
EXISTE EN : large gamme de finitions disponible
GAMME : Pinta
PRIX : NC

02. SNAIDERO
DESCRIPTIF : îlot central et bloc mural en laque brillante noire ; hotte circulaire en baydur finition métallisée ; plan de travail en acier inox
NOM : Idea
DESIGN : Pininfarina
EXISTE EN : large gamme de finitions disponible
PRIX : NC

03. LEICHT
DESCRIPTIF : îlot central dédié au lavage et bloc mural renfermant l'électroménager, finition olivier ; coin repas
EXISTE EN : large gamme de finitions disponible
GAMME : High line
PRIX : NC

04. SIEMATIC
DESCRIPTIF : cuisine d'angle finition orme massif ; plan de travail en CeramicDesign ; double hotte ; coin repas ; portes de placard coulissantes
EXISTE EN : large gamme de finitions disponible
GAMME : Siematic SR
PRIX : NC

05. BOFFI
DESCRIPTIF : îlot central intégrant lavage et cuisson, bloc mural finition bois ; plan de travail, large hotte et socle visible en acier inox
DESIGN : Piero Lissoni et C.R.S. Boffi
EXISTE EN : large gamme de finitions disponible
PRIX : NC

01.

02.

03.

04.

cuisine complète

01. SIEMATIC
DESCRIPTIF : îlot central intégrant lavage et cuisson, bloc mural en stratifié blanc ; plan de travail en pierre naturelle ; tiroirs, poignées encastrées
EXISTE EN : large gamme de finitions disponible
GAMME : Siematic 6006
PRIX : NC

02. COMERA
DESCRIPTIF : plan de travail intégrant lavage et cuisson, finition chêne clair statifié ; hotte intégrée dans les éléments hauts ; coin repas
NOM : Edito
EXISTE EN : large gamme de couleurs et de finitions disponible
PRIX : NC

03. BINOVA
DESCRIPTIF : îlot central ; poubelle intégrée au plan de travail en acier inox ; armoire murale en stratifié mat renfermant les fours
DESIGN : Paolo Nava et Fabio Casiraghi
EXISTE EN : large gamme de couleurs et de finitions disponible
PRIX : à partir de 15 000 €

04. BULTHAUP
DESCRIPTIF : îlot central cuisson, bloc mural, finition orme ; plan de travail en pierre artificielle gris anthracite ; hotte îlot ; coin repas
EXISTE EN : large gamme de couleurs et de finitions disponible
NOM : Munich
PRIX : NC

01.

02.

03.

04.

o6. SIEMATIC
DESCRIPTIF : 2 blocs muraux intégrant fours, machine à café et réfrigérateur ; plan de travail suspendu comprenant évier double et table de cuisson, finition laque polyuréthane mate
EXISTE EN : large gamme de couleurs et de finitions disponible
PRIX : NC

o6.

cuisine complète

01/02. SIEMATIC
DESCRIPTIF : îlot central intégrant les deux éléments fixes en acier inox ; partie centrale en chêne coulissante (transformable en coin repas)
EXISTE EN : large gamme de finitions disponible
GAMME : Siematic SL
PRIX : NC

01.

02.

cuisine complète

01. LEICHT
DESCRIPTIF : cuisine d'angle, façade stratifiée brillante blanche et verte ; plan de travail intégrant lavage et cuisson ; hotte, réfrigérateur et lave-vaisselle encastrés
EXISTE EN : large gamme de finitions disponible
GAMME : Amica
PRIX : NC

02. ALESSI
DESCRIPTIF : cuisine suspendue en 2 blocs muraux ; placards en verre sérigraphié ; plan de travail en matériau composite ; hotte cylindrique
NOM : Geometrica
DESIGN : Alessandro Mendini
DIMENSIONS : bloc mural 480 x 65 x 208 cm, bloc cuisson 240 x 65 x 192 cm
PRIX : NC

01.

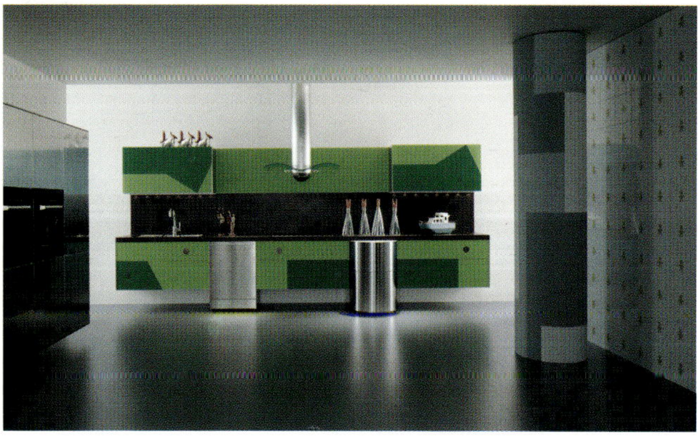
02.

04. ALESSI
DESCRIPTIF : cuisine îlot monobloc en acier inox intégrant évier, plaque de cuisson à induction, hotte îlot, coin repas
NOM : Agreste
DESIGN : Alessandro Mendini
DIMENSIONS :
276 x 96 x 100 cm
PRIX : NC

05. ALESSI
DESCRIPTIF : cuisine murale monobloc, portes de placard en verre opalin lumineux ; plan de travail en matériau composite
NOM : Trasparente
DESIGN : Alessandro Mendini
DIMENSIONS :
330 x 65 x 202 cm (hauteur du plan de travail 88 cm)
PRIX : NC

04.

05.

01. TONCELLI
DESCRIPTIF : îlot central en acier inox et aluminium intégrant cuisson et lavage, tablette amovible ; hotte îlot 800 m³/h ; bloc mural ; placards finition bois
DESIGN : Fabio Toncelli
EXISTE EN : large gamme de finitions disponible
GAMME : Living-TL
PRIX : NC

01.

02. TONCELLI
DESCRIPTIF : îlot central en aluminium et acier inox : éviers 3 cuves, plan de cuisson, hotte centrale 800 m³/h ; plan de travail en matériau composite
DESIGN : Fabio Toncelli
EXISTE EN : large gamme de finitions disponible
GAMME : Living-TL
PRIX : NC

2.

01. ALESSI

DESCRIPTIF : cuisine murale monobloc, plan de travail pivotant ; plan de travail en acier inox intégrant lavage et cuisson

NOM : Sinuosa

DESIGN : Alessandro Mendini

DIMENSIONS :
303 x 95 x 154 cm (hauteur du plan de travail 94 cm)

PRIX : NC

01.

02. SNAIDERO
DESCRIPTIF : cuisine en acier inox laqué rouge corail : plan de travail intégrant lavage et cuisson ; coin repas en îlot
DESIGN : Pininfarina
EXISTE EN : large gamme de finitions disponible
GAMME : Venus
PRIX : NC

03. CASA CUCINE
DESCRIPTIF : plan de travail en acier inox intégrant lavage et cuisson en module ; placards en verre laqué coloré
DESIGN : Cester Dante
EXISTE EN : large gamme de finitions disponible
GAMME : Coco
PRIX : entre 20 000 et 40 000 €

04. CASA CUCINE
DESCRIPTIF : bloc mural, îlot central, coin repas en îlot, finition aluminium et marbre
DESIGN : Cester Dante
EXISTE EN : large gamme de finitions disponible
GAMME : Coco
PRIX : entre 20 000 et 40 000 €

05. SNAIDERO
DESCRIPTIF : cuisine îlot monobloc en acier inox sur pieds, intégrant évier et plaque de cuisson
DESIGN : Lucci Orlandini
EXISTE EN : large gamme de finitions disponible
GAMME : Sistema ES
PRIX : NC

03.

04.

05.

cuisine complète

01. LA CORNUE
DESCRIPTIF : îlot central en tôle émaillée noire intégrant lavage, cuisson, hotte : 2 fours à voûte ; 1 plaque « coup de feu » ; 4 brûleurs ; teppan-yaki ; gril ; garnitures en laiton poli et acier inox brossé
NOM : Grand Palais 180
GAMME : Château
PRIX : de 45 000 à 50 000 €

01.

02. LA CORNUE

DESCRIPTIF : îlot central en tôle émaillée blanche intégrant cuisson et lavage ; 2 fours à voûte ; 2 plaques coup de feu ; 4 brûleurs ; garniture en acier inox satiné

EXISTE EN : large gamme de couleurs et de finitions disponible

GAMME : Château

PRIX : de 45 000 à 50 000 €

03. LA CORNUE

DESCRIPTIF : îlot central en chêne massif blond, dédié au lavage, comprenant éviers, multiples rangements ; plan de travail en pierre

DESIGN : Laurent Besseas

DIMENSIONS : 130 x 70 x 117 cm

GAMME : Vateliers

PRIX : env. 6 000 €

02.

03.

01/02/03. BOFFI
DESCRIPTIF : îlot central monobloc en acier inox massif, intégrant lavage et cuisson (4 feux), logements pour réfrigérateur, four et lave-vaisselle, plateau supérieur permettant de faire disparaître la cuisine
DESIGN : Norbert Wangen
DIMENSIONS : 353 x 70 x 96 cm
PRIX : NC

01.

02.

01. TONCELLI
DESCRIPTIF : îlot central monobloc en acier inox et bois d'olivier intégrant lavage et cuisson ; plateau supérieur permettant de faire disparaître la cuisine (robinet escamotable)
DESIGN : Fabio Toncelli
EXISTE EN : large gamme de finitions disponible
GAMME : Essential
PRIX : NC

01.

02/03. BOFFI
DESCRIPTIF : îlot central monobloc en acier inox finition chêne, intégrant lavage et cuisson (6 brûleurs), logements pour réfrigérateur, 2 fours et lave-vaisselle
NOM : Case system
DESIGN : Piero Lissoni
EXISTE EN : différentes possibilités de configuration
PRIX : NC

02.

03.

01/02. CIATTI A TAVOLA
DESCRIPTIF : cuisine en Corian®, 1 partie fixe, 1 partie mobile pouvant recouvrir le bloc mural
NOM : Bianca
DESIGN : Claudio Nardi
MATIÈRE/COULEUR : acier inox, titanium
DIMENSIONS : partie fixe 321,5 x 75 x 120 cm ; partie mobile 357,5 x 86,5 x 151 cm
PRIX : NC

01.

02.

01. ROSIÈRES
DESCRIPTIF : ensemble cuisinière 4 foyers vitrocéramique high light, four électrique 40 l, lave-vaisselle 6 couverts
DIMENSIONS :
60 x 60 x 86,5 cm
EXISTE EN : rose blanche
PRIX : env. 2 000 €

02. GORENJE
DESCRIPTIF : cuisine comprenant 1 évier, 1 réfrigérateur/ congélateur, 2 plaques électriques, rangements
NOM : Mini-cuisine
DIMENSIONS :
100 x 60 x 86 cm
PRIX : env. 500 €

01.

02.

03. BRANDT
DESCRIPTIF : ensemble table de cuisson 3 brûleurs ; plaque électrique ; lave-vaisselle 12 couverts, 6 programmes, 51 dB, classe énergie A
MATIÈRE/COULEUR : blanc
DIMENSIONS : 60 x 92 x 60 cm
PRIX : env. 700 €

04. ROSIÈRES
DESCRIPTIF : ensemble cuisinière acier inox 4 foyers vitrocéramique high light, four électrique 40 l, lave-vaisselle 6 couverts, hotte avec éclairage, énergie classe A
DIMENSIONS : 60 x 65 x 86,5 cm
EXISTE EN : rose blanche
PRIX : env. 2 000 €

05. KITCHOO
DESCRIPTIF : cuisine comprenant évier, mitigeur, plaque de cuisson, hotte, réfrigérateur
NOM : Verbier 2
DIMENSIONS : 60 x 85 x 103 cm
PRIX : à partir de 2 000€

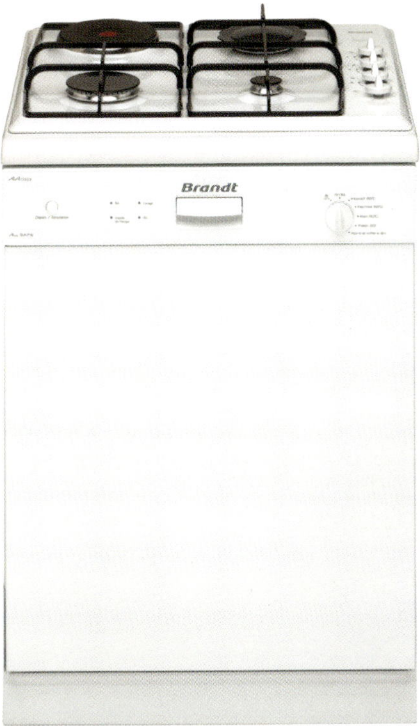

03.

04.

05.

01. KITCHOO

DESCRIPTIF : cuisine finition Wenge comprenant évier, mitigeur, plaque de cuisson, hotte, réfrigérateur

NOM : Verbier 2

EXISTE EN : large gamme de finitions disponible

PRIX : à partir de 2 000 €

02/03. KITCHOO

DESCRIPTIF : cuisine comprenant évier, mitigeur, plaque de cuisson, hotte, réfrigérateur/freezer, possibilité d'ajouter lave-vaisselle, lave-linge ou four à micro-ondes

NOM : Montana 2

EXISTE EN : large gamme de finitions disponible

PRIX : à partir de 2 000 €

02.

03.

électroménager conservation

01. FISHER & PAYKEL
DESCRIPTIF : combinaison de réfrigérateurs encastrables montés en « side by side » : 355 l (congélateur 82 l) et 453 l (congélateur 113 l)
DIMENSIONS : 73 x 63,5 x 169,5 cm ; 68 x 73 x 169,5 cm
PRIX : env. 3 000 €

01.

réfrigérateur

01. BRANDT
DESCRIPTIF : combinaison de réfrigérateurs, 329 l et congélateur 230 l, bar et glaçons, classe énergie A+
NOM : Side by Side
DIMENSIONS : 120 x 61 x 163 cm
EXISTE EN : blanc
PRIX : env. 1 000 €

02. FISHER & PAYKEL
DESCRIPTIF : réfrigérateur 453 l (congélateur 113 l), alarme température, contrôle de l'humidité
MATIÈRE/COULEUR : acier inox
DIMENSIONS : 79 x 68,5 x 169,5 cm
PRIX : env. 1 000 €

03/04. SUB-ZERO
DESCRIPTIF : réfrigérateur 521 l, tiroirs congélation 323 l, double système de réfrigération, fabrique de glaçons intégrée
NOM : Pro 48
MATIÈRE/COULEUR : acier inox (intérieur et extérieur), triple vitres anti-UV
DIMENSIONS : 121 x 65 x 213 cm
PRIX : env. 21 000 €

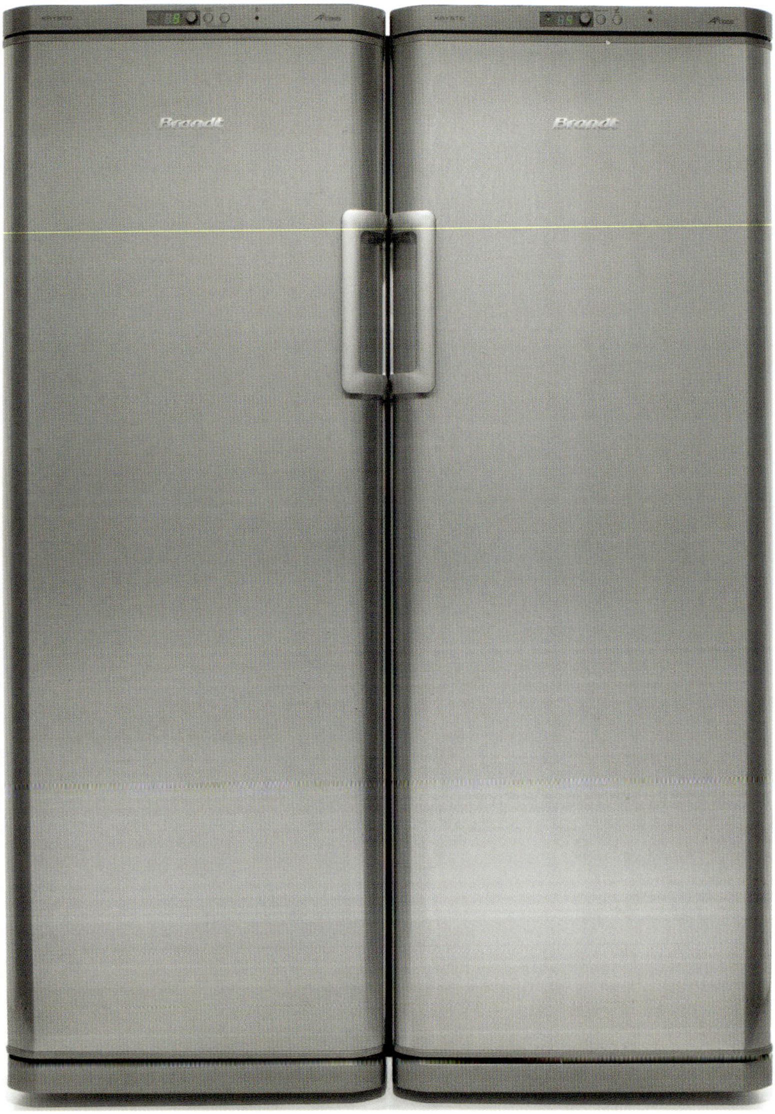

01.

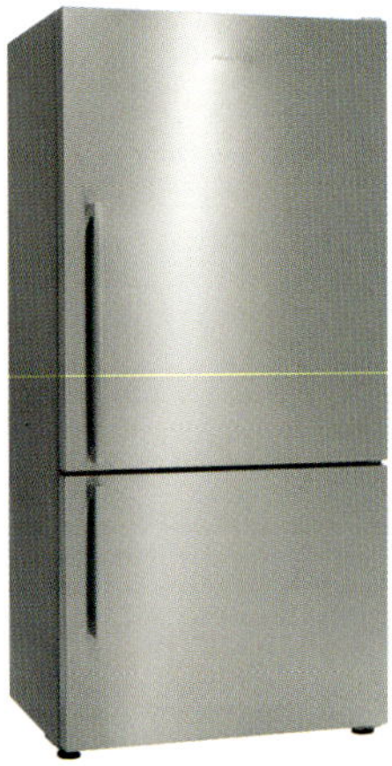

02.

03.

05/06. SMEG
DESCRIPTIF : réfrigérateur 335 l (congélateur 155 l), type américain, bar et glaçons, froid ventilé, congélation 12 kg/24 h, portes démontables, classe énergie A
MATIÈRE/COULEUR : acier inox, gris métal
DIMENSIONS : 90 x 60 x 177 cm
EXISTE EN : noir
PRIX : env. 3 000 €

07. GAGGENAU
DESCRIPTIF : réfrigérateur double porte (399 l), congélateur tiroir (153 l), bar et glaçons, congélation 10 kg/24 h, classe énergie A
MATIÈRE/COULEUR : aluminium
DIMENSIONS : 91 x 70 x 180 cm
EXISTE EN : pose libre, finition acier inox ou aluminium
PRIX : env. 4 000 €

04.

05.

06.

07.

réfrigérateur

01. SCHOLTES
DESCRIPTIF : tiroirs réfrigérants 150 l, montés sous plan, espaces spécifiques (légumes, fruits, vin, gastronomie, porte-bouteilles), classe énergie A+
DIMENSIONS : 90 x 55 x 86,5 cm
GAMME : Horizontal
PRIX : env. 800 €

02. SUB-ZERO
DESCRIPTIF : tiroirs réfrigérants 82,1 l, (congélateur 59 l), monté sous plan, glaçons, froid ventilé, programmation électronique de la température, classe énergie C
MATIÈRE/COULEUR : acier inox
DIMENSIONS : 69 x 61 x 88 cm
PRIX : env. 6 000 €

01.

02.

03. SMEG
DESCRIPTIF : réfrigérateur encastrable 226 l (congélateur 67 l), dégivrage automatique, portes réversibles, classe énergie A
DIMENSIONS :
54 x 55 x 185 cm
PRIX : env. 1 000 €

04. SMEG
DESCRIPTIF : réfrigérateur encastrable 111 l (espace congélation 18 l), autoventilation, dégivrage automatique, autonomie 12 h, porte réversible, classe énergie A
DIMENSIONS :
60 x 54,5 x 82 cm
PRIX : env. 900 €

05. SMEG
DESCRIPTIF : réfrigérateur encastrable 145 l, dégivrage automatique, porte réversible, classe énergie A
DIMENSIONS :
54,5 x 87,5 x 140 cm
PRIX : env. 600 €

06. GORENJE
DESCRIPTIF : réfrigérateur pose libre 245 l (congélateur 86 l), dégivrage automatique, autonomie 18 h, congélation 10 kg/24 h, classe énergie A+
DIMENSIONS :
60 x 64 x 200 cm
GAMME : Swarovski
PRIX : env. 2 000 €

3.

04.

06.

05.

SMEG

/03. SMEG
SCRIPTIF : réfrigérateur
47 l (congélateur 21 l),
oid ventilé, dégivrage
utomatique, autonomie
h, classe énergie A
ATIÈRE/COULEUR :
ulticolore
MENSIONS :
0 x 53 x 146 cm
ISTE EN : large gamme
e couleurs disponible
IX : env. 1 000 €

02. SMEG
DESCRIPTIF : réfrigérateur
205 l (congélateur 103 l),
dégivrage automatique,
touche congélation rapide
(15 kg/24 h), autonomie
12 h, classe énergie A
MATIÈRE/COULEUR :
large gamme de
couleurs disponible
DIMENSIONS :
60 x 53 x 168 cm
PRIX : env. 2 000 €

02.

03.

réfrigérateur

01. GORENJE
DESCRIPTIF : réfrigérateur 245 l (congélateur 86 l), dégivrage automatique, congélation 10 kg/24 h, classe énergie A
DESIGN : Pininfarina
MATIÈRE/COULEUR : aluminium, verre
DIMENSIONS : 60 x 64 x 200 cm
PRIX : env. 2 000 €

02. BRANDT
DESCRIPTIF : réfrigérateur 227 l (congélateur 75 l), bar et glaçons, congélation 10 kg/24 h, portes réversibles, classe énergie A+
NOM : Combi Barao
MATIÈRE/COULEUR : blanc
DIMENSIONS : 60 x 62 x 187 cm
GAMME : Innovations Froid 2006
PRIX : env. 900 €

03. ROSIÈRES
DESCRIPTIF : réfrigérateur 298 l (congélateur 109 l), bar et glaçons, dégivrage automatique, congélation 12 kg/24 h, autonomie 20 h, classe énergie A
MATIÈRE/COULEUR : blanc
DIMENSIONS : 73 x 60 x 185 cm
PRIX : env. 1 000 €

04. INDESIT
DESCRIPTIF : réfrigérateur 303 l (congélateur 90 l), portes réversibles, classe énergie A
NOM : Graffiti
MATIÈRE/COULEUR : blanc, revêtement spécial pour écrire ou dessiner
DIMENSIONS : 60 x 65,5 x 187,5 cm
PRIX : env. 400 €

05. ARISTON
DESCRIPTIF : réfrigérateur 277 l (congélateur 118 l), bar et glaçons, congélation 14 kg/24 h, autonomie 21 h, système Ever Fresh intégré, classe énergie A
MATIÈRE/COULEUR : acier inox
DIMENSIONS : 70 x 71 x 193 cm
PRIX : env. 1 000 €

01.

02.

03.

04.

05.

06. SIEMENS

DESCRIPTIF : réfrigérateur 263 l (congélateur 84 l) dégivrage automatique, congélation 14 kg/24 h, autonomie 27 h ; écran LCD 15' orientable, classe énergie A+
MATIÈRE/COULEUR : acier inox, aluminium
DIMENSIONS : 56 x 71 x 202 cm
PRIX : env. 4 000 €

07. SUB-ZERO

DESCRIPTIF : réfrigérateur 569 l, froid ventilé, programmation électronique de la température, classe énergie C
MATIÈRE/COULEUR : porte vitrée, acier inox ; intérieur aluminium
DIMENSIONS : 91 x 61 x 185 cm
EXISTE EN : porte pleine
PRIX : env. 9 000 €

06.

07.

congélateur

01. SMEG
DESCRIPTIF : congélateur encastrable 98 l, congélation 9 kg/24 h, autonomie 21 h, porte réversible
DIMENSIONS :
54 x 54 x 87,5 cm
PRIX : env. 600 €

02. ARTHUR MARTIN
DESCRIPTIF : congélateur coffre pose libre, 230 l, froid ventilé, touche congélation rapide (15 kg/24 h), autonomie 44 h, alarme température, classe énergie B
MATIÈRE/COULEUR : blanc
DIMENSIONS :
132,5 x 66,5 x 88 cm
PRIX : env. 500 €

01.

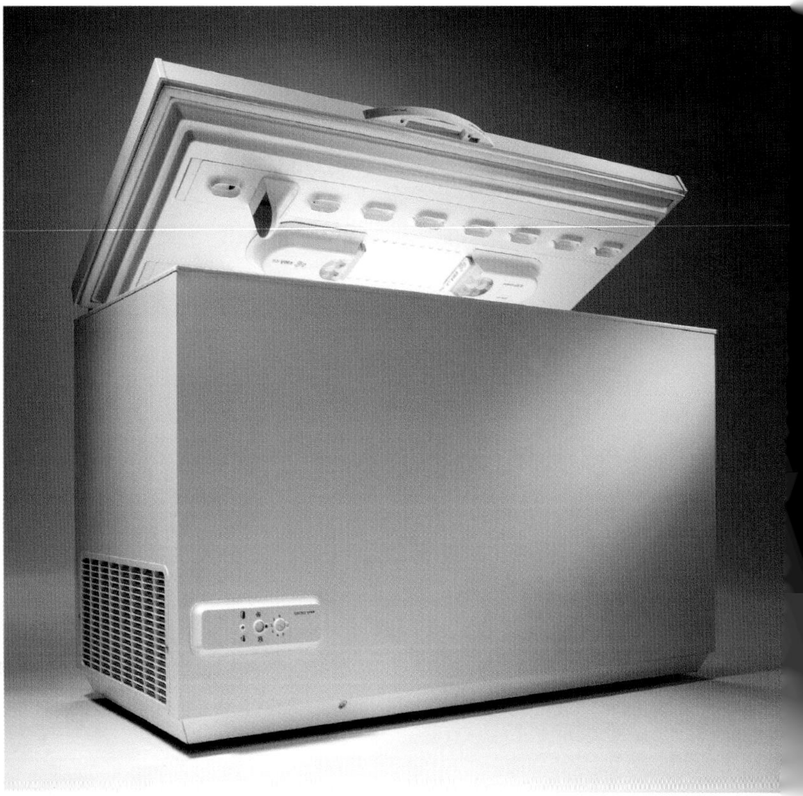

02.

03. SMEG
DESCRIPTIF : congélateur encastrable 100 l, monté sous plan, congélation 12 kg/24 h, autonomie 28 h, porte réversible
DIMENSIONS :
60 x 54,5 x 82 cm
PRIX : env. 800 €

cave à vin

01. SMEG

DESCRIPTIF : cave à vin pose libre 198 bouteilles, 2 zones de froid, contrôle multizones par sonde électronique, air brassé, anti-vibration

MATIÈRE/COULEUR : porte vitrée teintée anti-UV, poignée en acier inox

DIMENSIONS :
60 x 50 x 190 cm

PRIX : env. 2 000 €

)2. GAGGENAU
)ESCRIPTIF : cave à vin
ncastrable 118 bouteilles,
3 zones indépendantes,
)rogrammation
:lectronique de la
:empérature et de l'humidité
)ESIGN : Reinhard Segers
AATIÈRE/COULEUR : portes en
'erre athermique, acier inox
)IMENSIONS : 93 x 57 x 198 cm
:XISTE EN : pose libre
RIX : env. 14 000 €

03. BRANDT
DESCRIPTIF : cave à vin
54 bouteilles,
programmation
électronique
de la température
MATIÈRE/COULEUR : porte
en verre anti-UV, finition
acier inox
DIMENSIONS :
54,5 x 60 x 85 cm
PRIX : env. 300 €

04. GORENJE
DESCRIPTIF : cave à vin
à encastrer 52 bouteilles,
affichage et
programmation digitale
de la température
DIMENSIONS :
60 x 60 x 90 cm
GAMME : Monarque
EXISTE EN : pose libre
PRIX : env. 1 000 €

02.

03.

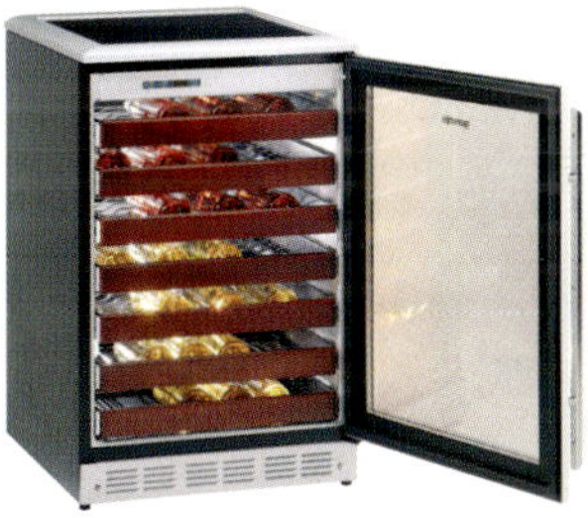
04.

01. SMEG

DESCRIPTIF : dominos encastrés : gril barbecue (1,8 kW), 1 brûleur wok (3,5 kW), 2 foyers vitrocéramique (1,8 kW et 1,2 kW)

MATIÈRE/COULEUR : acier inox, fonte, roche volcanique

DIMENSIONS : 1 domino 31 x 58 x 7,5 cm

PRIX : env. 2 000 €

01.

cuisinière

01. SMEG
DESCRIPTIF : cuisinière 6 brûleurs dont 2 double couronnes (3,5 kW) ; 1 four catalyse 51 l, 8 fonctions ; 1 four 27 l
MATIÈRE/COULEUR : acier inox, grilles en fonte
DIMENSIONS :
100 x 60 x 95 cm
GAMME : Opera
PRIX : env. 5 000 €

02. FISHER & PAYKEL
DESCRIPTIF : cuisinière 5 brûleurs dont 1 wok (3,6 kW) et 1 barbecue ; 2 fours électriques 60 l, 8 fonctions ; hotte, crédence murale
MATIÈRE/COULEUR : acier inox brossé
DIMENSIONS :
122 x 61 x 90 cm
GAMME : Galaxy
PRIX : env. 3 000 €

01.

Fisher&Paykel

01. ARISTON
DESCRIPTIF : cuisinière à gaz, 5 brûleurs dont 1 triple couronnes (3,25 kW) ; four à gaz 68 l, 2 fonctions, gril électrique, tiroir de rangement
MATIÈRE/COULEUR : acier inox, fonte
DIMENSIONS : 90 x 60 x 85 cm
GAMME : Professionnelle
PRIX : env. 700 €

02. SCHOLTES
DESCRIPTIF : cuisinière 3 brûleurs et 1 plaque électrique ; four électrique pyrolyse 56 l, 9 fonctions, classe énergie A
MATIÈRE/COULEUR : acier inox
DIMENSIONS : 59,5 x 59,5 x 85 cm
PRIX : NC

01.

02.

3. SCHOLTES
ESCRIPTIF : cuisinière
brûleurs dont 1 rapide
kW) ; four catalyse
3 l, 9 fonctions,
rogrammateur
ectronique
ATIÈRE/COULEUR : acier inox
MENSIONS :
0 x 60 x 86 cm
AMME : Equinox
RIX : env. 900 €

04. SAUTER
DESCRIPTIF : cuisinière
5 brûleurs dont 1 triple
couronnes (3,3 kW) ; four
électrique catalyse 103 l,
6 fonctions
MATIÈRE/COULEUR : acier inox
DIMENSIONS : 90 x 60 x 85 cm
PRIX : env. 2 000 €

05. GORENJE
DESCRIPTIF : cuisinière
électrique pyrolyse
4 foyers vitrocéramique ;
four électrique catalyse
59 l, muni de 2 rangements
latéraux
DIMENSIONS : 100 x 71 x 85 cm
MATIÈRE/COULEUR : acier
inox, verre irisé
PRIX : env. 2 000 €

06. ROSIÈRES
DESCRIPTIF : cuisinière
5 brûleurs dont 1 triple
couronnes (4 kW) ;
four 104 l, 7 fonctions ;
hotte, crédence murale,
grilles en fonte
MATIÈRE/COULEUR : acier inox
DIMENSIONS : crédence
100 x 60 x 90 cm ;
hotte 100 x 50 x 76,5 cm
GAMME : Professionnelle
PRIX : env. 2 000 €

3.

04.

06.

05.

SMEG
SMEG

01. SMEG
DESCRIPTIF : cuisinière 6 brûleurs dont 1 rapide (3,5 kW) ; four catalyse 70 l, 9 fonctions ; hotte, crédence murale
MATIÈRE/COULEUR : anthracite, argenté
DIMENSIONS : 100 x 60 x 95 cm
EXISTE EN : vert
PRIX : env. 4 000 €

02. SMEG
DESCRIPTIF : cuisinière 4 brûleurs dont 1 rapide (3,2 kW) ; four pyrolyse 56 l, 10 fonctions, porte froide ; hotte, crédence murale
MATIÈRE/COULEUR : acier inox, chapeaux brûleurs émaillés
DIMENSIONS : 70 x 60 x 90 cm
PRIX : env. 3 000 €

03. SMEG
DESCRIPTIF : cuisinière 5 foyers vitrocéramique high light dont 2 extensibles (2,2 kW) ; four catalyse 70 l, 9 fonctions, classe énergie A ; hotte, crédence murale
MATIÈRE/COULEUR : acier inox, verre céramique noir
DIMENSIONS : 90 x 60 x 95 cm
PRIX : env. 3 000 €

02.

03.

cuisinière

01. AGA
DESCRIPTIF : cuisinière au fioul 2 grandes plaques dont 1 rapide ; fours à rôtir, à pâtisserie, à mijoter, chauffe-plats
MATIÈRE/COULEUR : fonte émaillée
DIMENSIONS : 149 x 68 x 85 cm
EXISTE EN : fours à gaz, électriques, large gamme de couleurs disponible
PRIX : env. 14 000 €

02. AGA
DESCRIPTIF : cuisinière à gaz, 2 grandes plaques dont 1 rapide ; fours à rôtir, à mijoter
MATIÈRE/COULEUR : fonte émaillée
DIMENSIONS : 99 x 68 x 91 cm
EXISTE EN : fours au fioul, électriques, large gamme de couleurs disponible
PRIX : env. 10 000 €

03. AGA
DESCRIPTIF : cuisinière à gaz, 6 brûleurs dont 1 wok (4,5 kW), 1 rapide (5 kW), 1 gril (2,25 kW) ; 1 four électrique 35,2 l ; 2 fours à gaz 35,2 l (à mijoter), four à chaleur tournante 32 l
MATIÈRE/COULEUR : fonte émaillée
DIMENSIONS : 98 x 62 x 91 cm
PRIX : env. 9 000 €

04. LA CORNUE
DESCRIPTIF : cuisinière 4 brûleurs (5,5 kW) et 1 gril ; 2 fours à gaz, 2 fours à voute ; 2 tiroirs chauffe-plats
NOM : Château 175
MATIÈRE/COULEUR : laiton, acier inox satiné
DIMENSIONS : 150 x 70 x 90 cm
EXISTE EN : large gamme de couleurs disponible
GAMME : Château
PRIX : env. 20 000 €

05. LA CORNUE
DESCRIPTIF : cuisinière 5 brûleurs dont 1 rapide (3,5 kW) ; four à voûte 74 l à gaz, placard chauffant
NOM : Grand Papa 75
MATIÈRE/COULEUR : tôle émaillée, acier inox, laiton
DIMENSIONS : 135 x 65 x 90 cm
EXISTE EN : large gamme de couleurs disponible
GAMME : Cornuchef
PRIX : env. 11 000 €

01.

02.

03.

04.

05.

06. LA CORNUE

DESCRIPTIF : cuisinière 3 brûleurs, 1 grande plaque « coup de feu » ; four à voûte à gaz ou conventionnel
NOM : Castel 75
DIMENSIONS : 75 x 70 x 90 cm
EXISTE EN : large gamme de couleurs disponible
GAMME : Château
PRIX : env. 11 000 €

07. GODIN

DESCRIPTIF : cuisinière 6 brûleurs dont 1 « coup de feu » couvert ; 1 friteuse 8 l ; 2 fours à gaz 75 l dont 1 à étuve ; four convectionnel vertical 47 l
MATIÈRE/COULEUR : acier inox
DIMENSIONS : 151 x 72 x 84 cm
EXISTE EN : large gamme de couleurs disponible
GAMME : Souveraine
PRIX : env. 8 000 €

08. GODIN

DESCRIPTIF : cuisinière, 4 brûleurs dont 1 rapide (4,2 kW), 1 chauffe-plats ; 1 four pyrolyse 58 l ; 1 four catalyse 36 l
MATIÈRE/COULEUR : tôle émaillée
DIMENSIONS : 101 x 68 x 84 cm
GAMME : Châtelaine Pro
PRIX : env. 7 000 €

06.

08.

cuisinière

01. GODIN
DESCRIPTIF : cuisinière
3 brûleurs dont 1 central rapide triple couronnes (5,2 kW) ; four à gaz ou électrique 75 l
DIMENSIONS :
70 x 72,5 x 84 cm
EXISTE EN : large gamme de couleurs disponible
GAMME : Souveraine 700
PRIX : env. 3 000 €

02. DE DIETRICH
DESCRIPTIF : cuisinière
5 brûleurs dont 1 rapide (3,3 kW) ; four électrique catalyse 105 l, grilles en fonte 7 positions de cuisson
MATIÈRE/COULEUR : acier inox, vert
DIMENSIONS :
100 x 62 x 90 cm
EXISTE EN : rouge, bleu, ivoire
PRIX : env. 2 000 €

03. AGA
DESCRIPTIF : cuisinière
4 brûleurs dont 1 wok (4,5 kW), 1 gril (2,25 kW), 2 fours 32 l et 33 l à chaleur tournante
MATIÈRE/COULEUR : fonte émaillée
DIMENSIONS :
59,5 x 62 x 91 cm
GAMME : Série S
PRIX : env. 5 000 €

04. SAUTER
DESCRIPTIF : cuisinière
3 brûleurs dont 1 triple couronnes (4 kW) ;
1 plaque électrique ; four pyrolyse 51 l, 9 fonctions, porte froide
MATIÈRE/COULEUR : noir rétro
DIMENSIONS : 60 x 62 x 85 cm
EXISTE EN : noir graphite, blanc, vert racing, acier inox
GAMME : Mixtes
PRIX : env. 1 000 €

05. GODIN
DESCRIPTIF : cuisinière
4 brûleurs dont 2 rapides (3 kW) ; four pyrolyse 58 l, dessus débordant avec barre à torchon ; hotte
MATIÈRE/COULEUR : rubis
DIMENSIONS : 88 x 68 x 87 cm
EXISTE EN : large gamme de couleurs et tables disponible
GAMME : Petite châtelaine
PRIX : env. 4 000 €

01.

02.

04.

03.

four

01. SMEG
DESCRIPTIF : four catalyse 51 l, 10 fonctions, turbochaleur, porte froide, classe énergie A
MATIÈRE/COULEUR : blanc
DIMENSIONS : 60 x 56 x 60 cm
EXISTE EN : noir, acier inox, verre
GAMME : Variation
PRIX : env. 1 000 €

02. ROSIÈRES
DESCRIPTIF : four pyrolyse 54 l, 12 fonctions, chaleur tournante, porte froide, classe énergie A
MATIÈRE/COULEUR : rose blanche
DIMENSIONS : 60 x 54 x 59 cm
EXISTE EN : acier inox, perle noire
GAMME : Signature
PRIX : env. 1 000 €

01.

02.

03. SMEG
DESCRIPTIF : four pyrolyse 54 l, 10 fonctions, turbochaleur, classe énergie A
MATIÈRE/COULEUR : noir, blanc, acier inox
DIMENSIONS : 60 x 56 x 60 cm
GAMME : Contemporain
PRIX : env. 1 000 €

04. SMEG
DESCRIPTIF : four pyrolyse 54 l, 8 fonctions, turbochaleur, classe énergie A
MATIÈRE/COULEUR : miroir, noir, blanc, acier inox
DIMENSIONS : 60 x 56 x 60 cm
GAMME : Essentiel
PRIX : env. 1 000 €

03.

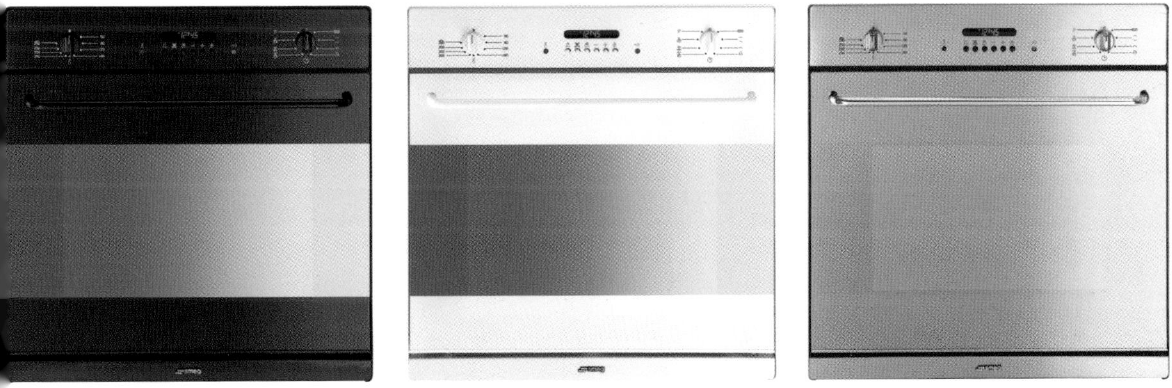

04.

four

01. SMEG
DESCRIPTIF : four pyrolyse 32 l, turbochaleur, 8 fonctions, programmation électronique
MATIÈRE/COULEUR : acier inox, verre
DIMENSIONS : 55,5 x 53,5 x 38 cm
PRIX : env. 1 000 €

02. SMEG
DESCRIPTIF : four catalyse 70 l, 10 fonctions, classe énergie A
MATIÈRE/COULEUR : acier inox, verre
DIMENSIONS : 90 x 56 x 48 cm
GAMME : Classique
PRIX : env. 2 000 €

03. GLEMGAS
DESCRIPTIF : four catalyse 100 l, 9 fonctions, programmateur électronique, chaleur tournante et turbo-gril
MATIÈRE/COULEUR : acier inox, verre
DIMENSIONS : 90 x 54 x 47,5 cm
PRIX : env. 1 000 €

04. DE DIETRICH
DESCRIPTIF : four pyrolyse 32 l, 7 fonctions, programmateur électronique
MATIÈRE/COULEUR : verre noir, cadre acier inox
DIMENSIONS : 56 x 55 x 38 cm
PRIX : env. 1 000 €

05. ARISTON
DESCRIPTIF : four électrique vapeur 23 l, programmateur électronique, touches sensitives, 2 fonctions, classe énergie A
MATIÈRE/COULEUR : acier inox, verre
DIMENSIONS : 59,5 x 43 x 39 cm
PRIX : env. 800 €

06. BOSCH
DESCRIPTIF : four vapeur 26 l, programmation électronique de la température et du débit de vapeur, touches sensitives
MATIÈRE/COULEUR : acier inox, verre
DIMENSIONS : 56 x 45 x 38 cm
PRIX : env. 1 000 €

07. NEFF
DESCRIPTIF : four hydrolyse 45 l, 11 fonctions, classe énergie A
DESIGN : Epur©
MATIÈRE/COULEUR : acier inox, verre
DIMENSIONS : 59 x 55 x 46 cm
PRIX : env. 1 000 €

08. NEFF
DESCRIPTIF : four hydrolyse 45 l, 11 fonctions, porte escamotable et tiroir pour accessoires, classe énergie A
DESIGN : Epur©
MATIÈRE/COULEUR : acier inox, verre
DIMENSIONS : 42 x 42 x 25,5 cm
GAMME : Slide & Hide®
PRIX : env. 1 000 €

02.

03.

04.

05.

06.

07.

08.

four

01. ARISTON
DESCRIPTIF : four pyrolyse 56 l, 7 fonctions, contrôle électronique total, classe énergie A
MATIÈRE/COULEUR : acier inox, verre trempé
DIMENSIONS : 60 x 57 x 60 cm
GAMME : Diamantis
PRIX : env. 500 €

02. SCHOLTES
DESCRIPTIF : four pyrolyse 56 l, 9 fonctions automatiques et 9 préconisées, porte froide, classe énergie A
MATIÈRE/COULEUR : verre sablé
DIMENSIONS : 60 x 54,5 x 59 cm
GAMME : Prism
PRIX : env. 600 €

03. GLEMGAS
DESCRIPTIF : four 5 fonctions à ouverture latérale 54 l
MATIÈRE/COULEUR : acier inox
DIMENSIONS : 60 x 52,5 x 59 cm
PRIX : env. 300 €

04. SAUTER
DESCRIPTIF : four pyrolyse 54 l, 12 fonctions, porte froide, classe énergie A
MATIÈRE/COULEUR : acier inox, verre miroir
DIMENSIONS : 59 x 61 x 59 cm
EXISTE EN : noir, blanc
GAMME : Tseps
PRIX : env. 1 000 €

05. ARISTON
DESCRIPTIF : four catalyse 56 l, 7 fonctions dont pizza et cuisson rapide, classe énergie A
MATIÈRE/COULEUR : acier inox, verre
DIMENSIONS : 60 x 57 x 60 cm
GAMME : Tradition
PRIX : env. 400 €

01.

02.

03.

04.

05.

06.

06. SCHOLTES
DESCRIPTIF : four pyrolyse 56 l, 9 fonctions, porte froide, classe énergie A
MATIÈRE/COULEUR : acier inox, verre
DIMENSIONS : 60 x 60 x 56 cm
PRIX : env. 400 €

07. SMEG
DESCRIPTIF : four catalyse 53 l, 11 fonctions, turbochaleur, thermostat électronique, classe énergie A
DESIGN : Piano Design
MATIÈRE/COULEUR : acier inox, verre
DIMENSIONS : 60 x 54,5 x 59 cm
PRIX : env. 2 000 €

07.

four

01. MIELE
DESCRIPTIF : four vapeur haute pression 19 l, 4 fonctions, programmation électronique, 3 niveaux de cuisson de 50 à 120 °C
MATIÈRE/COULEUR : acier inox
DIMENSIONS : 59,5 x 54 x 38 cm
PRIX : env. 3 000 €

02. SCHOLTES
DESCRIPTIF : four pyrolyse 56 l, 11 fonctions automatiques et 12 préconisées, porte froide, classe énergie A
MATIÈRE/COULEUR : profil aluminium, verre miroir sablé
DIMENSIONS : 60 x 54,5 x 60 cm
GAMME : Galbe
PRIX : à partir de 1 000 €

03. GORENJE
DESCRIPTIF : four encastrable multifonctions 53 l, chaleur tournante, gril à infrarouges, classe énergie A
MATIÈRE/COULEUR : acier inox, verre
DIMENSIONS : 60 x 59,5 x 57 cm
PRIX : env. 800 €

04. GORENJE
DESCRIPTIF : four encastrable pyrolyse 53 l, chaleur tournante, gril à infrarouges, 9 fonctions, classe énergie A
DESIGN : Pininfarina
MATIÈRE/COULEUR : aluminium et verre
DIMENSIONS : 60 x 59,5 x 57 cm
PRIX : env. 1 000 €

01.

02.

03.

04.

05/06. GAGGENAU
DESCRIPTIF : four pyrolyse 50 l encastrable ou mural, 11 fonctions, chaleur tournante, ouverture automatique par le bas, classe énergie A
NOM : Lift
DESIGN : Reinhard Segers
MATIÈRE/COULEUR : acier inox, verre teinté
DIMENSIONS : 60 x 45 x 54 cm
PRIX : env. 3 000 €

5.

06.

four

01. SMEG
DESCRIPTIF : four pyrolyse 54 l, 10 fonctions, turbochaleur, porte froide, classe énergie A
MATIÈRE/COULEUR : acier inox brillant, verre miroir
DIMENSIONS : 60 x 56 x 60 cm
GAMME : Evolution
PRIX : env. 1 000 €

02. SCHOLTES
DESCRIPTIF : four 58 l, 12 fonctions automatiques et 12 préconisées, porte froide classe énergie A
MATIÈRE/COULEUR : verre miroir
DIMENSIONS : 60 x 54,5 x 48 cm
GAMME : Attitude
PRIX : à partir de 1 000 €

03. GAGGENAU
DESCRIPTIF : four 90 l, thermostat électronique, gril à infrarouges, programmation électronique de la température
MATIÈRE/COULEUR : acier inox et verre
DIMENSIONS : 90 x 58 x 47,5 cm
PRIX : env. 5 000 €

01.

02.

combi four micro-ondes

01. DE DIETRICH
DESCRIPTIF : combinaison de 3 fours : four pyrolyse 32 l, 7 fonctions ; four vapeur 23 l ; micro-ondes combiné 32 l, 8 fonctions
MATIÈRE/COULEUR : façade en verre noir, cadre en acier inox
DIMENSIONS : 56 x 55 x 38 cm
GAMME : Collection 38
PRIX : à partir de 900 €

02. GAGGENAU
DESCRIPTIF : combinaison de 2 fours : four vapeur 37 l, 6 fonctions ; four pyrolyse 67 l, 11 fonctions
MATIÈRE/COULEUR : façade vitrée, acier inox
EXISTE EN : aluminium
DIMENSIONS : 60 x 56 x 62 cm ; 60 x 56 x 60 cm
PRIX : env. 5 000 €

01.

02.

01. SMEG
DESCRIPTIF : combinaison de 2 fours : micro-ondes 32 l et four 32 l, 8 fonctions, pyrolyse
MATIÈRE/COULEUR : acier inox, verre
DIMENSIONS : 55 x 55 x 38 cm
PRIX : env. 1 000 €

02. SMEG
DESCRIPTIF : combinaison de 2 fours : micro-ondes 24 l, 1 porte relevante, 1 four électrique multifonctions, catalyse
MATIÈRE/COULEUR : acier inox, verre
PRIX : four env. 1 000 € ; micro-ondes env. 500 € ; porte env. 500 €

03. BRANDT
DESCRIPTIF : micro-ondes combiné 40 l, chaleur tournante, 12 fonctions
MATIÈRE/COULEUR : acier inox, verre
DIMENSIONS : 60 x 55 x 45 cm
EXISTE EN : noir, blanc, aluminium
PRIX : env. 800 €

02.

03.

combi four micro-ondes

01. FISHER & PAYKEL
DESCRIPTIF : double four pyrolyse 101 l chacun, 10 fonctions, chaleur tournante
MATIÈRE/COULEUR : acier inox brossé
DIMENSIONS :
59,5 x 52 x 57,5 cm
PRIX : env. 3 000 €

02. FISHER & PAYKEL
DESCRIPTIF : double four 60 l et 35 l, 8 fonctions
MATIÈRE/COULEUR : acier inox brossé
DIMENSIONS :
59,5 x 56 x 93 cm
PRIX : env. 2 000 €

03. NEFF
DESCRIPTIF : double four 8 fonctions, 1 four convectionnel 30 l, gril ; 1 four 58 l, nettoyage hydrolyse, gril, décongélation, classe énergie A
MATIÈRE/COULEUR : noir
DIMENSIONS : 59 x 55 x 88 cm
EXISTE EN : acier inox
PRIX : env. 2 000 €

04. MIELE
DESCRIPTIF : double four : 1 four vapeur haute pression 19 l dissimulé par porte relevante, 1 four vapeur 30 l
MATIÈRE/COULEUR : façade en acier inox
DIMENSIONS :
59,5 x 54 x 38 cm
PRIX : env. 3 000 €

01.

02.

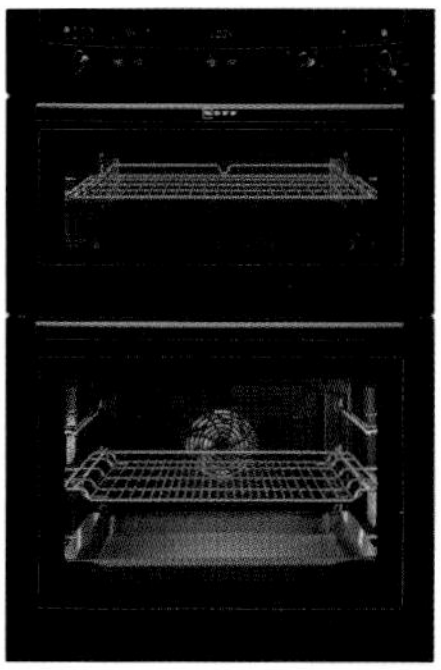
03.

Miele
12:00
Miele

micro-ondes

01. ROSIÈRES
DESCRIPTIF : micro-ondes 30 l, 900 W, 5 fonctions préprogrammées
MATIÈRE/COULEUR : acier inox, façade en verre miroir
DIMENSIONS : 56 x 48 x 36 cm
PRIX : env. 800 €

01.

02. SMEG
DESCRIPTIF : portes relevantes pour niches de fours à micro-ondes
DIMENSIONS :
55,5 x 50 x 35,5 cm
EXISTE EN : acier inox, verre noir, blanc, miroir
PRIX : env. 500 €

03. SMEG
DESCRIPTIF : micro-ondes combiné multifonctions 24 l, 900 W
MATIÈRE/COULEUR :
acier inox, verre
DIMENSIONS : 60 x 39 x 46 cm
PRIX : env. 700 €

04. SMEG
DESCRIPTIF : micro-ondes combiné 30 l, chaleur tournante, fonctions décongélation, cuisson, réchauffage
MATIÈRE/COULEUR :
acier inox, verre
DIMENSIONS : 59 x 51 x 46 cm
PRIX : env. 1 000 €

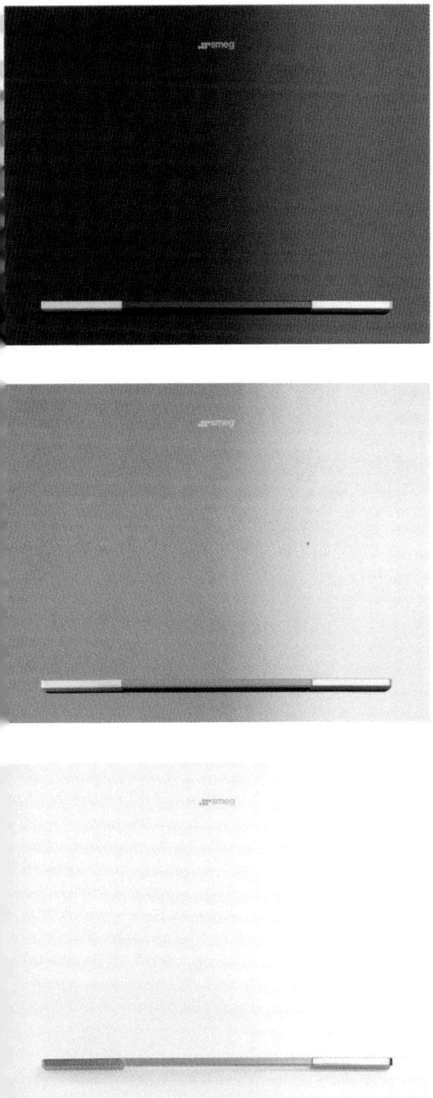

2.

03.

04.

plaque domino

01. ROSIÈRES
DESCRIPTIF : domino vitrocéramique 1 foyer high light extensible (2,4 kW), touches sensitives
MATIÈRE/COULEUR : verre vitrocéramique, perle noire
DIMENSIONS : 27,5 x 51 x 4 cm
GAMME : Creatis
PRIX : env. 600 €

02. ROSIÈRES
DESCRIPTIF : domino vitrocéramique 2 foyers high light dont 1 extensible (2,4 kW), touches sensitives
MATIÈRE/COULEUR : verre vitrocéramique, perle noire
DIMENSIONS : 27,5 x 51 x 4 cm
GAMME : Creatis
PRIX : env. 600 €

03. ROSIÈRES
DESCRIPTIF : domino gaz 1 brûleur wok avec support (3,8 kW), allumage électronique intégré aux manettes
MATIÈRE/COULEUR : verrre vitrocéramique, perle noire
DIMENSIONS : 27,5 x 51 x 4,5 cm
PRIX : env. 600 €

04. ROSIÈRES
DESCRIPTIF : domino gaz2 brûleurs dont 1 rapide (3 kW)
MATIÈRE/COULEUR : verre vitrocéramique, perle noire
DIMENSIONS : 27,5 x 51 x 4,5 cm
PRIX : env. 500 €

05. ROSIÈRES
DESCRIPTIF : domino induction 2 foyers dont 1 extensible (2,2 kW), détecteur de récipient, touches sensitives
MATIÈRE/COULEUR : verre vitrocéramique, perle noire
DIMENSIONS : 27,5 x 51 x 5,5 cm
PRIX : env. 700 €

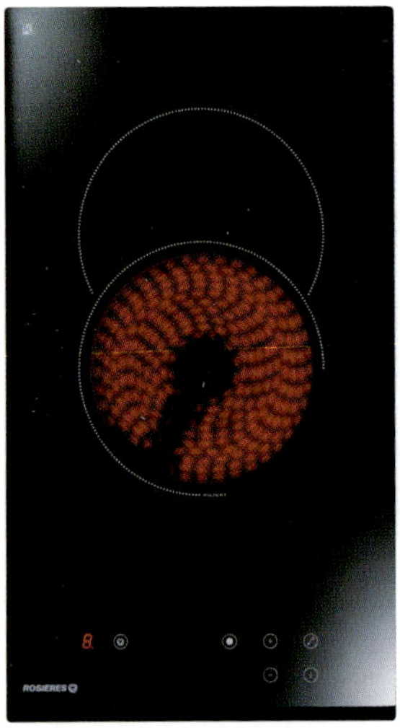
01.

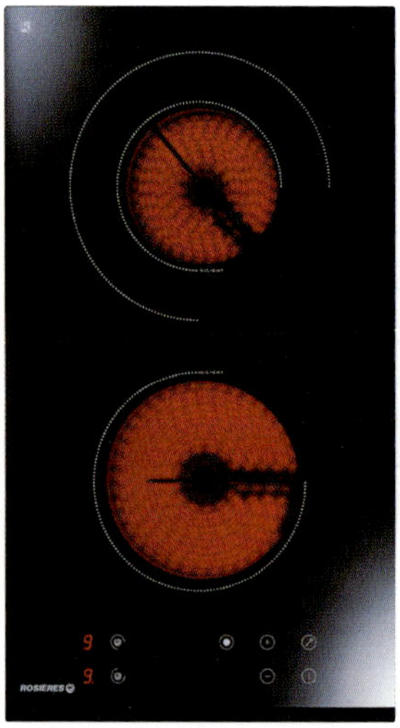
02.

03.

04.

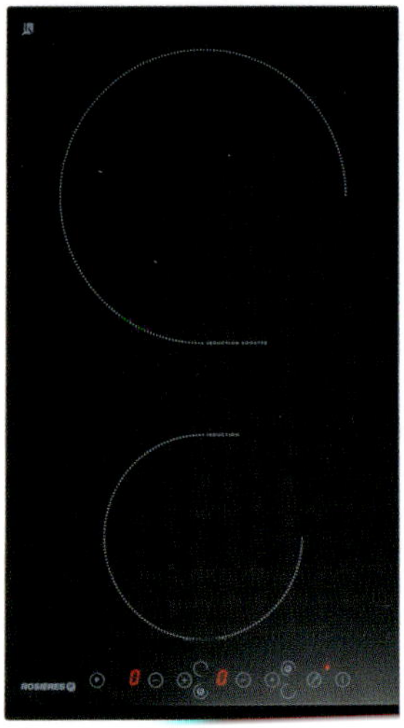
05.

06.

06. ROSIÈRES
DESCRIPTIF : domino barbecue (2,4 kW), commande à manettes
MATIÈRE/COULEUR : gril en fonte émaillée sur pierre de lave, verre vitrocéramique
DIMENSIONS : 27,5 x 51 x 7 cm
PRIX : env. 700 €

07. SIEMENS
DESCRIPTIF : domino induction 2 foyers dont 1 rapide (3,3 kW)
MATIÈRE/COULEUR : verre vitrocéramique, cadre et manettes en acier inox
DIMENSIONS : 27 x 49 x 5 cm
PRIX : env. 900 €

08. SIEMENS
DESCRIPTIF : domino gaz 1 brûleur wok double couronnes (5,6 kW)
MATIÈRE/COULEUR : verre vitrocéramique, cadre et manettes en acier inox
DIMENSIONS : 27 x 49 x 4,5 cm
PRIX : env. 700 €

09. SIEMENS
DESCRIPTIF : domino gaz 2 brûleurs dont 1 rapide (2,8 kW)
MATIÈRE/COULEUR : verre vitrocéramique, cadre et manettes en acier inox
DIMENSIONS : 27 x 49 x 4,5 cm
PRIX : env. 600 €

10. SAUTER
DESCRIPTIF : table mixte gaz et induction encastrable : 2 brûleurs dont 1 rapide (3,1 kW), 2 foyers à induction dont 1 rapide (3,1 kW)
MATIÈRE/COULEUR : verre vitrocéramique noir
DIMENSIONS : induction 29 x 51 x 6 cm, gaz 29 x 51 x 5 cm
PRIX : env. 900 €

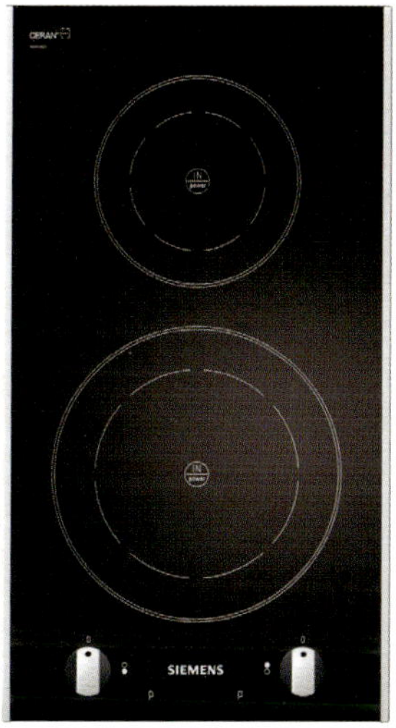

07.

08.

09.

10.

plaque domino

01. SUB-ZERO
DESCRIPTIF : domino vapeur, cuve 7,2 l, vidange électronique, touches sensitives
MATIÈRE/COULEUR : acier inox, couvercle en verre trempé
DIMENSIONS : 38 x 53 x 34 cm
PRIX : env. 2 000 €

02. SUB-ZERO
DESCRIPTIF : domino gaz 1 brûleur wok (5,3 kW), contrôle électronique de la flamme
MATIÈRE/COULEUR : acier inox, grille en fonte
DIMENSIONS : 38 x 53 x 1 cm
PRIX : env. 2 000 €

03. SUB-ZERO
DESCRIPTIF : domino gril électrique 2 résistances (1,4 kW), récupérateur de graisse, minuterie, touches sensitives
matière/couleur : acier inox, grille fonte émaillée
DIMENSIONS : 38 x 53 x 2 cm
PRIX : env. 2 000 €

04. SMEG
DESCRIPTIF : domino gaz 1 brûleur wok (4,1 kW), allumage électronique intégré aux manettes
MATIÈRE/COULEUR : acier inox, grille en fonte émaillée
DIMENSIONS : 30 x 50 x 3 cm
PRIX : env. 300 €

05. GLEMGAS
DESCRIPTIF : domino gaz 2 brûleurs dont 1 rapide (3 kW)
MATIÈRE/COULEUR : acier inox, grille en acier émaillé
DIMENSIONS : 29 x 3 x 51 cm
PRIX : env. 100 €

01.

02.

03.

04.

05.

06

06. ROSIÈRES
DESCRIPTIF : domino gaz 2 brûleurs dont 1 rapide (3,2 kW), allumage électronique intégré aux manettes
MATIÈRE/COULEUR : fonte perle noir, grille acier émaillé
DIMENSIONS : 31 x 51 x 5 cm
PRIX : env. 400 €

07. GAGGENAU
DESCRIPTIF : domino gaz 1 brûleur wok triple couronnes (5 kW)
NOM : China wok
MATIÈRE/COULEUR : acier inox
DIMENSIONS : 38 x 51 x 1 cm
GAMME : Profi
PRIX : env. 2 000 €

08. GAGGENAU
DESCRIPTIF : domino gaz 2 brûleurs dont 1 rapide (4 kW)
NOM : Profi
MATIÈRE/COULEUR : acier inox
DIMENSIONS : 38 x 51 cm
GAMME : Vario Gaz
PRIX : env. 1 000 €

07.

08.

plaque gaz

01. SCHOLTES
DESCRIPTIF : table gaz
3 brûleurs dont
1 rapide (2,5 kW)
MATIÈRE/COULEUR :
verre anthracite, fonte,
acier inox émaillé
DIMENSIONS :
60 x 52 x 4,5 cm
GAMME : Prism
PRIX : env. 300 €

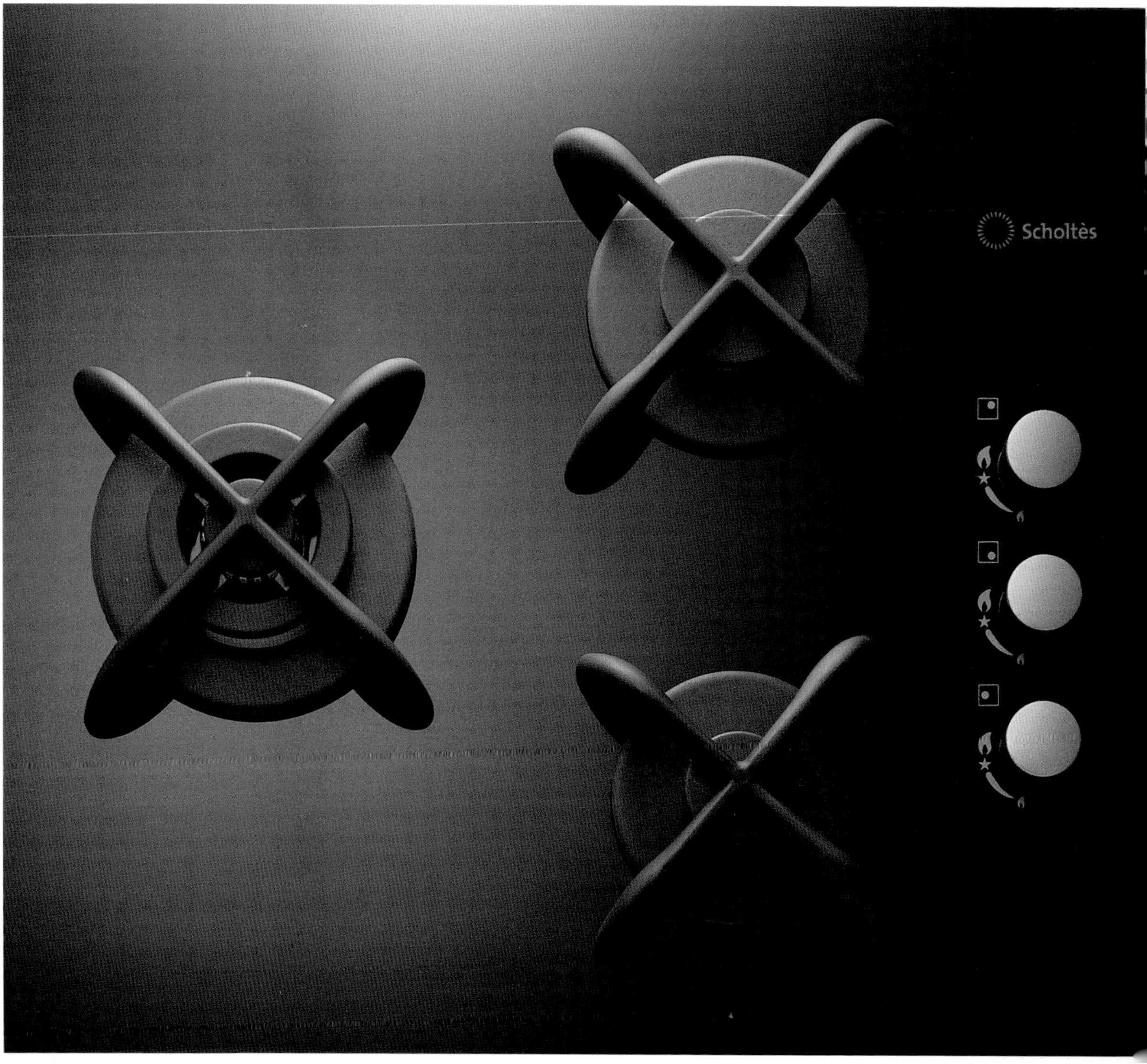

02. BOSCH
DESCRIPTIF : table gaz
3 brûleurs dont 1 wok
triple couronnes (3,3 kW)
MATIÈRE/COULEUR : verre
noir, acier inox émaillé
DIMENSIONS : 56 x 49 x 4 cm
GAMME : Thermocouple
PRIX : env. 500 €

03. BOSCH
DESCRIPTIF : table gaz
5 brûleurs dont 1 wok
triple couronnes (3,6 kW)
MATIÈRE/COULEUR : verre
noir, acier inox émaillé
DIMENSIONS : 56 x 49 x 4 cm
GAMME : Thermocouple
PRIX : env. 800 €

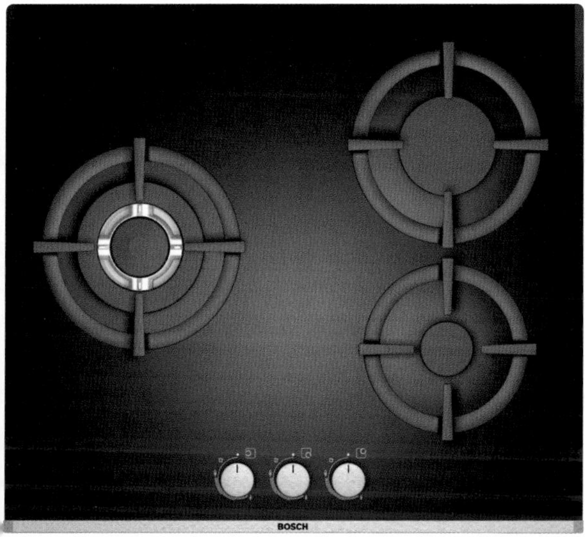

02.

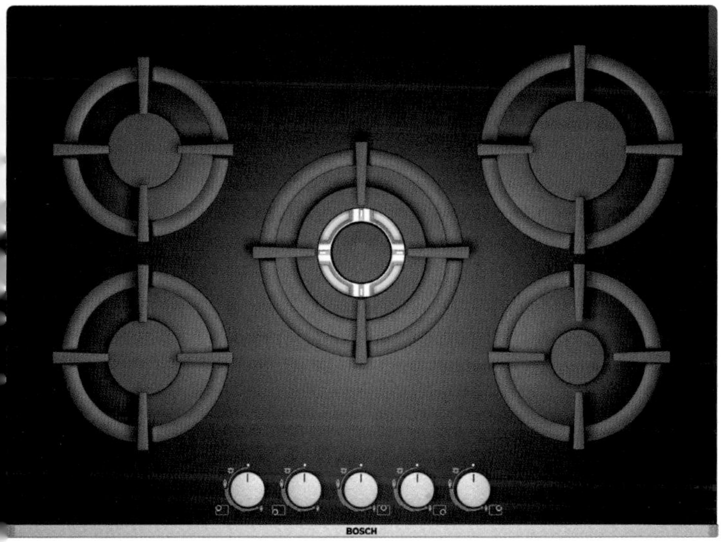

03.

plaque gaz

01. GORENJE
DESCRIPTIF : table gaz 5 brûleurs dont 1 triple couronnes rapide (3,5 kW) et 1 « maintient au chaud », minuterie
MATIÈRE/COULEUR : acier inox, fonte émaillée
DIMENSIONS : 72 x 52 x 4,5 cm
PRIX : env. 500 €

02. FISHER & PAYKEL
DESCRIPTIF : table gaz 5 brûleurs dont 1 rapide (3,4 kW)
MATIÈRE/COULEUR : acier inox brossé
DIMENSIONS : 91 x 53 x 4 cm
PRIX : env. 500 €

03. SMEG
DESCRIPTIF : table gaz 5 brûleurs dont 1 rapide (4,1 kW)
MATIÈRE/COULEUR : acier inox, fonte émaillée
DIMENSIONS : 68,5 x 50 x 3 cm
GAMME : Classique
PRIX : env. 500 €

04. SMEG
DESCRIPTIF : table gaz 4 brûleurs dont 1 rapide (3,9 kW)
MATIÈRE/COULEUR : acier inox, fonte émaillée
DIMENSIONS : 60 x 50 x 3 cm
GAMME : Classique
PRIX : env. 400 €

05. NEFF
DESCRIPTIF : table gaz 4 brûleurs dont 1 rapide triple couronnes (3 kW)
MATIÈRE/COULEUR : acier inox, grilles en fonte émaillée
DIMENSIONS : 56 x 49 x 43 cm
PRIX : env. 800 €

01.

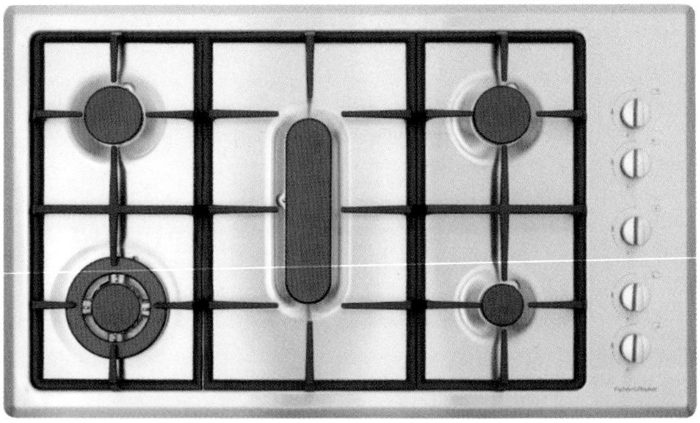
02.

03.

04.

05.

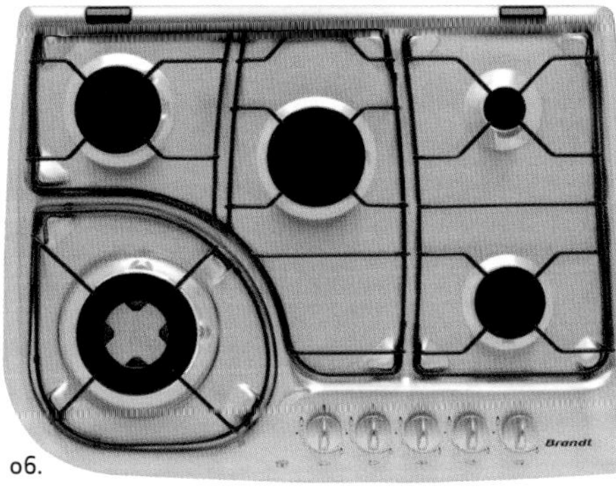

06.

06. BRANDT
DESCRIPTIF : table gaz 5 brûleurs dont 1 rapide (3,8 kW)
MATIÈRE/COULEUR : acier inox, grille en acier émaillé
DIMENSIONS : 71 x 53 x 3 cm
EXISTE EN : noir, blanc
PRIX : env. 400 €

07. SMEG
DESCRIPTIF : table gaz 5 brûleurs dont 1 rapide (4,5 kW), puissance totale 12,2 kW
MATIÈRE/COULEUR : acier inox, fonte émaillée
DIMENSIONS : 86 x 50 x 3 cm
GAMME : Classique
PRIX : env. 700 €

08. SMEG
DESCRIPTIF : couvercle pour table à gaz de 90 cm
MATIÈRE/COULEUR : acier inox
DIMENSIONS : 47 x 54 x 4 cm
EXISTE EN : tôle émaillée crème ou anthracite
PRIX : env. 200 €

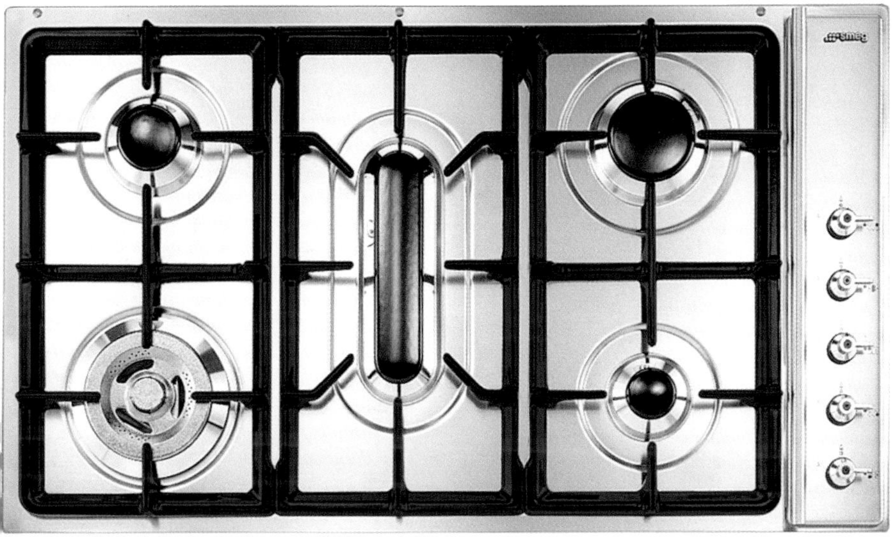

07.

08.

plaque gaz

01. SCHOLTES
DESCRIPTIF : table gaz 4 brûleurs dont 1 rapide (3,3 kW), puissance totale 8,7 kW
MATIÈRE/COULEUR : acier inox, verre gris aspect sablé
DIMENSIONS : 70 x 52 x 4,5 cm
EXISTE EN : large gamme de finitions disponible
GAMME : Prism
PRIX : env. 400 €

02. BRANDT
DESCRIPTIF : table gaz 4 brûleurs, puissance totale 7,75 kW
MATIÈRE/COULEUR : acier émaillé, verre trempé blanc
DIMENSIONS : 56 x 49 x 5 cm
EXISTE EN : noir
PRIX : env. 400 €

03. SAUTER
DESCRIPTIF : table gaz 4 foyers dont 1 rapide (3,1 kW), brûleur à flamme « pilote »
MATIÈRE/COULEUR : fonte émaillée, verre trempé blanc
DIMENSIONS : 51 x 60 x 5 cm
EXISTE EN : noir, cadre acier inox
PRIX : env. 400 €

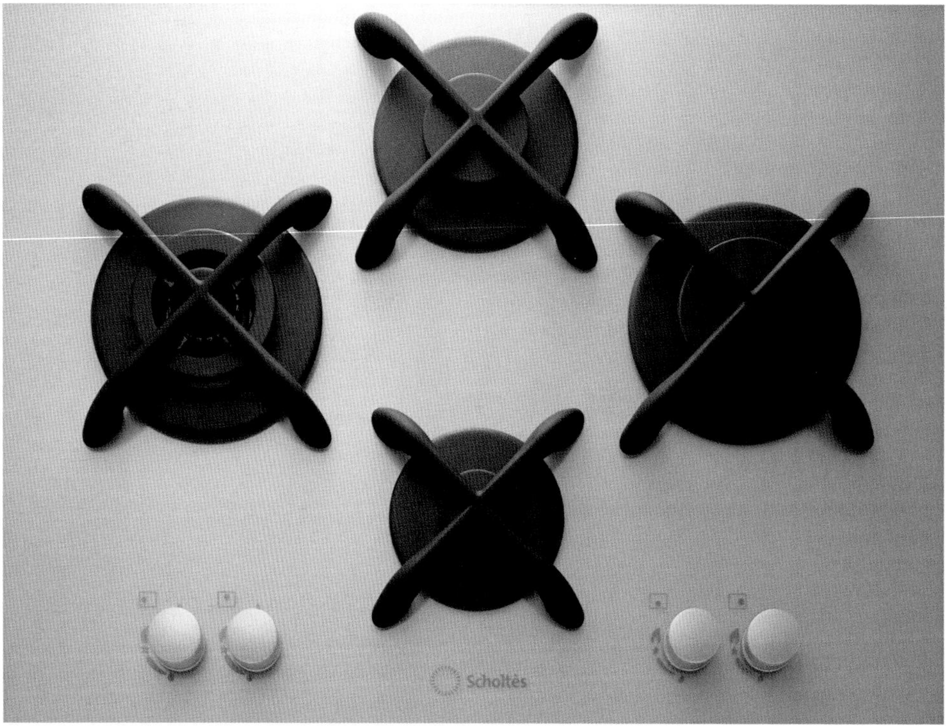

01.

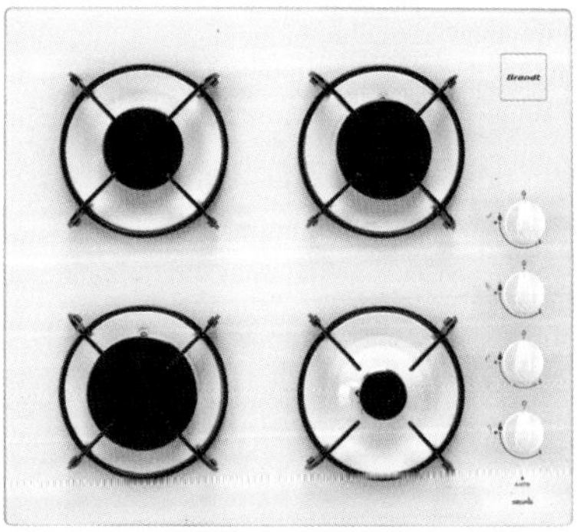
02.

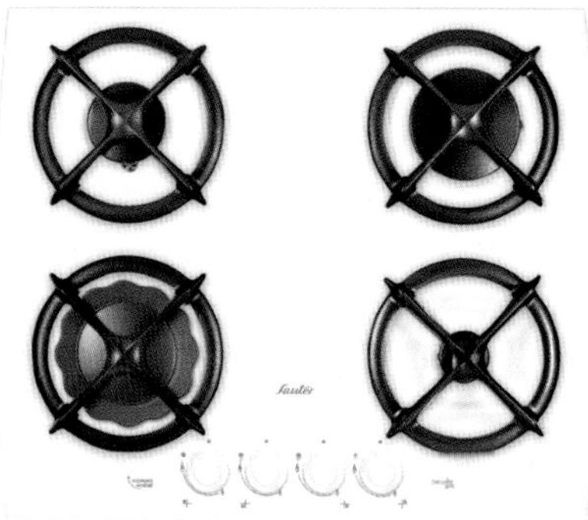
03.

04. SMEG
DESCRIPTIF : table gaz
6 brûleurs dont 2 rapides (3,6 kW), puissance totale 12,15 kW
MATIÈRE/COULEUR : acier inox brillant
DIMENSIONS : 105 x 51 x 3 cm
GAMME : Piano Design
PRIX : env. 1 000 €

05. SMEG
DESCRIPTIF : table gaz
4 brûleurs dont 1 rapide (3 kw), puissance totale 7,95 kW
MATIÈRE/COULEUR : acier inox brillant
DIMENSIONS : 60 x 51 x 3 cm
GAMME : Piano Design
PRIX : env. 800 €

06. SMEG
DESCRIPTIF : table gaz
5 brûleurs dont 1 rapide (3,6 kW), puissance totale 8,9 kW
MATIÈRE/COULEUR : verre miroir trempé, cadre acier inox brillant
DIMENSIONS : 72 x 51 x 3 cm
GAMME : Evolution
PRIX : env. 1 000 €

04.

05.

06.

plaque gaz

01. SMEG
DESCRIPTIF : table gaz
5 brûleurs dont
1 rapide (4,5 kW)
MATIÈRE/COULEUR : tôle
émaillée anthracite,
doré, grilles en fonte
DIMENSIONS : 86 x 50 x 3 cm
EXISTE EN : crème
GAMME : Rétro doré
PRIX : env. 700 €

02. SMEG
DESCRIPTIF : table gaz
4 brûleurs dont
1 rapide (4,5 kW)
MATIÈRE/COULEUR : tôle
émaillée anthracite,
doré, grilles en fonte
DIMENSIONS : 60 x 50 x 3 cm
EXISTE EN : crème
GAMME : Rétro doré
PRIX : env. 500 €

03. GORENJE
DESCRIPTIF : table gaz
5 brûleurs dont 1 triple
couronnes central (3,5 kw)
DESIGN : Pininfarina
MATIÈRE/COULEUR :
profil aluminium, tôle,
fonte émaillée
DIMENSIONS : 69 x 51 x 4,5 cm
PRIX : env. 800 €

01.

02.

03.

04. SMEG
DESCRIPTIF : table gaz 4 brûleurs dont 1 rapide (3,1 kW)
MATIÈRE/COULEUR : tôle émaillée noire, acier inox
DIMENSIONS : 60 x 50 x 3 cm
EXISTE EN : blanc, Terre de France
PRIX : env. 200 €

05. DE DIETRICH
DESCRIPTIF : table gaz 4 brûleurs dont 1 rapide (3,1 kW), puissance totale 7,75 kW ; touches sensitives, 2 minuteries
MATIÈRE/COULEUR : verre trempé noir, fonte émaillée, cadre acier inox
DIMENSIONS : 56 x 49 x 5 cm
EXISTE EN : version mixte gaz/induction
PRIX : env. 900 €

06. SAUTER
DESCRIPTIF : table gaz 4 brûleurs dont 1 rapide (3 kW)
MATIÈRE/COULEUR : verre vitrocéramique noir
DIMENSIONS : 62 x 51 x 4 cm
PRIX : env. 800 €

07. SMEG
DESCRIPTIF : table gaz pose libre, 6 brûleurs dont 2 rapides (3,5 kW), cuvette anti-débordement
MATIÈRE/COULEUR : acier inox, grilles en fonte émaillée
DIMENSIONS : 90 x 64,5 x 8 cm
GAMME : Classique
PRIX : env. 2 000 €

04.

05.

06.

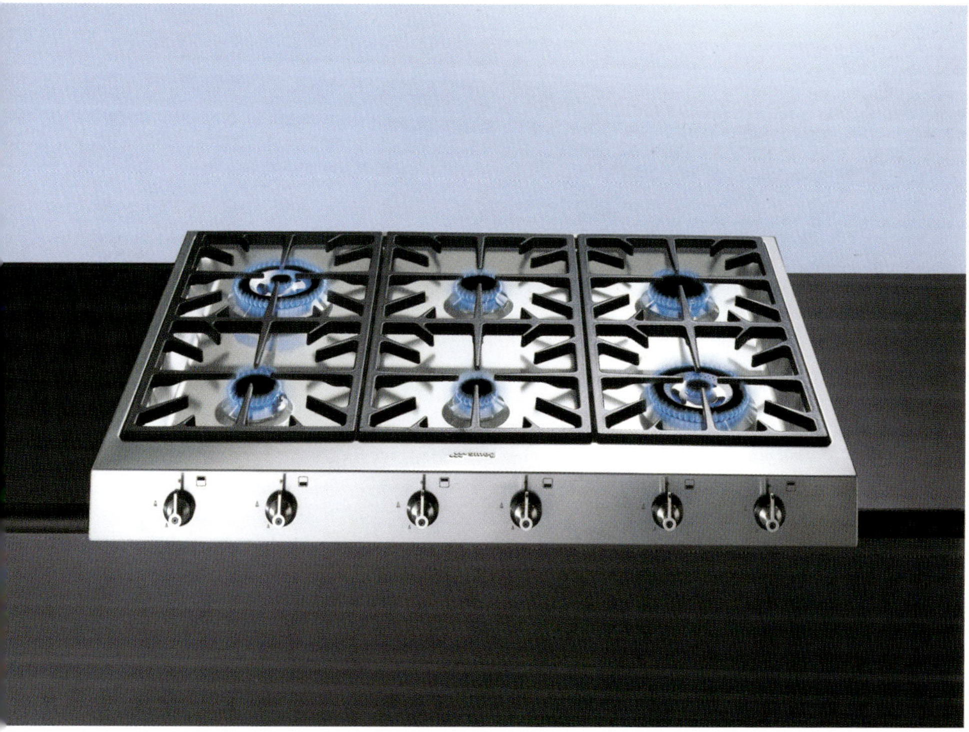
07.

plaque vitro

01. SAUTER
DESCRIPTIF : table vitrocéramique 3 foyers dont 1 triple couronnes (2,5 kW)
MATIÈRE/COULEUR : verre vitrocéramique noir, cadre acier inox
DIMENSIONS : 51 x 60 x 4 cm
EXISTE EN : sans cadre
PRIX : env. 500 €

02. SMEG
DESCRIPTIF : table vitrocéramique 4 foyers high light dont 1 extensible (2,4 kW), puissance totale 7,6 kW
MATIÈRE/COULEUR : verre vitrocéramique biseauté, cadre acier inox
DIMENSIONS : 77 x 51,5 x 4 cm
PRIX : env. 900 €

03. SMEG
DESCRIPTIF : table vitrocéramique 5 foyers high light dont 2 extensibles (2 et 2,4 kW), puissance totale 8,8 kW
MATIÈRE/COULEUR : verre vitrocéramique noir, cadre acier inox brillant
DIMENSIONS : 60 x 51 x 4 cm
PRIX : env. 800 €

01.

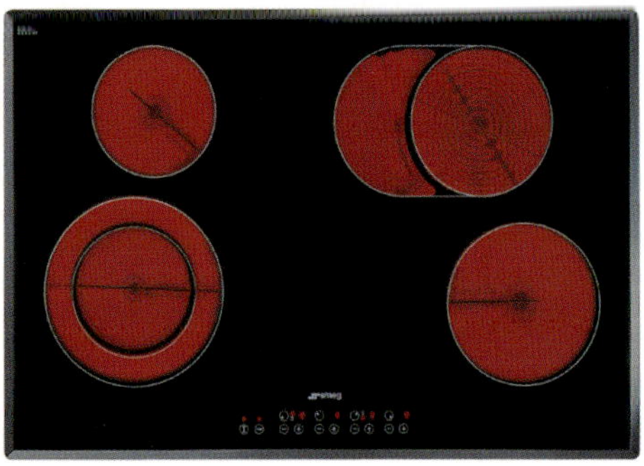

02.

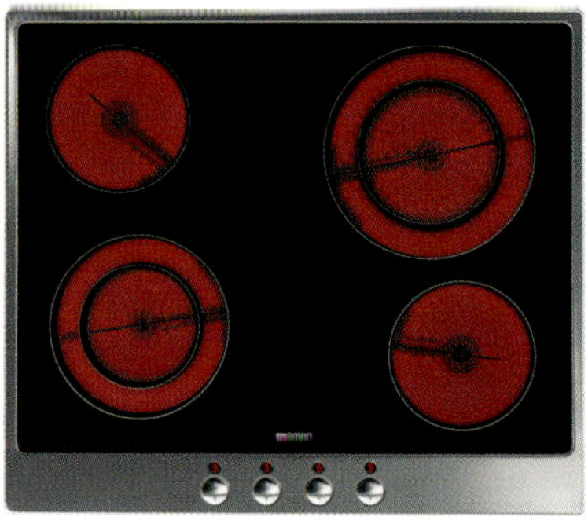

03.

04. GORENJE
DESCRIPTIF : table vitrocéramique 4 foyers high light, puissance totale 7,2 kW, touches sensitives
MATIÈRE/COULEUR : verre vitrocéramique noir sans cadre
DIMENSIONS : 88 x 49 x 5,5 cm
PRIX : env. 1 000 €

05. GORENJE
DESCRIPTIF : table vitrocéramique 4 foyers high light, puissance totale 6,8 kW, touches sensitives
DIMENSIONS : 88 x 49 x 5,5 cm
PRIX : env. 1 000 €

06. SMEG
DESCRIPTIF : table vitrocéramique 4 foyers high light (2,2 kW et 2,4 kW), puissance totale de 6,8 kW
MATIÈRE/COULEUR : verre vitrocéramique noir, cadre acier inox brillant
DIMENSIONS : 72 x 49 x 4 cm
PRIX : env. 900 €

07. SMEG
DESCRIPTIF : table vitrocéramique 5 foyers high light dont 1 extensible (2,4 kW) et 1 « maintient au chaud », puissance totale 8,1 kW, minuterie
MATIÈRE/COULEUR : verre biseauté vitrocéramique noir
DIMENSIONS : 90 x 51,5 x 4 cm
PRIX : env. 1 000 €

08. GAGGENAU
DESCRIPTIF : table vitrocéramique, 4 foyers modulables jusqu'à 7 plans de cuisson, puissance totale 8,68 kW, touches sensitives
MATIÈRE/COULEUR : verre vitrocéramique, cadre acier inox
DIMENSIONS : 80 x 52 x 5 cm
PRIX : env. 2 000 €

04.

05.

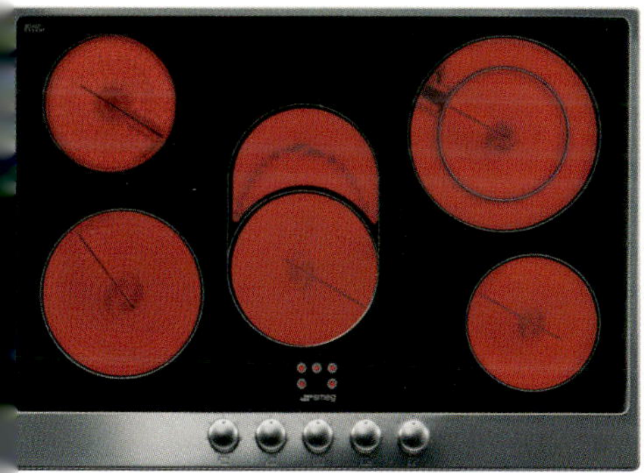
06.

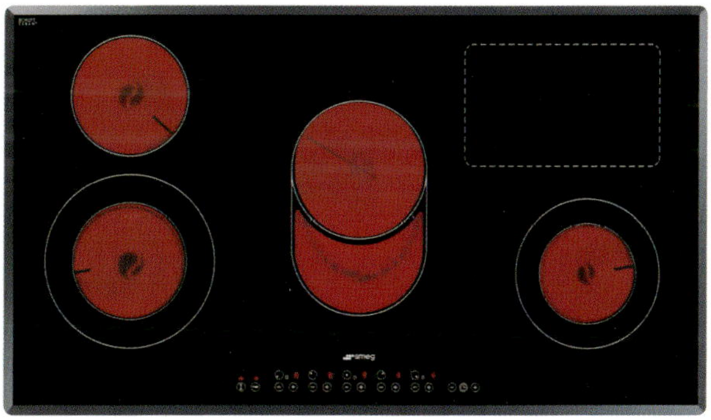
07.

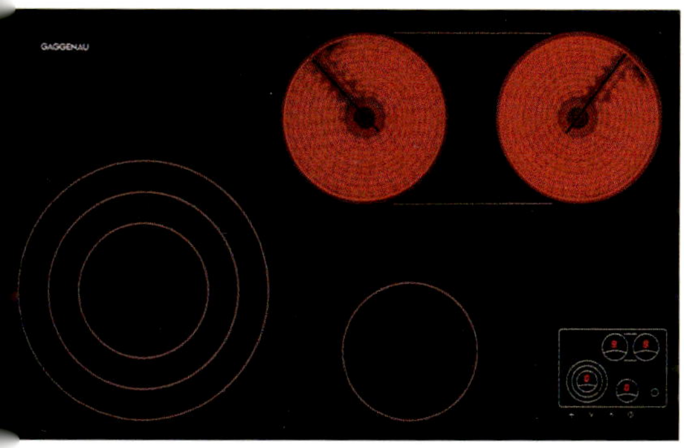

08.

plaque induction

01. DE DIETRICH
DESCRIPTIF : table à induction 4 foyers, puissance totale 7,2 kW ; 4 minuteries
MATIÈRE/COULEUR : cadre acier inox, verre vitrocéramique noir
DIMENSIONS : 75 x 49 x 6 cm
GAMME : Start Control
PRIX : env. 1 000 €

02. ROSIÈRES
DESCRIPTIF : table à induction 3 foyers dont 1 rapide (3,2 kW), touches sensitives
MATIÈRE/COULEUR : verre vitrocéramique, cadre acier inox
DIMENSIONS : 56 x 51 x 5 cm
PRIX : env. 1 000 €

03. DE DIETRICH
DESCRIPTIF : table à induction 5 foyers, dont 1 de grande envergure (28 cm ; 3,6 kW), puissance totale 10,8 kW ; 5 minuteries
MATIÈRE/COULEUR : cadre écrin exclusif acier inox, verre vitrocéramique noir
DIMENSIONS : 90 x 49 x 6 cm
GAMME : Start Control
PRIX : env. 2 000 €

04. SAUTER
DESCRIPTIF : table à induction 4 foyers, puissance totale 7,2 kW ; touches sensitives, 4 minuteries
MATIÈRE/COULEUR : verre vitrocéramique noir sans cadre
DIMENSIONS : 75 x 49 x 6 cm
PRIX : env. 1 000 €

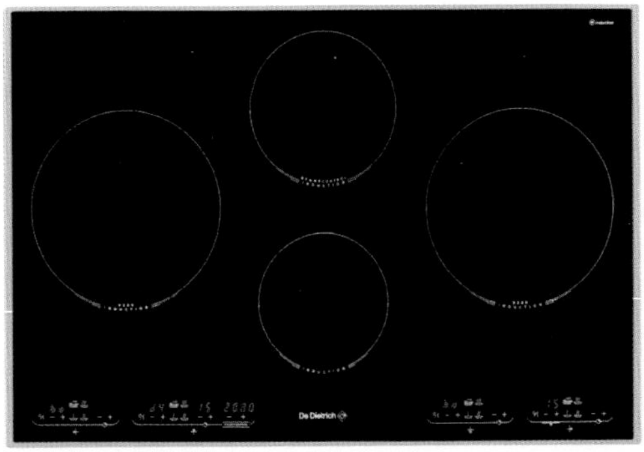
01.

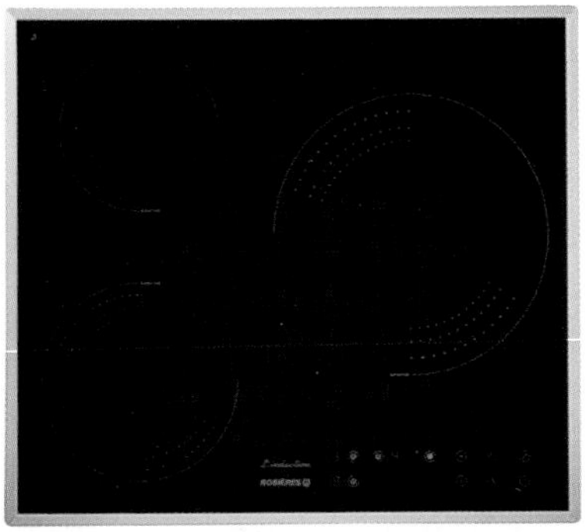
02.

03.

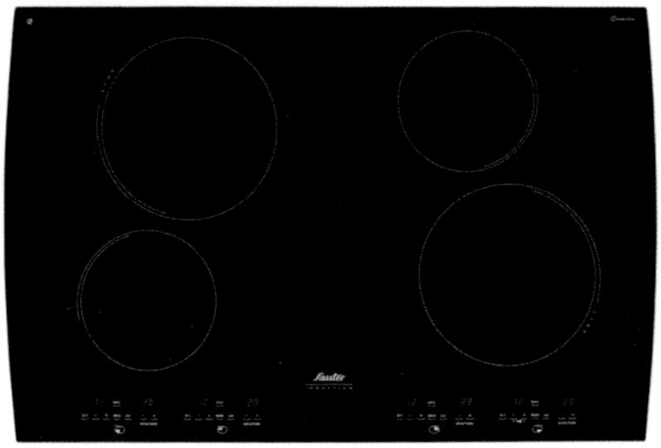
04.

05. SMEG
DESCRIPTIF : table à induction 3 foyers dont 1 rapide (2,8 kW ; 29 cm), détection automatique du récipient
MATIÈRE/COULEUR : verre à bords biseautés, céramique noir
DIMENSIONS : 70 x 51 x 6,5 cm
PRIX : env. 1 000 €

06. DE DIETRICH
DESCRIPTIF : table à induction 4 foyers dont 1 rapide (3,2 kW), puissance totale 7,2 kW ; 4 minuteries
MATIÈRE/COULEUR : cadre blanc, verre vitrocéramique blanc
DIMENSIONS : 56 x 49 x 6 cm
EXISTE EN : cadre noir, acier inox, aluminium
GAMME : Start Control
PRIX : env. 1 000 €

05.

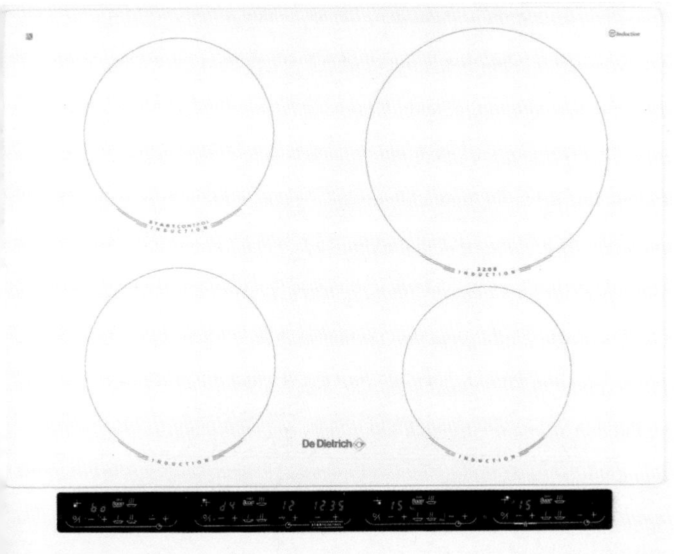

06.

plaque mixte

01. ARISTON
DESCRIPTIF : table mixte 3 brûleurs dont 1 double couronnes (1,9 kW), 1 foyer vitrocéramique central oval high light (2 kW)
MATIÈRE/COULEUR : acier inox, fonte émaillée, verre vitrocéramique
DIMENSIONS : 55,5 x 47,5 x 3 cm
EXISTE EN : 75 x 51 x 3 cm
PRIX : entre 500 et 1 000 €

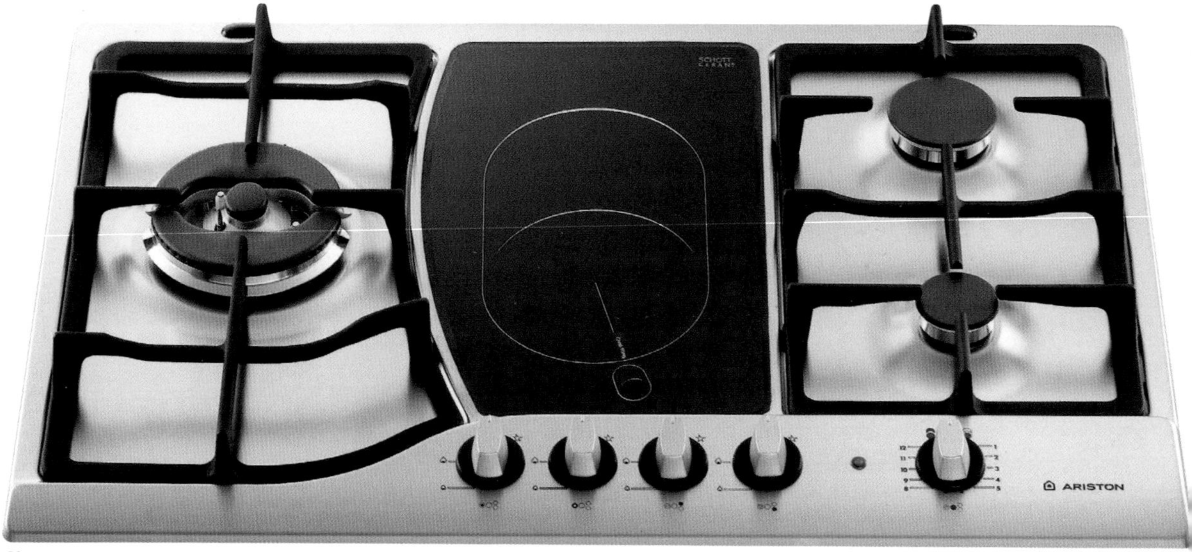

01.

02. GORENJE
DESCRIPTIF : table mixte, 3 brûleurs dont 1 rapide (3 kW) et 1 foyer vitrocéramique high light (1,8 kW)
MATIÈRE/COULEUR : verre vitrocéramique noir, sans cadre, fonte émaillée
DIMENSIONS : 60 x 51 x 11 cm
PRIX : env. 400 €

03. DE DIETRICH
DESCRIPTIF : table mixte, 2 brûleurs (3,1 kW et 1,5 kW), 2 foyers à induction (2 kW et 3,1 kW)
MATIÈRE/COULEUR : verre vitrocéramique noir, sans cadre, fonte émaillée
DIMENSIONS : 56 x 49 x 6 cm
GAMME : Technologie ICS
PRIX : env. 1 000 €

04. SAUTER
DESCRIPTIF : table mixte 2 brûleurs dont 1 rapide (3,1 kW) et 2 foyers vitrocéramique (2,8 kW), détection de récipients, touches sensitives
MATIÈRE/COULEUR : verre vitrocéramique noir, sans cadre, fonte émaillée
DIMENSIONS : 49 x 56 x 7 cm
PRIX : env. 900 €

05. SCHOLTES
DESCRIPTIF : table mixte, 2 brûleurs dont 1 triple couronnes (3,6 kW), 1 foyer vitrocéramique (1 kW), 1 foyer à induction (2,5 kW)
MATIÈRE/COULEUR : cadre aluminium, verre vitrocéramique noir
DIMENSIONS : 56 x 49 x 4 cm
EXISTE EN : anthracite
GAMME : Horizontal
PRIX : env. 600 €

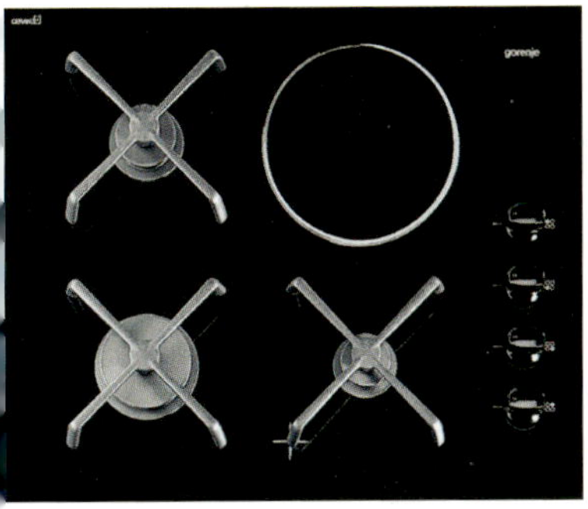

02.

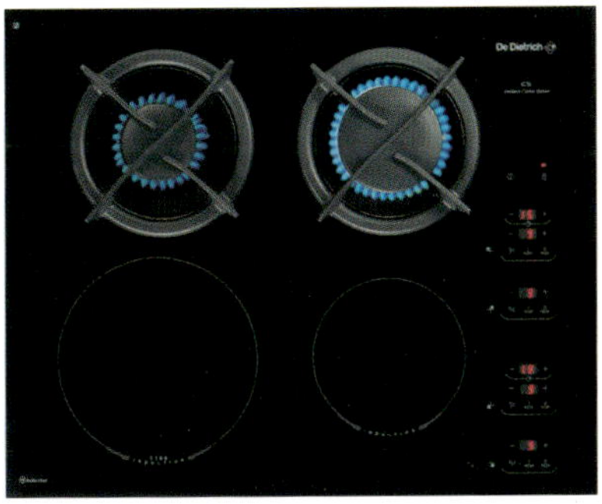

03.

04.

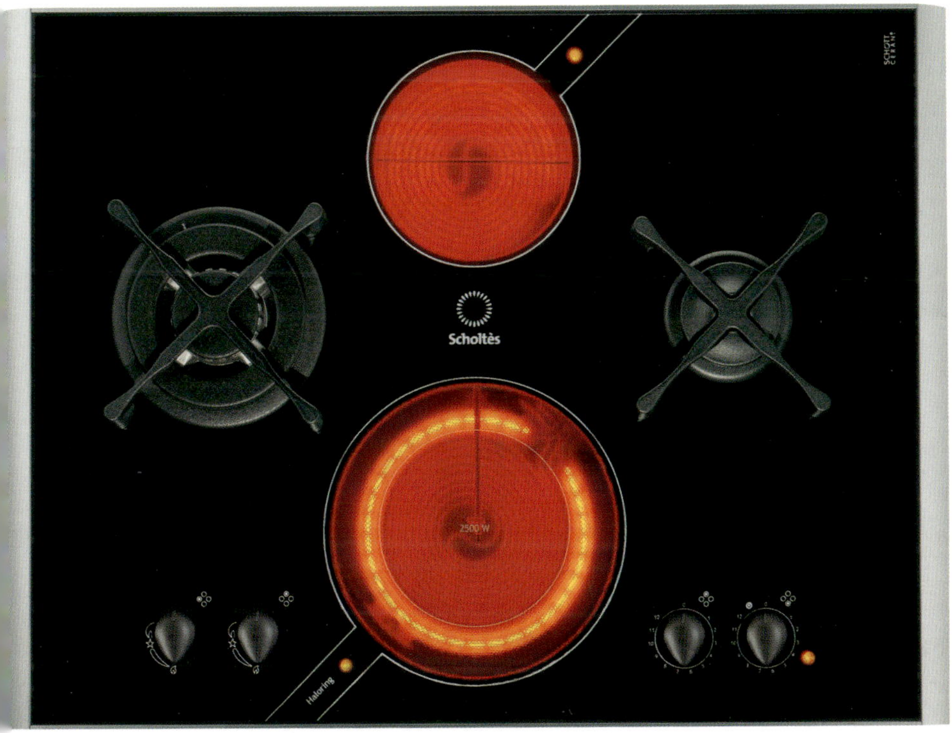

05.

teppan yaki

01. AEG

DESCRIPTIF : table de cuisson teppan yakki 2 zones, pour cuisson au gril, variation de température de 50 à 200 °C
MATIÈRE/COULEUR : acier inox
DIMENSIONS : 56 x 49 x 5 cm
EXISTE EN : 36 x 49 cm
PRIX : env. 2 000 €

01.

02. GAGGENAU
DESCRIPTIF : table de cuisson teppan yakki 2 zones, température de 120 à 240 °C, encadrée par 2 hottes aspirantes
DESIGN : Reinhard Segers
MATIÈRE/COULEUR : acier chromé
DIMENSIONS : 49 x 12 x 36 cm
GAMME : Profi
PRIX : env. 2 000 €

2.

machine à café encastrable

01. NEFF
DESCRIPTIF : machine à café encastrable, tiroir chauffe-tasses, 6 arômes (de très léger à très fort), température réglable, programmable sur 12h
DESIGN : Epur®
MATIÈRE/COULEUR : acier inox
DIMENSIONS : 60 x 46 x 60 cm
PRIX : env. 2 000 €

02. SIEMENS
DESCRIPTIF : machine à café encastrable, 6 arômes, fonction capuccino, programmable sur 12 h
MATIÈRE/COULEUR : acier inox
DIMENSIONS : 59 x 53 x 46 cm
PRIX : env. 2 000 €

01.

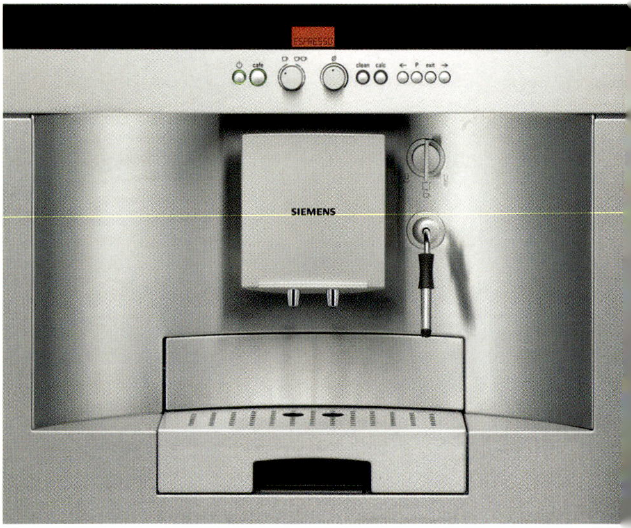

02.

03. MIELE

DESCRIPTIF : machine à café encastrable, 3 cafés au choix : espresso, normal, capuccino

MATIÈRE/COULEUR : acier inox

DIMENSIONS : 56 x 45 x 50 cm

EXISTE EN : finition aluminium

PRIX : env. 2 000 €

04. GAGGENAU

DESCRIPTIF : machine à café encastrable, 6 arômes (de très léger à extra fort), choix de la quantité d'eau

DESIGN : Reinhard Segers

MATIÈRE/COULEUR : acier inox

DIMENSIONS : 56 x 55 x 45 cm

EXISTE EN : tiroir chauffe-tasses

PRIX : env. 2 000 €

03.

04.

hotte

01. ELICA

DESCRIPTIF : hotte murale, aspiration 750 m³/h, 3 vitesses, 2 halogènes
NOM : Mini Om
DESIGN : Lorenzo Lispi
MATIÈRE/COULEUR : acier verni, verre trempé
DIMENSIONS : ø 55 x 55 x 33 cm
EXISTE EN : noir
GAMME : Elica Collection
PRIX : env. 1 000 €

01.

01. ELICA
DESCRIPTIF : hotte îlot, aspiration 700 m³/h, 3 vitesses, 4 halogènes
NOM : Atlantica
DESIGN : Team Elica
MATIÈRE/COULEUR : acier inox, verre trempé
DIMENSIONS : 100 x 70 cm
GAMME : Elica Collection
PRIX : env. 2 000 €

01.

02. ELICA
DESCRIPTIF : hotte murale, aspiration 850 m³/h, 3 vitesses, 2 halogènes
NOM : Stone
DESIGN : Team Elica
MATIÈRE/COULEUR : acier inox
DIMENSIONS : ø 28 cm
GAMME : Elica Collection
PRIX : env. 800 €

03. ELICA
DESCRIPTIF : hotte murale, aspiration 750 m³/h, 4 vitesses, touches sensitives, 4 halogènes
NOM : Om
DESIGN : Lorenzo Lispi
MATIÈRE/COULEUR : acier inox, verre trempé
DIMENSIONS : 80 x 45 x 80 cm
EXISTE EN : noir
GAMME : Elica Collection
PRIX : env. 2 000 €

04. DE DIETRICH
DESCRIPTIF : hotte murale, aspiration 900 m³/h, 4 vitesses, arrêt temporisé, 2 halogènes
MATIÈRE/COULEUR : verre trempé
DIMENSIONS : 52 x 105 x 90 cm
GAMME : Décor design
PRIX : env. 2 000 €

02.

03.

04.

hotte

01. ELICA
DESCRIPTIF : hotte murale, aspiration 700 m³/h, 4 vitesses, indication de saturation des filtres, télécommande, 3 néons
NOM : Edge
DESIGN : David Lewis
MATIÈRE/COULEUR : acier, inox, verre trempé
DIMENSIONS : 89 x 48 cm
GAMME : Elica Collection
PRIX : env. 3 000 €

02. ELICA
DESCRIPTIF : hotte murale, aspiration 700 m³/h, 3 vitesses, kit insonorisant, 3 halogènes
NOM : Solaris
DESIGN : David Lewis
MATIÈRE/COULEUR : acier, inox, verre trempé
DIMENSIONS : 89 x 50 x 120 cm
GAMME : Elica Collection
PRIX : env. 2 000 €

03. ELICA
DESCRIPTIF : hotte murale, aspiration 750 m³/h, 3 vitesses, 2 halogènes
NOM : Optica
DESIGN : Team Elica
MATIÈRE/COULEUR : acier, inox, verre trempé
DIMENSIONS : 90 x 50 cm
GAMME : Elica Collection
PRIX : env. 2 000 €

04. ELICA
DESCRIPTIF : hotte murale, aspiration 700 m³/h, 3 vitesses, 2 halogènes
NOM : Bogart
DESIGN : David Lewis
MATIÈRE/COULEUR : acier, inox, verre trempé
DIMENSIONS : 89 x 45 cm
GAMME : Elica Collection
PRIX : env. 1 000 €

01.

02.

03.

hotte

01. ELICA
DESCRIPTIF : hotte îlot lumineuse, aspiration 400 m³/h, télécommande, 1 halogène, 3 lampes
NOM : Star
DESIGN : Team Elica
MATIÈRE/COULEUR : acier inox, verre
DIMENSIONS : ø 47 x 42 cm
GAMME : Elica Collection
PRIX : env. 3 000 €

02. ELICA
DESCRIPTIF : hotte îlot, aspiration 400 m³/h, 3 vitesses, télécommande, touches sensitives, 1 halogène, 3 lampes
NOM : Wave
MATIÈRE/COULEUR : acier inox
DIMENSIONS : ø 51 x 41 cm
GAMME : Elica Collection
PRIX : env. 1 000 €

03. ELICA
DESCRIPTIF : hotte îlot, aspiration 650 m³/h, 3 vitesses, touches sensitives, télécommande, 1 halogène, 3 lampes
NOM : Platinum
DESIGN : Team Elica
MATIÈRE/COULEUR : acier inox
DIMENSIONS : ø 51 x 41 cm
GAMME : Elica Collection
PRIX : env. 1 000 €

01.

02.

03.

04. ELICA
DESCRIPTIF : hotte murale lumineuse, aspiration 400 m³/h, 3 vitesses, télécommande 1 néon, 1 halogène
NOM : Cube light
DESIGN : Team Elica
MATIÈRE/COULEUR : acier inox, verre trempé
DIMENSIONS : 90 x 45 cm
GAMME : Elica Collection
PRIX : env. 1 000 €

05. ELICA
DESCRIPTIF : hotte îlot, aspiration 400 m³/h, 3 vitesses, touches sensitives, télécommande, 1 halogène, 3 lampes
NOM : Grace
DESIGN : Team Elica
MATIÈRE/COULEUR : acier inox, verre trempé
DIMENSIONS : ø 51 x 41 cm
GAMME : Elica Collection
PRIX : env. 2 000 €

04.

05.

hotte

01. ELICA
DESCRIPTIF : hotte murale, aspiration 750 m³/h, 3 vitesses, 2 halogènes
NOM : Mini Om
DESIGN : Lorenzo Lispi
MATIÈRE/COULEUR : acier inox verni, verre trempé
DIMENSIONS : ø 55 x 51,5 cm
EXISTE EN : blanc
GAMME : Elica Collection
PRIX : env. 1 000 €

01.

02. ELICA

DESCRIPTIF : hotte îlot, aspiration 400 m³/h, 3 vitesses, touches sensitives, télécommande, 1 halogène
NOM : Isolabella
DESIGN : Team Elica
MATIÈRE/COULEUR : acier inox, verre trempé
DIMENSIONS : 90 x 60 cm
GAMME : Elica Collection
PRIX : NC

02.

hotte

01. ELICA
DESCRIPTIF : hotte murale, aspiration 700 m³/h, 3 vitesses, touches sensitives, 4 halogènes
NOM : Futura
DESIGN : David Lewis
MATIÈRE/COULEUR : acier, inox, verre trempé
DIMENSIONS : 120 x 39 cm
GAMME : Elica Collection
PRIX : env. 2 000 €

02. SUB-ZERO
DESCRIPTIF : hotte escamotable de plan de travail, 3 vitesses, 4 motorisations ; intégrée ou extérieure
MATIÈRE/COULEUR : acier inox
DIMENSIONS : 76 x 23 x 6 cm
EXISTE EN : 91 cm, 115 cm
PRIX : env. 2 000 €

03. GAGGENAU
DESCRIPTIF : hotte escamotable de plan de travail, bras pivotant télescopique, nécessitant évacuation et caisson moteur
MATIÈRE/COULEUR : aluminium
DIMENSIONS : 17 x 72 x 7,5 cm
GAMME : Vario
PRIX : env. 2 000 €

01.

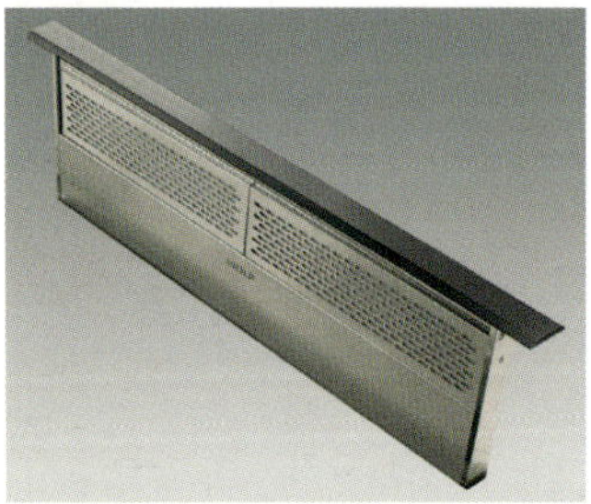
02.

03.

04. ELICA
DESCRIPTIF : hotte îlot, aspiration 800 m³/h, 2 moteurs, touches sensitives, télécommande, 2 halogènes, 6 lampes
NOM : Twin
MATIÈRE/COULEUR : acier inox
DIMENSIONS : 90 x 50 cm
GAMME : Elica Collection
PRIX : env. 2 000 €

05. SMEG
DESCRIPTIF : moteur de hotte 1 000 m³/h, pose extérieure ou intérieure
MATIÈRE/COULEUR : acier inox
DIMENSIONS : 44,5 x 48 x 17 cm
PRIX : env. 400 €

04.

05.

hotte

01. GAGGENAU

DESCRIPTIF : hotte à poser sur le plan de travail, aspiration 750 m^3/h, 4 vitesses, filtre anti-odeur, 1 halogène
DIMENSIONS : 106 cm
EXISTE EN : 136 cm
PRIX : env. 4 000 €

01.

02. SMEG
DESCRIPTIF : hotte murale, aspiration 830 m³/h, 4 vitesses, 2 halogènes
MATIÈRE/COULEUR : acier inox
DIMENSIONS : 70 x 55 x 80 cm
PRIX : à partir de 1 000 €

03. SMEG
DESCRIPTIF : hotte murale, aspiration 750 m³/h, 3 vitesses, 2 halogènes
MATIÈRE/COULEUR : acier inox
DIMENSIONS : 90 x 50 x 97,5 cm
PRIX : env. 1 000 €

04. SMEG
DESCRIPTIF : hotte îlot, aspiration 870 m³/h, 4 halogènes
MATIÈRE/COULEUR : acier inox, verre trempé
DIMENSIONS : 90 x 68 x 87 cm
PRIX : env. 2 000 €

03.

2.

04.

hotte

01. ELICA
DESCRIPTIF : hotte murale aspiration 770 m³/h, 3 vitesses, 2 halogènes, 2 lampes
NOM : Eclisse
DESIGN : Team Elica
MATIÈRE/COULEUR : acier inox, verre trempé
DIMENSIONS : 60 x 35 cm
PRIX : env. 900 €

02. ELICA
DESCRIPTIF : hotte murale, aspiration 800 m³/h, 4 vitesses, indication de saturation des filtres, kit insonorisant, 2 halogènes
NOM : Concave
DESIGN : David Lewis
MATIÈRE/COULEUR : acier inox, aluminium verni
DIMENSIONS : 90 x 42 x 85 cm
GAMME : Elica Collection
PRIX : env. 2 000 €

03. ELICA
DESCRIPTIF : hotte murale, aspiration 850 m³/h, 3 vitesses, 3 néons
NOM : Aurora
DESIGN : Team Elica
MATIÈRE/COULEUR : acier inox, verre trempé
DIMENSIONS : 90 x 52 x 80 cm
PRIX : env. 2 000 €

04. ELICA
DESCRIPTIF : hotte îlot, aspiration 650 m³/h, 3 vitesses, touches sensitives, 1 halogène
NOM : Naked
DESIGN : Team Elica
MATIÈRE/COULEUR : acier inox
DIMENSIONS : ø 25 cm x 39 cm
PRIX : env. 900 €

01.

03.

elica

hotte

01. MIELE

DESCRIPTIF : hotte murale aspiration 760 m³/h, 4 vitesses, arrêt temporisé, réglage motorisé de la hauteur, 2 halogènes
MATIÈRE/COULEUR : acier inox brossé, verre trempé
DIMENSIONS : 90 x 50 cm
PRIX : env. 2 000 €

01.

02. ELICA
DESCRIPTIF : hotte murale à encastrer, aspiration 850 m³/h, 2 moteurs, 3 vitesses, 2 halogènes
NOM : Luminor
MATIÈRE/COULEUR : acier inox, verre trempé
DIMENSIONS : 90 x 50 x 81,5 cm
PRIX : env. 900 €

03. ELICA
DESCRIPTIF : hotte murale à encastrer, aspiration 800 m³/h, 2 moteurs, 3 vitesses, kit insonorisant, 2 halogènes
NOM : Glide
MATIÈRE/COULEUR : acier inox brossé, verre trempé
DIMENSIONS : 60 x 53 x 56 cm
PRIX : env. 800 €

02.

03.

électroménager lavage

01. FISHER & PAYKEL
DESCRIPTIF : lave-vaisselle encastrable à double tiroirs, 6 couverts chacun, 9 programmes, 48 dB classe énergie A
MATIÈRE/COULEUR : acier inox
DIMENSIONS :
60 x 57 x 82 cm
PRIX : env. 1 000 €

01.

Fisher&Paykel
Fisher&Paykel

lave-vaisselle

01/02. SMEG
DESCRIPTIF : lave-vaisselle encastrable 14 couverts, 10 programmes, turbo séchage, 43 dB, consommation 15 l, classe énergie A, commandes dissimulées dans la tranche de la porte
MATIÈRE/COULEUR : acier inox
DIMENSIONS : 60 x 57 x 86 cm
PRIX : env. 1 000 €

03. SMEG
DESCRIPTIF : lave-vaisselle encastrable 12 couverts, 10 programmes, turbo séchage, 43 dB, consommation 13 l, classe énergie A, commandes dissimulées dans la tranche de la porte
MATIÈRE/COULEUR : acier inox
DIMENSIONS : 58 x 55 x 86 cm
PRIX : env. 900 €

01.

02.

03.

04. SMEG
DESCRIPTIF : lave-vaisselle encastrable 10 couverts, 9 programmes, 48 dB, consommation 13 l, classe énergie A, commandes frontales
MATIÈRE/COULEUR : cuve et bandeau en acier inox
DIMENSIONS : 45 x 57 x 82 cm
EXISTE EN : blanc
PRIX : env. 700 €

05. SMEG
DESCRIPTIF : lave-vaisselle encastrable 10 couverts, 5 programmes, 45 dB, consommation 13 l, classe énergie A, commandes dissimulées dans la tranche de la porte
MATIÈRE/COULEUR : cuve et contre-porte en acier inox
DIMENSIONS : 45 x 57 x 82 cm
PRIX : env. 1 000 €

04.

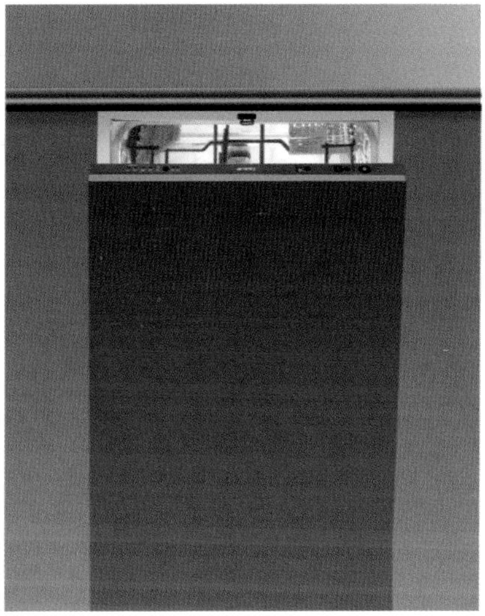

05.

GAGGENAU

01. GAGGENAU
DESCRIPTIF : lave-vaisselle encastrable 12 couverts, 4 programmes, 47 dB, classe énergie A, commandes dissimulées dans la tranche de la porte
MATIÈRE/COULEUR : verre miroir, cadre aluminium
DIMENSIONS : 60 x 56 x 81 cm
EXISTE EN : 86 cm (spécial grandes assiettes)
PRIX : env. 1 000 €

02. FISHER & PAYKEL
DESCRIPTIF : lave-vaisselle encastrable à tiroir, 12 couverts, 9 programmes
MATIÈRE/COULEUR : acier inox
DIMENSIONS : 60 x 57 x 41 cm
PRIX : NC

03. FISHER & PAYKEL
DESCRIPTIF : lave-vaisselle encastrable double tiroirs, 24 couverts, 9 programmes
MATIÈRE/COULEUR : acier inox
DIMENSIONS : 60 x 57 x 88 cm
PRIX : NC

02.

03.

lave-vaisselle

01. DE DIETRICH
DESCRIPTIF : lave-vaisselle encastrable 10 couverts, 8 programmes, adaptation automatique du cycle, turbo séchage, 48 dB, équipement intérieur modulable, commandes frontales, classe énergie A
MATIÈRE/COULEUR : bandeau en acier inox
DIMENSIONS : 45 x 57 x 82 cm
PRIX : env. 800 €

02. SMEG
DESCRIPTIF : lave-vaisselle pose libre 10 couverts, 9 programmes, 45 dB, consommation 12 l, commandes frontales, classe énergie A
MATIÈRE/COULEUR : façade en acier inox
DIMENSIONS : 60 x 60 x 85 cm
PRIX : env. 900 €

01.

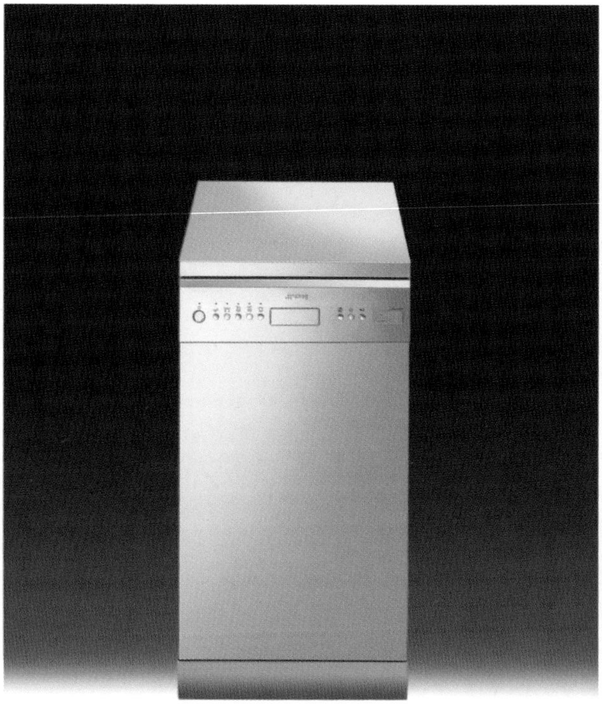

02.

03. SMEG

DESCRIPTIF : lave-vaisselle pose libre 14 couverts, 10 programmes, turbo séchage, 42 dB, consommation 15 l, classe énergie A

MATIÈRE/COULEUR : noir, gris métal, rose, rouge ou vert pomme

DIMENSIONS : 60 x 68,5 x 88,5 cm

PRIX : env. 2 000 €

03.

lave-vaisselle

01. GLEMGAS
DESCRIPTIF : lave-vaisselle encastrable 10 couverts, 5 programmes, 53 dB, commandes dissimulées sur la tranche de la porte
DIMENSIONS : 45 x 57 x 87 cm
PRIX : env. 500 €

02. GLEMGAS
DESCRIPTIF : lave-vaisselle encastrable 12 couverts, 5 programmes, 52 dB, classe énergie A
DIMENSIONS : 60 x 57 x 87 cm
PRIX : env. 500 €

03. BRANDT
DESCRIPTIF : lave-vaisselle encastrable 12 couverts, 8 programmes, turbo séchage, 45 dB, commandes frontales, classe énergie A
MATIÈRE/COULEUR : acier inox
DIMENSIONS : 60 x 60 x 85 cm
EXISTE EN : blanc
PRIX : env. 500 €

01.

02.

03.

04. FISHER & PAYKEL
DESCRIPTIF : lave-vaisselle encastrable double tiroirs, 24 couverts, 9 programmes, 48 dB, commandes dissimulées sur la tranche des tiroirs
MATIÈRE/COULEUR : acier inox
DIMENSIONS :
57 x 59,5 x 88 cm
PRIX : NC

05. FISHER & PAYKEL
DESCRIPTIF : lave-vaisselle encastrable, double tiroir 12 couverts, 9 programmes, commandes dissimulées sur la tranche des tiroirs, classe énergie A
DIMENSIONS : 60 x 57 x 82 cm
PRIX : env. 1 000 €

04.

05.

lave-linge

01. SMEG
DESCRIPTIF : lave-linge pose libre 5 kg, essorage 1 600 t/min, 15 programmes, portes réversibles, classe énergie A
MATIÈRE/COULEUR : rose, bleu azur ou crème
DIMENSIONS : 65 x 52 x 89 cm
PRIX : env. 800 €

02. SMEG
DESCRIPTIF : lave-linge et séche-linge 2 en 1, encastrable 5 kg, essorage 1 600 t/min, 14 programmes, séchage 2,5 kg, portes réversibles, classe énergie B
MATIÈRE/COULEUR : blanc
DIMENSIONS :
60 x 57,5 x 82 cm
PRIX : env. 2 000 €

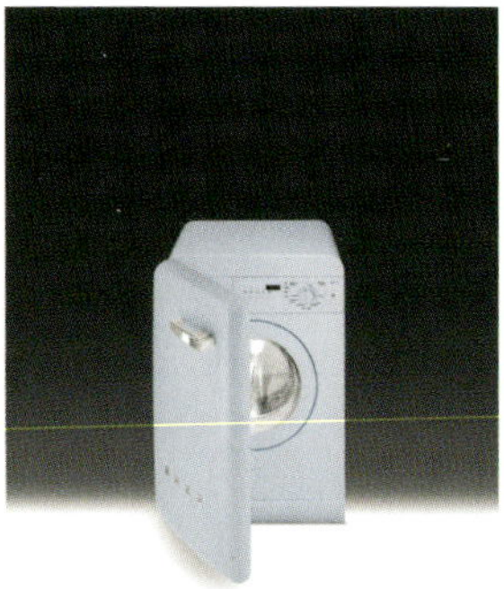

01.

02.

03. ARISTON
DESCRIPTIF : lave-linge 7,5 kg, essorage 1 600 t/min, programme certifié Woolmark Platinum Care pour linge délicat, tiroir intégré, classe énergie A
MATIÈRE/COULEUR : blanc
DIMENSIONS : 64,5 x 64,5 x 105 cm
PRIX : entre 600 et 1 000 €

04. ARISTON
DESCRIPTIF : lave-linge 9 kg, essorage 1 400 t/min, 15 programmes dont 1 certifié Woolmark Platinum Care pour linge délicat, classe énergie A+
MATIÈRE/COULEUR : blanc
DIMENSIONS : 68,5 x 72 x 100 cm
PRIX : entre 800 et 1 000 €

05. VEDETTE
DESCRIPTIF : lave-linge 8 kg, essorage 1 400 t/min, 15 programmes dont linge délicat, consommation 49 l, classe énergie A
DIMENSIONS : 59 x 59 x 85 cm
PRIX : env. 700 €

06. ARTHUR MARTIN
DESCRIPTIF : lave-linge 7 kg, essorage 1 300 t/min, 11 programmes, classe énergie A
MATIÈRE/COULEUR : aluminium
DIMENSIONS : 60 x 63 x 85 cm
PRIX : env. 500 €

03.

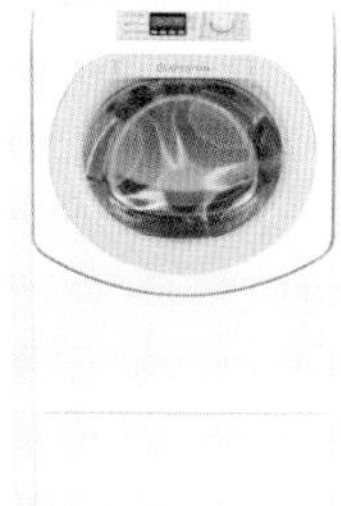
04.

05.

06.

évier

01. KOHLER
DESCRIPTIF : évier, revêtement SilentShield Plus™ insonorisant et anti-vibration
MATIÈRE/COULEUR : acier inox
DIMENSIONS : 84 x 46 x 23 cm
GAMME : Swerve
PRIX : NC

01.

01. KOHLER
DESCRIPTIF : évier à encastrer, revêtement SilentShield™ insonorisant et anti-vibration
MATIÈRE/COULEUR : acier inox
DIMENSIONS : 84 x 51 x 20 cm
GAMME : Verity
PRIX : env. 2 000 €

02. KOHLER
DESCRIPTIF : évier à poser
MATIÈRE/COULEUR : fonte émaillée
DIMENSIONS : 63 x 61 x 28 cm
EXISTE EN : biscuit, blanc
GAMME : Ayview
PRIX : env. 800 €

03. KOHLER
DESCRIPTIF : évier à poser, 2 bassins à encastrer
MATIÈRE/COULEUR : fonte émaillée
DIMENSIONS : 84 x 56 x 20 cm
EXISTE EN : biscuit, blanc
GAMME : Deerfield
PRIX : env. 300 €

04. ATELIER DES MOUSSELIERES
DESCRIPTIF : évier monobloc, 2 cuves à encastrer
NOM : Vague
MATIÈRE/COULEUR : zinc
DIMENSIONS : 145 x 65 x 24 cm
EXISTE EN : sur mesure
PRIX : env. 2 000 €

01.

02.

03.

04.

05. KOHLER
DESCRIPTIF : évier à encastrer
MATIÈRE/COULEUR : fonte émaillée
DIMENSIONS : 63 x 61 x 28 cm
GAMME : Bayview
PRIX : env. 700 €

évier

01. FRANKE
DESCRIPTIF : évier prépercé à poser, vidage manuel
MATIÈRE/COULEUR : céramique blanche
DIMENSIONS : 59,5 x 47,5 x 22,5 cm
GAMME : Belfast
PRIX : env. 400 €

02. FRANKE
DESCRIPTIF : évier 2 cuves prépercées à poser, vidage manuel
MATIÈRE/COULEUR : céramique blanche
DIMENSIONS : 89 x 62 x 18,5 cm
GAMME : Belfast
PRIX : env. 800 €

03. JACOB DELAFON
DESCRIPTIF : évier prépercé à poser
MATIÈRE/COULEUR : céramique blanche
DIMENSIONS : 50 x 40 x 15 cm
EXISTE EN : 100 x 50 x 15 cm, égouttoir à droite ou à gauche
GAMME : Delta
PRIX : env. 200 €

01.

02.

03.

04. FRANKE

DESCRIPTIF : évier 2 cuves prépercées à encastrer, vidage manuel

MATIÈRE/COULEUR : céramique blanche

DIMENSIONS : 93 x 47 x 19 cm

EXISTE EN : blanc artic, beige, graphite

GAMME : Calypso

PRIX : env. 400 €

01. VILLEROY & BOCH
DESCRIPTIF : évier percé à encastrer, égouttoir
MATIÈRE/COULEUR : céramique blanche
DIMENSIONS : 98 x 51 x 20,5 cm
EXISTE EN : large gamme de couleurs disponible
PRIX : env. 600 €

02. FRANKE
DESCRIPTIF : évier préperçé à encastrer, vidage automatique, possibilité de montage sous plan
MATIÈRE/COULEUR : Fragranit Durakleen®
DIMENSIONS : 58 x 51 x 23 cm
EXISTE EN : blanc artic, graphite
GAMME : Phoenix
PRIX : env. 500 €

03. FRANKE
DESCRIPTIF : évier préperçé à encastrer, vidage automatique
MATIÈRE/COULEUR : Fragranit Durakleen®
DIMENSIONS : 83,5 x 51 x 22 cm
EXISTE EN : platinium, graphite, blanc artic
GAMME : Grand canal
PRIX : env. 600 €

04. FRANKE
DESCRIPTIF : évier préperçé à encastrer, vidage manuel, possibilité de montage sous plan
DESIGN : BCF
MATIÈRE/COULEUR : Fragranit Durakleen®
DIMENSIONS : 96 x 50 x 17 cm
EXISTE EN : blanc artic, graphite
GAMME : Grand canal
PRIX : env. 500 €

05. FRANKE
DESCRIPTIF : évier préperçé à encastrer, vidage automatique
DESIGN : Zemp et Partner
MATIÈRE/COULEUR : Fragranit Durakleen®
DIMENSIONS : 108 x 60 x 20,5 cm
EXISTE EN : large gamme de couleurs disponible
GAMME : Admiral
PRIX : env. 700 €

06. FRANKE
DESCRIPTIF : évier préperçé à encastrer, vidage automatique
DESIGN : Zemp et Partner
MATIÈRE/COULEUR : Fragranit Durakleen®
DIMENSIONS : 116 x 50 x 20,5 cm
EXISTE EN : large gamme de couleurs disponible
GAMME : Admiral
PRIX : env. 600 €

02.

03.

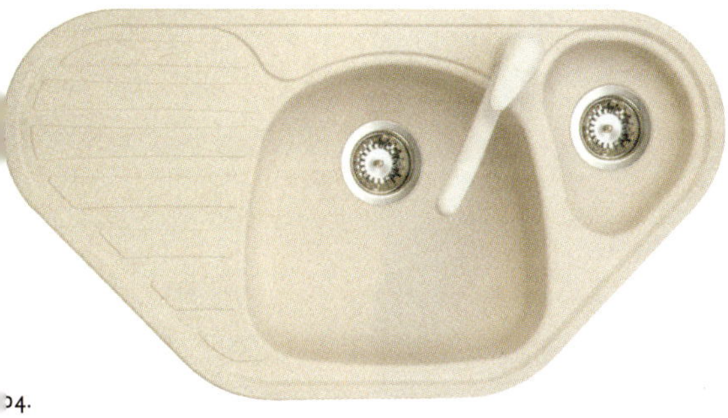
04.

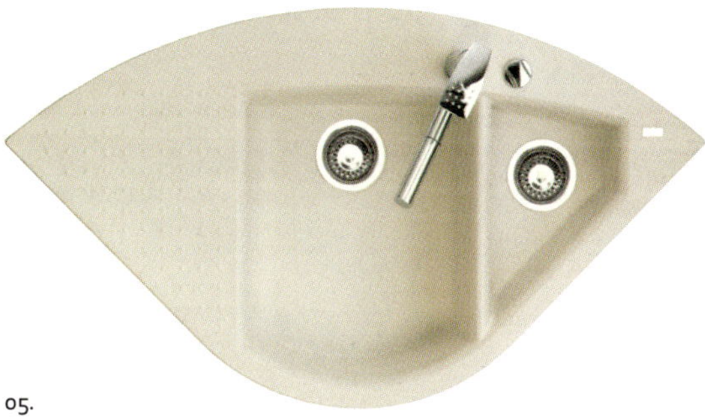
05.

06.

01. FRANKE
DESCRIPTIF : évier non percé à encastrer, vidage automatique
DESIGN : Plan Créatif
MATIÈRE/COULEUR : Fradura®
DIMENSIONS : 86 x 50 x 18,5 cm
EXISTE EN : large gamme de couleurs disponible
GAMME : Météor
PRIX : env. 200 €

02. FRANKE
DESCRIPTIF : évier préperçé à encastrer, égouttoir, vidage automatique
DESIGN : Zemp et Partner
MATIÈRE/COULEUR : Fragranit Durakleen®
DIMENSIONS : 97 x 50 x 20,5 cm
EXISTE EN : large gamme de couleurs disponible
GAMME : Admiral
PRIX : env. 500 €

03. FRANKE
DESCRIPTIF : évier préperçé à encastrer, possibilité de montage sous plan, vidage automatique
DESIGN : BCF
MATIÈRE/COULEUR : Fragranit Durakleen®
DIMENSIONS : 90 x 51 x 22 cm
EXISTE EN : blanc artic, beige
GAMME : Phoenix
PRIX : env. 500 €

04. FRANKE
DESCRIPTIF : évier préperçé à encastrer, possibilité de montage sous plan
DESIGN : Zemp et Partner
MATIÈRE/COULEUR : Fragranit Durakleen®
DIMENSIONS : 62 x 51 x 20,5 cm
EXISTE EN : blanc artic, beige
GAMME : Mirage
PRIX : env. 500 €

01.

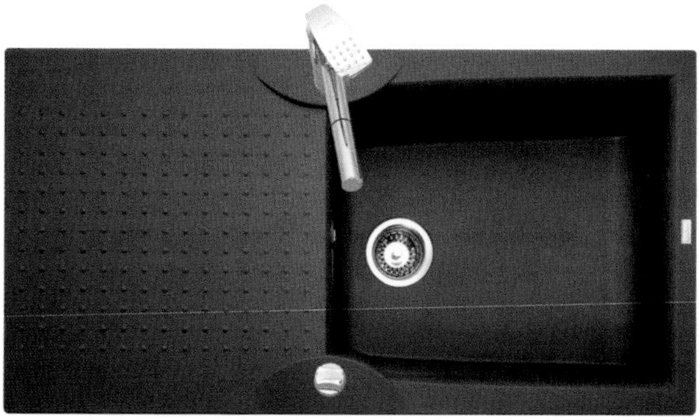
02.

03.

04.

05. FRANKE
DESCRIPTIF : évier prépercé à monter sous plan, vidage automatique
DESIGN : Zemp et Partner
MATIÈRE/COULEUR : Fragranit Durakleen®
DIMENSIONS : 100 x 50 x 20,5 cm
EXISTE EN : large gamme de couleurs disponible
GAMME : Admiral
PRIX : env. 600 €

06. FRANKE
DESCRIPTIF : évier prépercé à encastrer, vidage automatique
DESIGN : Zemp et Partner
MATIÈRE/COULEUR : Fragranit Durakleen®
DIMENSIONS : 78 x 51 x 21 cm
EXISTE EN : large gamme de couleurs disponible
GAMME : Mirage
PRIX : env. 400 €

07. FRANKE
DESCRIPTIF : évier prépercé à encastrer, vidage automatique
DESIGN : F.A. Porsche
MATIÈRE/COULEUR : Fragranit Durakleen®
DIMENSIONS : 110 x 51,5 x 19 cm
EXISTE EN : blanc artic
GAMME : Mythos
PRIX : env. 1 000 €

05.

06.

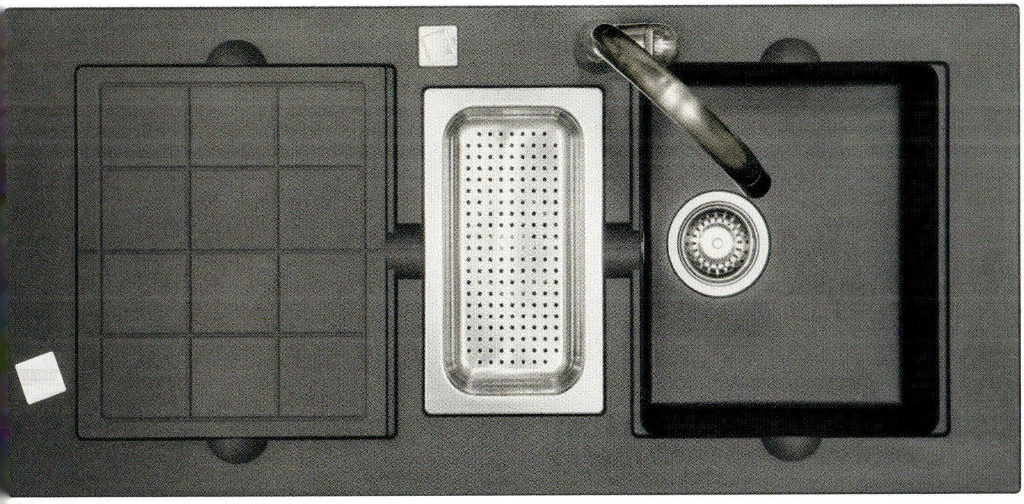
07.

évier

01. KOHLER
DESCRIPTIF : évier à monter sous plan, revêtement SilentShield™ insonorisant et anti-vibration
MATIÈRE/COULEUR : acier inox
DIMENSIONS : 83 x 43 x 20 cm
GAMME : Verity
PRIX : env. 1 000 €

02. KOHLER
DESCRIPTIF : évier à monter sous plan, revêtement SilentShield™ insonorisant et anti-vibration
DIMENSIONS : 84 x 20 x 13 cm
GAMME : Undertone
PRIX : env. 800 €

03. KOHLER
DESCRIPTIF : évier à monter sous plan, revêtement SilentShield Plus™ insonorisant et anti-vibration
MATIÈRE/COULEUR : acier inox
DIMENSIONS :
35,5 x 35,5 x 23 cm
GAMME : Poise
PRIX : env. 1 000 €

01.

02.

évier

01. FRANKE
DESCRIPTIF : évier percé à encastrer, égouttoir, libre vidage automatique avec système turbo
MATIÈRE/COULEUR : acier inox satiné
DIMENSIONS : 96 x 50 x 17 cm
GAMME : Aquatik
PRIX : env. 700 €

02. FRANKE
DESCRIPTIF : égouttoir écoulement libre
MATIÈRE/COULEUR : acier inox
DIMENSIONS : 49 x 44 x 2,5 cm
GAMME : Pure-Line
PRIX : env. 600 €

03. FRANKE
DESCRIPTIF : bassin à encastrer, vidage automatique ou manuel
MATIÈRE/COULEUR : acier inox
DIMENSIONS : 18 x 30 x 13 cm
EXISTE EN : Dekor®
PRIX : env. 200 €

04. FRANKE
DESCRIPTIF : cuve à encastrer
MATIÈRE/COULEUR : acier inox
DIMENSIONS : ø 45 x 3 cm
EXISTE EN : acier inox doré
GAMME : Eisinger
PRIX : env. 500 €

05. FRANKE
DESCRIPTIF : bassin à monter sous plan, vidage automatique ou manuel
MATIÈRE/COULEUR : acier inox
DIMENSIONS : 32 x 16,5 x 13 cm
MATIÈRE/COULEUR : acier inox
EXISTE EN : Dekor®, Microdekor®
PRIX : env. 100 €

01.

06. FRANKE
DESCRIPTIF : évier percé à monter sous plan, vidage automatique ou manuel
MATIÈRE/COULEUR : acier inox
DIMENSIONS : 45,5 x 19 x 13 cm
PRIX : env. 200 €

07. FRANKE
DESCRIPTIF : cuve à encastrer, écoulement libre, possibilité de montage sous plan
MATIÈRE/COULEUR : acier inox
DIMENSIONS : ø 38 x 7 cm
EXISTE EN : Dekor®
GAMME : Rotondo
PRIX : env. 100 €

08. FRANKE
DESCRIPTIF : évier à monter sous plan, vidage manuel
MATIÈRE/COULEUR : acier inox
DIMENSIONS : 24 x 44 x 15 cm
GAMME : Pure-Line
PRIX : env. 600 €

09. FRANKE
DESCRIPTIF : évier à encastrer, possibilité de montage sous plan
MATIÈRE/COULEUR : Dekor®
DIMENSIONS : ø 44 x 17 cm
GAMME : Rotondo
PRIX : env. 200 €

10. FRANKE
DESCRIPTIF : évier à encastrer, vidage automatique
MATIÈRE/COULEUR : acier inox
DIMENSIONS : ø 51 x 17, 5 cm
EXISTE EN : Dekor®
PRIX : env. 200 €

2.

03.

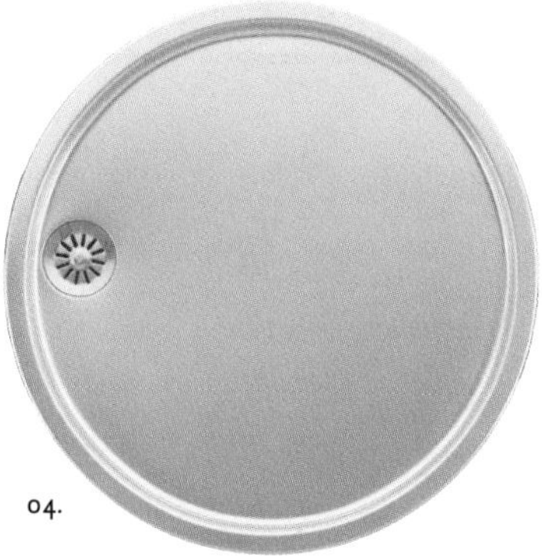
04.

5.

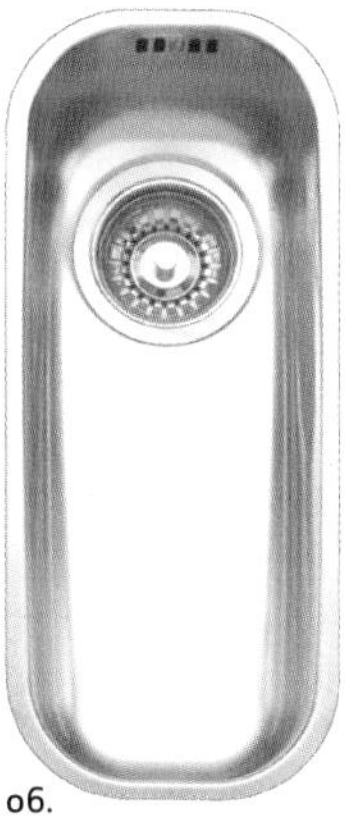
06.

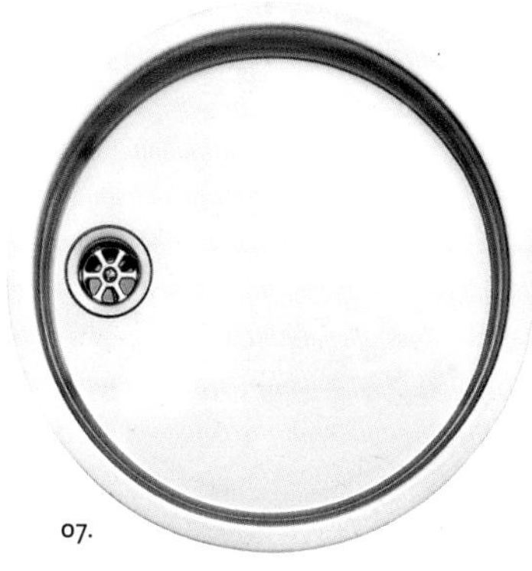
07.

8.

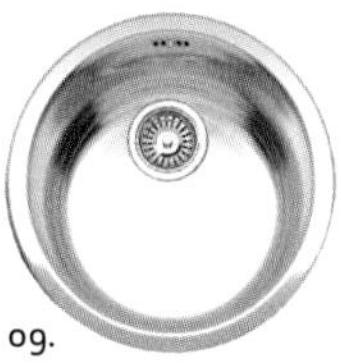
09.

10.

évier

01. FRANKE

DESCRIPTIF : évier 2 cuves prépercées à encastrer, vidage automatique, vide-sauce, possibilité de montage sous plan
MATIÈRE/COULEUR : acier inox
DIMENSIONS : 93,5 x 50 x 19 cm
EXISTE EN : égouttoir à droite
GAMME : Ligne soft
PRIX : env. 1 000 €

01.

02. FRANKE
DESCRIPTIF : évier 2 cuves prépercées à encastrer sur plan ou meuble d'angle percé, vidage automatique
MATIÈRE/COULEUR : acier inox
DIMENSIONS : 105 x 50 x 18 cm
GAMME : Papillon
PRIX : env. 700 €

03. FRANKE
DESCRIPTIF : évier 2 cuves prépercées à encastrer, vidage automatique
MATIÈRE/COULEUR : acier inox
DIMENSIONS : 96,5 x 51 x 19,5 cm
GAMME : Papillon
PRIX : env. 1 000 €

04. FRANKE
DESCRIPTIF : évier 2 cuves prépercées à encastrer, polissage réalisé à la main, vide-sauce
MATIÈRE/COULEUR : acier inox
DIMENSIONS : 93,5 x 50 x 19 cm
EXISTE EN : égouttoir à droite
PRIX : env. 2 000 €

05. FRANKE
DESCRIPTIF : évier 2 cuves prépercées à encastrer, vidage automatique
MATIÈRE/COULEUR : acier inox
DIMENSIONS : 116 x 50 x 20 cm
EXISTE EN : Dekor®, Microdekor®
GAMME : Galassia
PRIX : env. 600 €

02.

03.

04.

05.

01. FRANKE
DESCRIPTIF : évier à encastrer, 2 cuves prépercées, vidage automatique
MATIÈRE/COULEUR : acier inox
DIMENSIONS : 86 x 50 x 20 cm
EXISTE EN : Dekor®, Microdekor®
GAMME : Galassia
PRIX : env. 600 €

02. FRANKE
DESCRIPTIF : évier à encastrer, 2 cuves prépercées, vidage automatique
DESIGN : BCF
MATIÈRE/COULEUR : Dekor®
DIMENSIONS : 86 x 50 x 20 cm
GAMME : Armonia
PRIX : env. 500 €

03. FRANKE
DESCRIPTIF : évier percé à encastrer, vidage automatique, possibilité de montage sous plan
MATIÈRE/COULEUR : acier inox satiné
DIMENSIONS : 86 x 50 x 22 cm
EXISTE EN : Dekor®, Microdekor®
GAMME : Acquario
PRIX : env. 700 €

04. FRANKE
DESCRIPTIF : évier percé à encastrer, vidage automatique, possibilité de montage sous plan
MATIÈRE/COULEUR : acier inox
DIMENSIONS : 57,5 x 50,5 x 16 cm
EXISTE EN : acier inox satiné
GAMME : Diana
PRIX : env. 400 €

01.

02.

03.

04.

05. FRANKE
DESCRIPTIF : évier à encastrer 2 cuves prépercées, vidage automatique
MATIÈRE/COULEUR : Dekor®
DIMENSIONS : 78 x 50 x 18,5 cm
GAMME : Compact
PRIX : env. 700 €

06. FRANKE
DESCRIPTIF : évier 2 cuves prépercées dont 1 profond pour grille-égouttoir
MATIÈRE/COULEUR : acier inox
DIMENSIONS : 84 x 56 x 24,5 cm
GAMME : Prestige
PRIX : env. 1 000 €

07. FRANKE
DESCRIPTIF : évier, 2 cuves, vidage automatique avec système automatique turbo dans la grande cuve
DESIGN : Noa en partenariat avec WMF
MATIÈRE/COULEUR : acier inox
DIMENSIONS : 100 x 51 x 18 cm
EXISTE EN : égouttoir à droite
PRIX : env. 1 000 €

08. FRANKE
DESCRIPTIF : évier, vidage automatique, 1 vidoir
MATIÈRE/COULEUR : acier inox
DIMENSIONS : 96,5 x 50 x 17 cm
GAMME : Aquatik
EXISTE EN : Microdekor®
PRIX : env. 600 €

09. FRANKE
DESCRIPTIF : évier 2 cuves vidage manuel
MATIÈRE/COULEUR : acier inox
DIMENSIONS : 116 x 50 x 15 cm
EXISTE EN : Microdekor®
GAMME : Avvenire
PRIX : env. 200 €

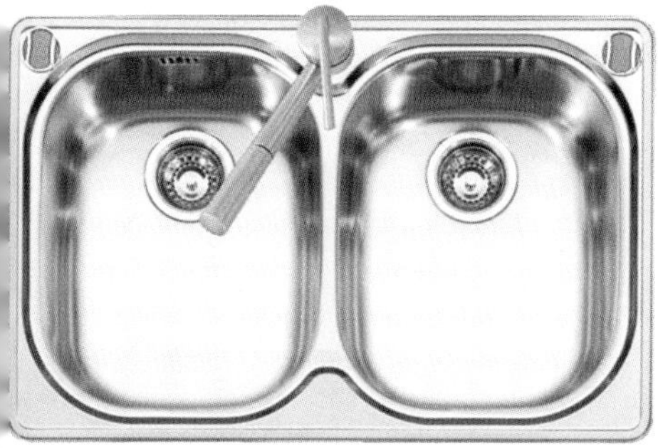
05.

06.

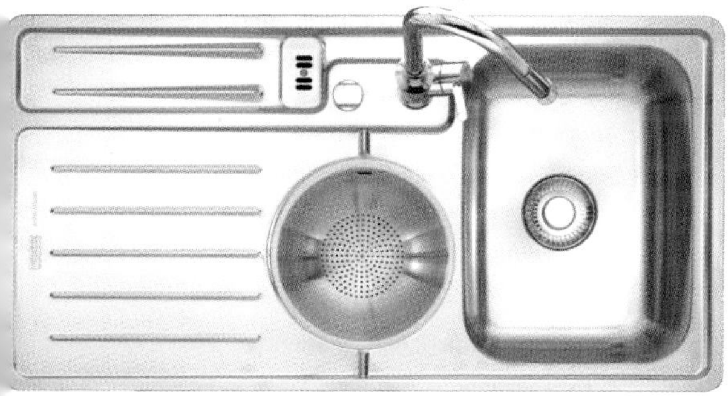
07.

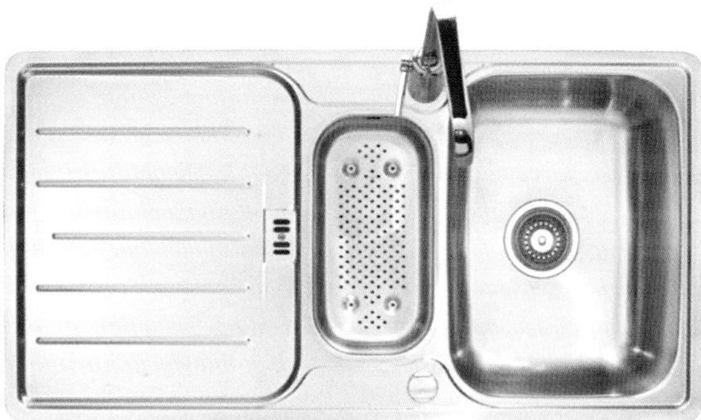
08.

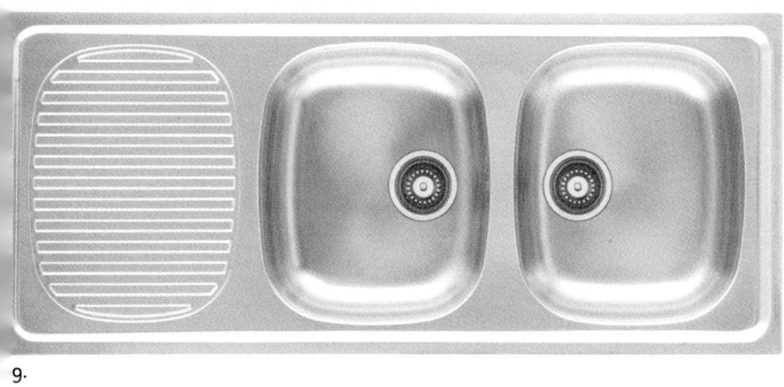
9.

évier

01. FRANKE
DESCRIPTIF : évier percé à encastrer, égouttoir, vidage automatique
MATIÈRE/COULEUR : acier inox
DIMENSIONS : 100 x 51 x 19 cm
EXISTE EN : égouttoir à droite, montage à fleur avec lamage du plan de travail
GAMME : Planar
PRIX : env. 1 000 €

02. FRANKE
DESCRIPTIF : évier percé à encastrer, égouttoir, vidage automatique
MATIÈRE/COULEUR : acier inox satiné
DIMENSIONS : 100 x 51 x 19 cm
EXISTE EN : égouttoir à droite, montage à fleur
PRIX : env. 1 000 €

03. FRANKE
DESCRIPTIF : bassins à monter sous plan, vidage automatique, possibilité de les encastrer
MATIÈRE/COULEUR : acier inox satiné
DIMENSIONS :
78 x 47 x 20 cm ;
58 x 47 x 20 cm ;
22 x 47 x 13 cm
GAMME : Design
PRIX : à partir de 600 €

01.

02.

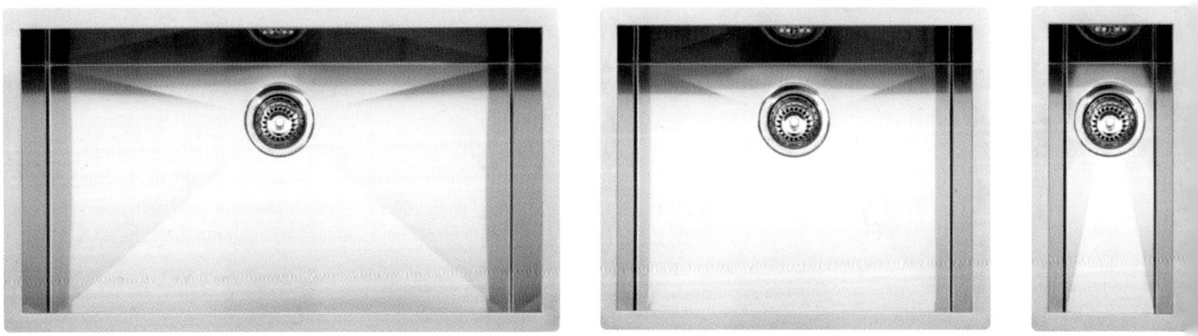

03.

04. FRANKE
DESCRIPTIF : évier à encastrer et égouttoir prépercés, vidage automatique
MATIÈRE/COULEUR : acier inox
DIMENSIONS : 99 x 50 x 19 cm
EXISTE EN : égouttoir à droite
PRIX : env. 1 000 €

évier

01. SMEG
DESCRIPTIF : évier
à encastrer, trop plein
anti-débordement,
branchement lave-vaisselle
MATIÈRE/COULEUR :
acier inox brossé
DIMENSIONS : 87 x 51 x 20 cm
EXISTE EN : égouttoir
à droite
PRIX : env. 600 €

01.

02. FRANKE
DESCRIPTIF : évier à encastrer, vidage automatique
MATIÈRE/COULEUR : acier inox
DIMENSIONS : 100 x 51 x 19 cm
EXISTE EN : égouttoir à droite
GAMME : Largo
PRIX : env. 1 000 €

03. FRANKE
DESCRIPTIF : évier à encastrer, vidage automatique
DESIGN : David Goodwin
MATIÈRE/COULEUR : acier inox
DIMENSIONS : 100 x 51 x 20 cm
EXISTE EN : égouttoir à droite
GAMME : Beach
PRIX : env. 1 000 €

04. FRANKE
DESCRIPTIF : évier d'angle à encastrer, vidage automatique, système turbo
MATIÈRE/COULEUR : acier inox
DIMENSIONS : 94 x 71 x 18 cm
EXISTE EN : égouttoir à droite
GAMME : Pamira
PRIX : env. 1 000 €

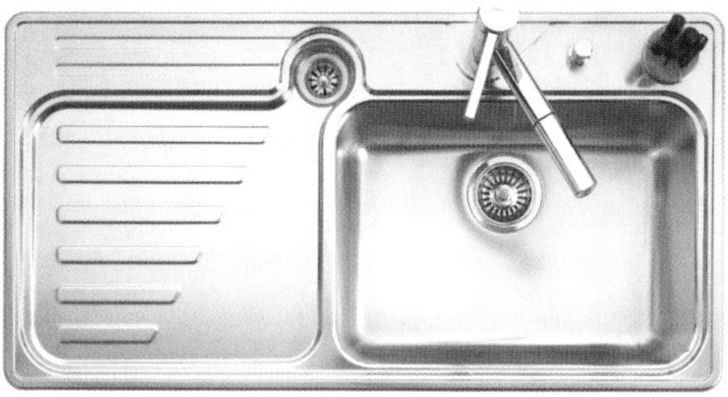
02.

03.

04.

robinet

01. DORNBRACHT
DESCRIPTIF : mitigeur monocommande, douchette extensible
DESIGN : sieger design
MATIÈRE/COULEUR : finition chrome, platine mat
DIMENSIONS : 23,5 x 34 cm
GAMME : Elio
PRIX : env. 500 €

01.

robinet

01. DORNBRACHT
DESCRIPTIF : mitigeur, manette indépendante
DESIGN : sieger design
MATIÈRE/COULEUR : finition chrome, platine mat
DIMENSIONS : 23,5 x 34 cm
GAMME : Elio
PRIX : env. 600 €

02. KOHLER
DESCRIPTIF : mitigeur, valve en céramique, facile à nettoyer (Master-Clean TM), limitateur de température anti-brûlure, mémorisation de la température
MATIÈRE/COULEUR : finition nickel brossé
DIMENSIONS : saillie 22 cm
GAMME : Forté
PRIX : env. 300 €

03. DORNBRACHT
DESCRIPTIF : mélangeur mural, bec déverseur extensible
DESIGN : sieger design
MATIÈRE/COULEUR : finition chrome, platine mat, platine ou laiton
DIMENSIONS : 36,5 x 16 cm, saillie 54,5 cm
GAMME : Tara
PRIX : env. 700 €

01.

02.

01. DORNBRACHT
DESCRIPTIF : mitigeur, manette indépendante, bec orientable
DESIGN : sieger design
MATIÈRE/COULEUR : finition chrome, platine mat
DIMENSIONS : 23,5 x 34 cm
GAMME : Maro
PRIX : env. 700 €

02. DORNBRACHT
DESCRIPTIF : mélangeur monocommande, douchette à main
DESIGN : sieger design
MATIÈRE/COULEUR : finition chrome, platine mat, platine ou laiton
DIMENSIONS : 23,5 x 34 cm
GAMME : Tara
PRIX : env. 1 000 €

03. DORNBRACHT
DESCRIPTIF : mitigeur surélevé
DESIGN : sieger design
MATIÈRE/COULEUR : finition chrome, platine mat
DIMENSIONS : 21,5 x 36 cm
GAMME : Meta 02
PRIX : env. 500 €

04. DORNBRACHT
DESCRIPTIF : mitigeur monocommande surélevé, bec pivotant orientable
DESIGN : sieger design
MATIÈRE/COULEUR : finition chrome, platine mat
DIMENSIONS : 23,5 x 36 cm
GAMME : Elio
PRIX : env. 500 €

02.

03.

04.

robinet

01. KOHLER
DESCRIPTIF : mitigeur, valve en céramique, limitateur de température anti-brûlure
MATIÈRE/COULEUR : finition chrome brossé
DIMENSIONS : hauteur 20 cm
EXISTE EN : large gamme de couleurs disponible
GAMME : Forté
PRIX : env. 200 €

02. FRANKE
DESCRIPTIF : mitigeur, bec orientable
NOM : Cuba®
MATIÈRE/COULEUR : finition chrome
DIMENSIONS : 19,5 x 40 cm
PRIX : env. 700 €

03. FRANKE
DESCRIPTIF : mélangeur réglable par 1/4 de tour
NOM : Uniflow®
MATIÈRE/COULEUR : finition acier inox
DIMENSIONS : 16,5 x 23 cm
GAMME : Quattro Punte
PRIX : env. 300 €

04. FRANKE
DESCRIPTIF : mélangeur, mousseur extensible
NOM : Konik
MATIÈRE/COULEUR : finition chrome
DIMENSIONS : 17 x 34 cm
EXISTE EN : argenté
PRIX : env. 400 €

05. FRANKE
DESCRIPTIF : mitigeur
NOM : Valentino
MATIÈRE/COULEUR : finition acier inox
DIMENSIONS : 22 x 16 cm
EXISTE EN : vieux cuivre, vieux bronze façon porcelaine
GAMME : Solutions fenêtre
PRIX : env. 500 €

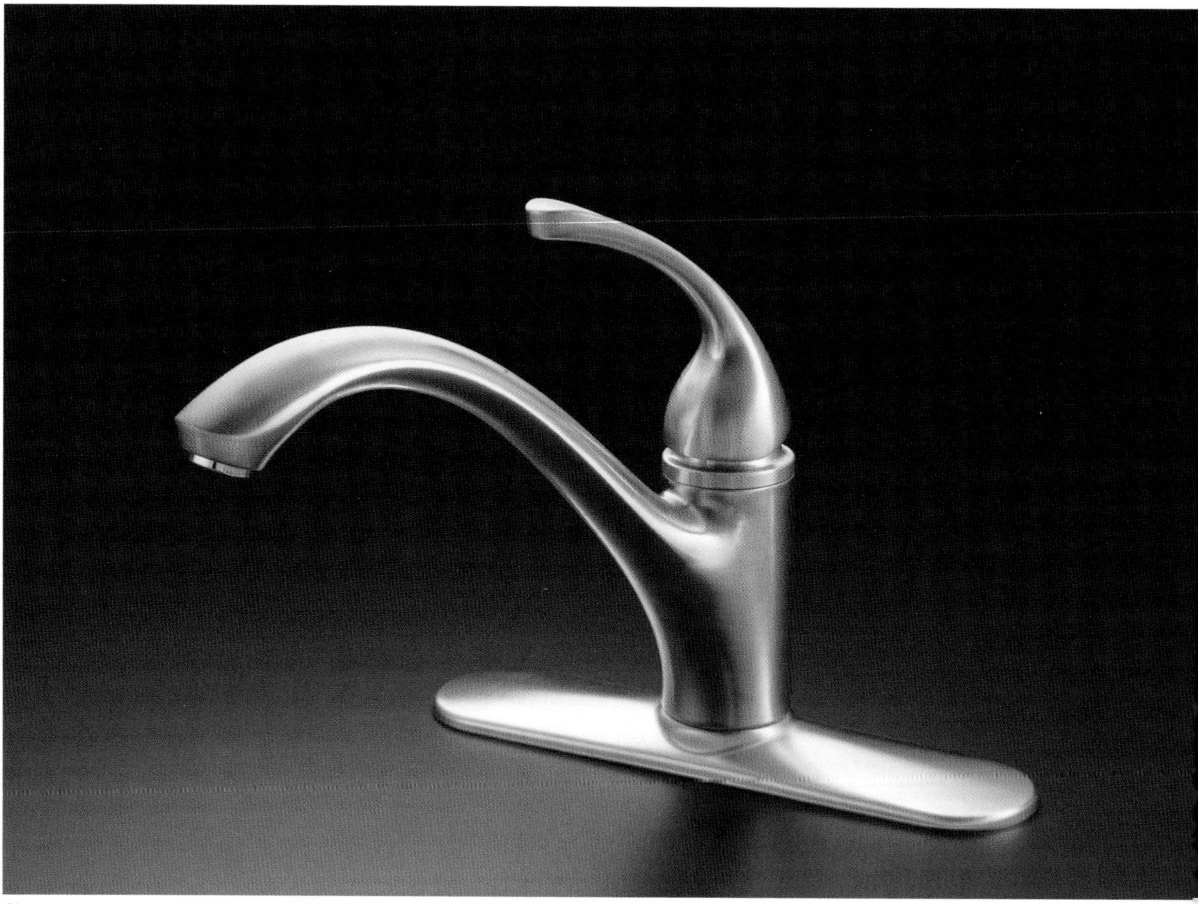

01.

06. FRANKE
DESCRIPTIF : mitigeur, bec orientable, réservoir de savon liquide 0,5 l
NOM : Equinox
MATIÈRE/COULEUR : finition acier inox, corps en laiton
DIMENSIONS : 22,5 x 30 cm
GAMME : Solutions fenêtre
PRIX : env. 300 €

07. FRANKE
DESCRIPTIF : mitigeur, bec orientable
NOM : Lift
MATIÈRE/COULEUR : finition acier inox
DIMENSIONS : 22 x 16 cm
GAMME : Rétro
PRIX : env. 400 €

02.

03.

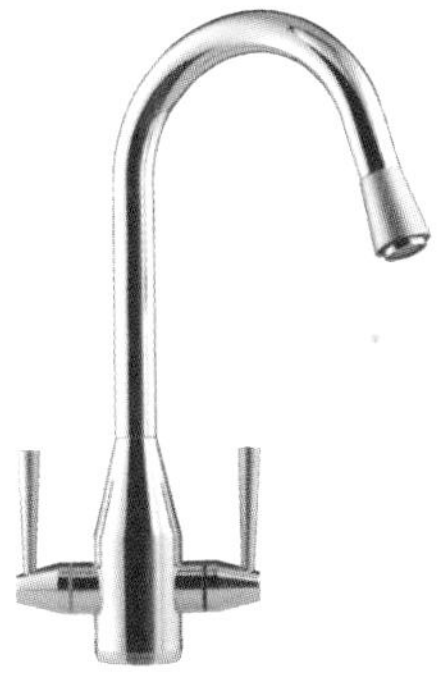

04.

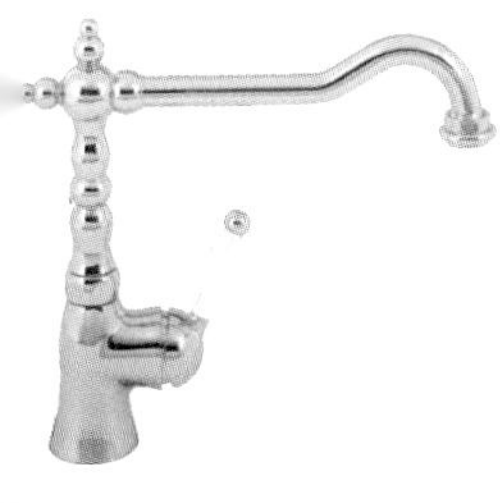

05.

06.

07.

01. KOHLER
DESCRIPTIF : mitigeur, valve en céramique, facile à nettoyer (Master-Clean TM), limitateur de température anti-brûlure,
MATIÈRE/COULEUR : finition acier inox satiné
DIMENSIONS : hauteur 20 cm
EXISTE EN : chrome poli,
GAMME : Avatar
PRIX : env. 600 €

02. KOHLER
DESCRIPTIF : mitigeur, valve en céramique, facile à nettoyer (Master-Clean TM), limitateur de température anti-brûlure,
MATIÈRE/COULEUR : finition nickel brossé
DIMENSIONS : hauteur 25 cm
EXISTE EN : large gamme de couleurs disponible
GAMME : Clairette
PRIX : env. 600 €

03. JADO
DESCRIPTIF : mitigeur mousseur monotrou, bec orientable
DESIGN : Christian Bjørn
MATIÈRE/COULEUR : finition chrome
GAMME : Cubic
PRIX : env. 500 €

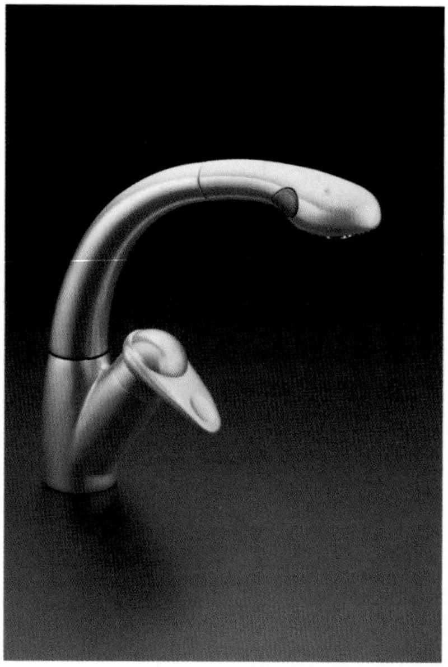
01.

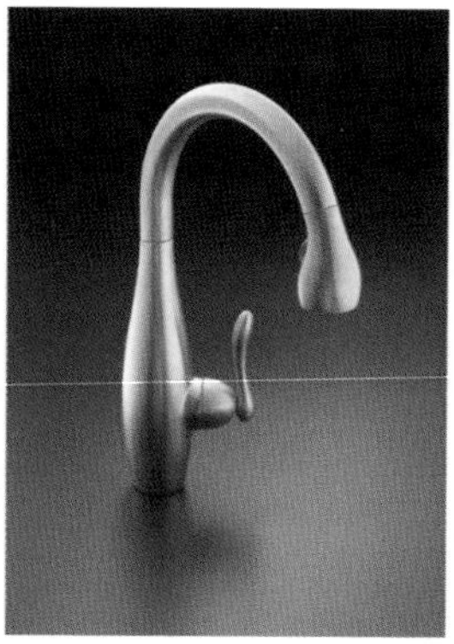
02.

03.

4. JADO
ESCRIPTIF : mitigeur
ousseur, bec orientable
ESIGN : Christian Bjørn
ATIÈRE/COULEUR :
nition chrome
AMME : Geometry A3
RIX : env. 400 €

05. JADO
DESCRIPTIF : mitigeur
mousseur, bec orientable,
brise jet orientable
DESIGN : Christian Bjørn
MATIÈRE/COULEUR :
finition chrome
GAMME : Geometry A5
PRIX : env. 400 €

04.

05.

robinet

01. FRANKE
DESCRIPTIF : mitigeur, bec orientable, manette de commande indépendante
MATIÈRE/COULEUR : finition acier inox
DIMENSIONS : 21,5 x 22 cm
GAMME : Active
PRIX : env. 500 €

02. FRANKE
DESCRIPTIF : mitigeur, bec orientable
MATIÈRE/COULEUR : finition acier inox
DIMENSIONS : 21 x 22 cm
GAMME : Ovara
PRIX : env. 500 €

03. FRANKE
DESCRIPTIF : mitigeur, bec orientable
MATIÈRE/COULEUR : finition acier inox
DIMENSIONS : 22 x 27 cm
GAMME : Ovali
PRIX : env. 500 €

04. FRANKE
DESCRIPTIF : mitigeur, bec orientable
NOM : Arola
MATIÈRE/COULEUR : finition acier inox
DIMENSIONS : 18 x 25,5 cm
GAMME : Design à petit prix
PRIX : env. 300 €

05. FRANKE
DESCRIPTIF : mitigeur, bec orientable
MATIÈRE/COULEUR : finition acier inox
DIMENSIONS : 19 x 38,5 cm
GAMME : Design à petit prix
PRIX : env. 600 €

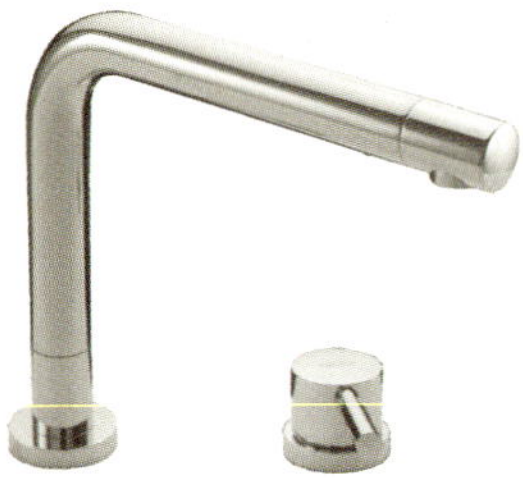

01.

02.

03.

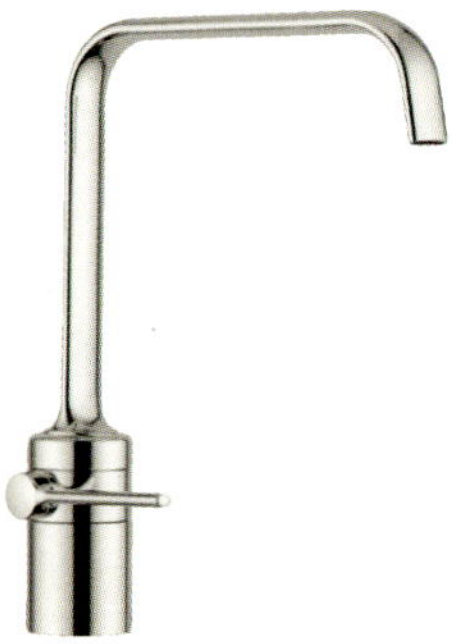

04.

05.

06.

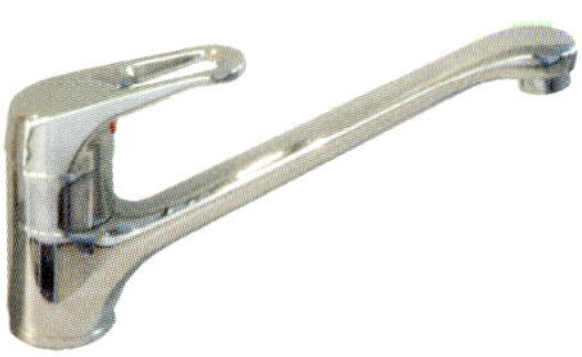

07.

08.

06. FRANKE
DESCRIPTIF : mitigeur, bec orientable
NOM : Vulcani
MATIÈRE/COULEUR : finition acier inox
DIMENSIONS : 181,5 x 31,5 cm
PRIX : env. 200 €

07. FRANKE
DESCRIPTIF : mitigeur, bec orientable
NOM : Quatro Punte
MATIÈRE/COULEUR : finition acier inox satiné
DIMENSIONS : 16,5 x 34,5 cm
GAMME : Classique
EXISTE EN : satiné
PRIX : env. 300 €

08. FRANKE
DESCRIPTIF : mitigeur, bec inclinable
MATIÈRE/COULEUR : finition acier inox argenté, poirier
DIMENSIONS : 22,5 x 34,5 cm
GAMME : Azimut
EXISTE EN : large gamme de couleurs disponible
PRIX : env. 300 €

09. IDEAL STANDARD
DESCRIPTIF : mitigeur, bec-douchette orientable, adapté aux systèmes à haute pression uniquement
NOM : Ceraluna
MATIÈRE/COULEUR : finition chrome
DIMENSIONS : 31 cm
PRIX : env. 300 €

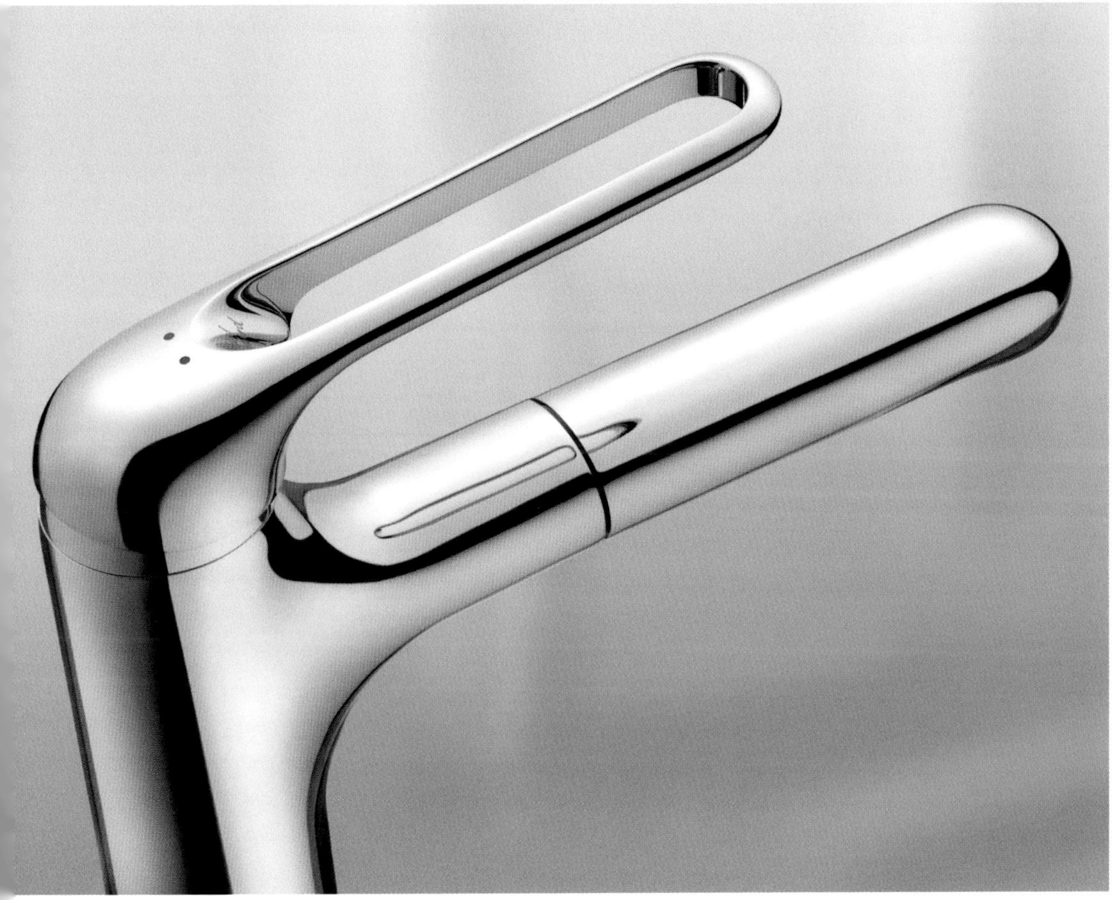

9.

01. DORNBRACHT
DESCRIPTIF : mitigeur mural, bec extensible
DESIGN : sieger design
MATIÈRE/COULEUR : finition chrome
DIMENSIONS : 36, 5 x 11 cm, saillie 225 cm
GAMME : Meta 02
PRIX : env. 1 000 €

02. KOHLER
DESCRIPTIF : mitigeur, valve en céramique, facile à nettoyer (Master-Clean TM), limitateur de température anti-brûlure
MATIÈRE/COULEUR : finition chrome brossé
DIMENSIONS : saillie 28,5 cm
EXISTE EN : large gamme de couleurs disponible
GAMME : Forté
PRIX : env. 300 €

03. PORCHER
DESCRIPTIF : mitigeur, bec escamotable, mousseur anticalcaire, limitateur de température anti-brûlure
NOM : Odefys
MATIÈRE/COULEUR : finition acier inox
DIMENSIONS : saillie 33 cm debout, 9 cm couché
PRIX : env. 200 €

04. KOHLER
DESCRIPTIF : mitigeur, valve en céramique, facile à nettoyer (Master-Clean TM), limitateur de température anti-brûlure
MATIÈRE/COULEUR : french gold
DIMENSIONS : saillie 28 cm
EXISTE EN : large gamme de couleurs disponible
GAMME : Forté
PRIX : env. 300 €

02.

04.

01. FRANKE
DESCRIPTIF : mitigeur 2 sorties d'eau indépendantes (douchette et bec)
NOM : Zenos
MATIÈRE/COULEUR : finition acier inox tressé et gaine nylon
DIMENSIONS : 26 x 95 cm
GAMME : Pro
PRIX : env. 900 €

02. FRANKE
DESCRIPTIF : mitigeur, douchette
NOM : Crios
MATIÈRE/COULEUR : finition chrome
DIMENSIONS : 20 x 52 cm
GAMME : Pro
PRIX : env. 700 €

03. FRANKE
DESCRIPTIF : mitigeur, douchette à 2 jets avec inverseur et dispositif de fixation murale
NOM : Konik pro
MATIÈRE/COULEUR : finition chrome
DIMENSIONS : 20 x 68,5 cm
GAMME : Pro
PRIX : env. 600 €

04. DORNBRACHT
DESCRIPTIF : mitigeur monocommande, 2 sorties d'eau indépendantes (douchette, bec)
DESIGN : sieger design
MATIÈRE/COULEUR : finition chrome
DIMENSIONS : 20 x 66,5 cm
EXISTE EN : finition platine
GAMME : Tara Classic
PRIX : env. 1 000 €

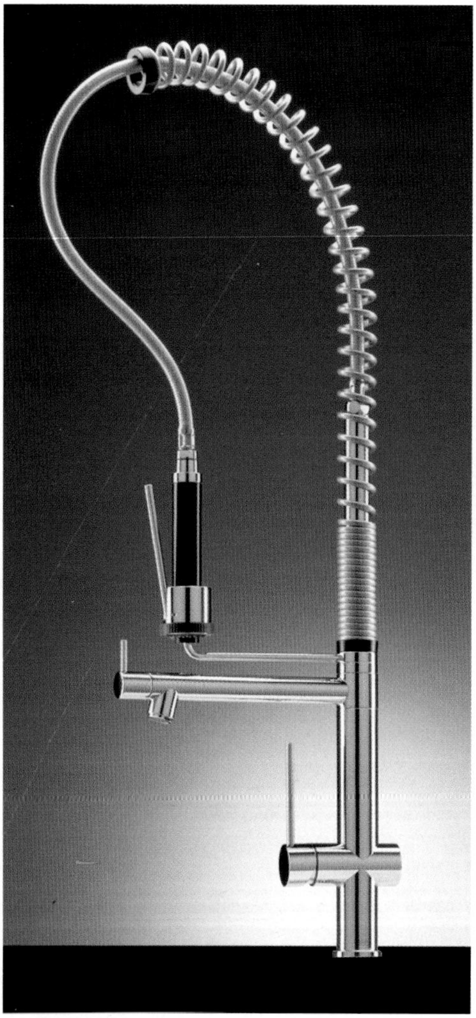
01.

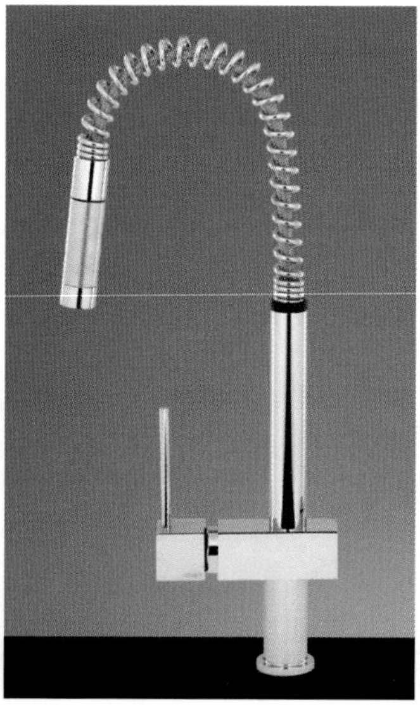
02.

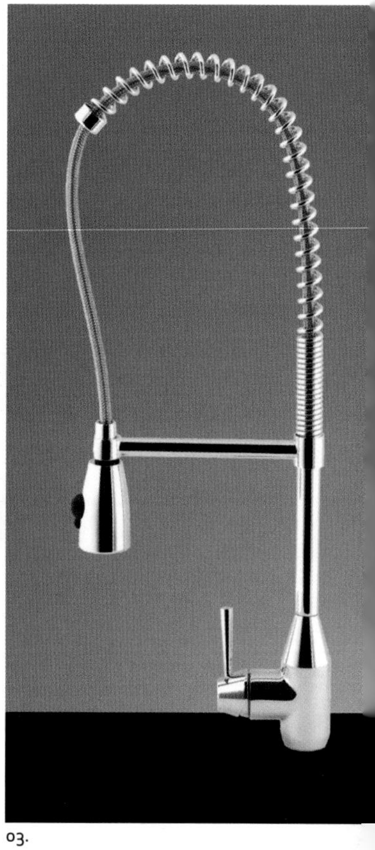
03.

robinet

01. DORNBRACHT
DESCRIPTIF : mitigeur monocommande, douchette professionnelle
DESIGN : sieger design
MATIÈRE/COULEUR : finition chrome
DIMENSIONS : 23,5 x 66,5 cm
GAMME : Tara Classic
PRIX : env. 1 000 €

02. FRANKE
DESCRIPTIF : mitigeur, douchette 2 jets, inverseur
MATIÈRE/COULEUR : acier inox
DIMENSIONS : 23 x 22 cm
GAMME : Diamant
PRIX : env. 1 000 €

03. FRANKE
DESCRIPTIF : mitigeur, douchette bicolore
NOM : Admiral
MATIÈRE/COULEUR : finition chrome
DIMENSIONS : 22,5 x 19 cm
EXISTE EN : large gamme de finitions disponible
PRIX : env. 500 €

04. FRANKE
DESCRIPTIF : mitigeur, douchette 2 jets avec inverseur
NOM : Azimut
DIMENSIONS : 23 x 22 cm
MATIÈRE/COULEUR : finition chrome
EXISTE EN : large gamme de finitions disponible
GAMME : Modernes
PRIX : env. 300 €

05. FRANKE
DESCRIPTIF : mitigeur, à bec orientable
NOM : Keops
MATIÈRE/COULEUR : finition chrome
DIMENSIONS : 21 x 19 cm
EXISTE EN : large gamme de finitions disponible
GAMME : Originaux
PRIX : env. 300 €

01.

06. FRANKE
DESCRIPTIF : mitigeur, douchette 2 jets avec inverseur
NOM : Catani
MATIÈRE/COULEUR : finition chrome
DIMENSIONS : 20 x 17,5 cm
GAMME : Design à petit prix
PRIX : env. 200 €

07. FRANKE
DESCRIPTIF : mitigeur, douchette
NOM : Logik
MATIÈRE/COULEUR : finition chrome
DIMENSIONS : 22 x 29 cm
GAMME : Tendance carrée
PRIX : env. 700 €

08. FRANKE
DESCRIPTIF : mitigeur, bec démontable
NOM : Tinos
MATIÈRE/COULEUR : finition chrome
DIMENSIONS : 18 x 38 cm
GAMME : Solutions fenêtre
PRIX : env. 500 €

09. FRANKE
DESCRIPTIF : mitigeur, douchette monojet
MATIÈRE/COULEUR : acier inox
DIMENSIONS : 21,5 x 22 cm
GAMME : Active
EXISTE EN : acier inox brossé
PRIX : env. 400 €

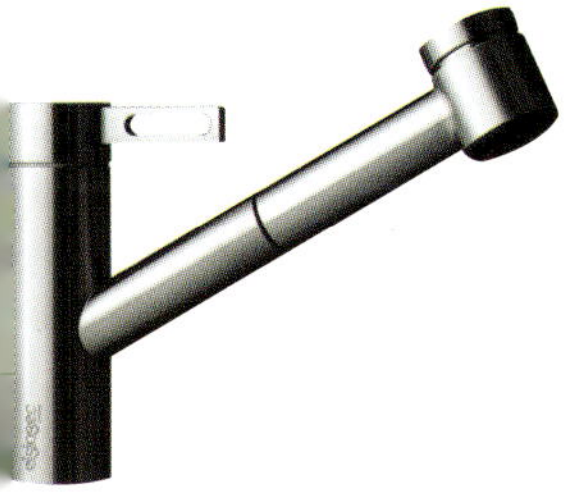

02.

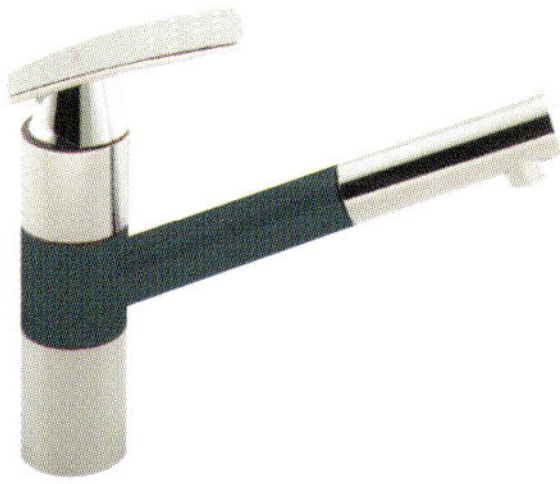

03.

04.

05.

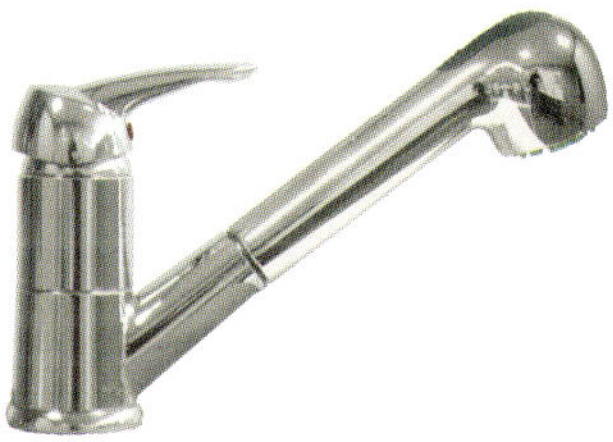

06.

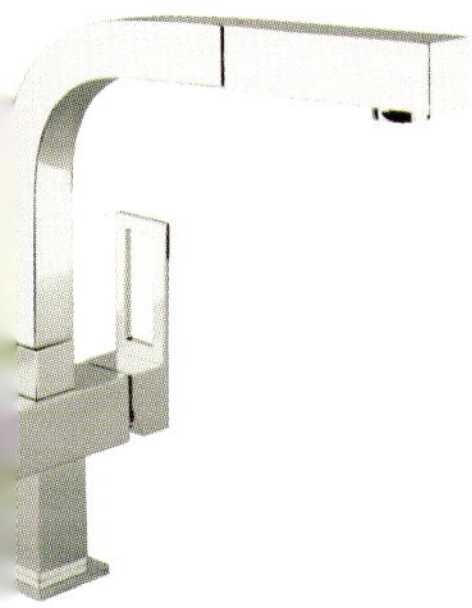

07.

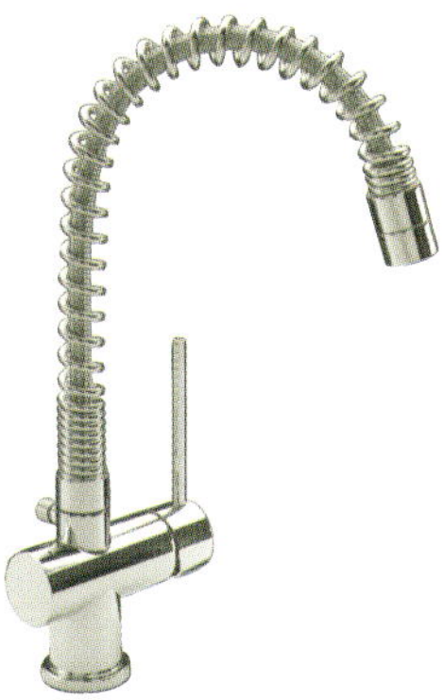

08.

09.

1. DORNBRACHT
ESCRIPTIF : mitigeur,
ıonocommande, mitigeur
ıanette indépendante
ESIGN : sieger design
ATIÈRE/COULEUR :
.nition chrome
IMENSIONS : 23,5 x 66,5 cm
AMME : Meta 02
XISTE EN : platine mat
RIX : env. 900 €

02. JADO
DESCRIPTIF : mitigeur,
douchette
NOM : Independent semi-pro
MATIÈRE/COULEUR :
finition chrome
PRIX : env. 600 €

03. KOHLER
DESCRIPTIF : mitigeur,
valve en céramique,
facile à nettoyer
(Master-Clean TM)
MATIÈRE/COULEUR :
finition chrome poli
DIMENSIONS : hauteur 23 cm
EXISTE EN : chrome
brossé, nickel brossé,
bronze brossé
GAMME : Fairfax
PRIX : env. 200 €

03.

02.

Chauffage

- CHEMINÉE
- FEUX D'AMBIANCE
- POÊLE
- RADIATEUR

chauffage

MATÉRIAUX

Acier (brut, émaillé, rouillé, verni)
Acier inox
Aluminium (métallisé, poli, satiné, peint)
Bois laqué
Brique réfractaire
Cailloux
Céramique
Cerisier
Cuir de vachette
Cuivre acide
Dalle réfractaire
Faïence
Fonte
Fonte émaillée
Granit
Hêtre
Laiton
Laminé
Marbre rose
Métal (brossé, rouillé, poli)
Nickel brut
Pierre (d'estaillade, de lave, ollaire, réfractaire)
Roche
Teck
Tôle d'acier laqué
Verre (pyrocéramique, satiné, sérigraphié, trempé)
Vitre auto-nettoyante
Vitrocéramique

GLOSSAIRE

CHAUFFAGE CENTRAL
Le chauffage central est un système de distribution de la chaleur provenant d'une source unique, qui diffuse les calories vers des corps de chauffe répartis dans l'habitation. Le chauffage central peut fonctionner au gaz naturel, au propane, au fioul ou au bois.

CHAUFFAGE D'APPOINT AU BOIS
Il s'agit d'un poêle à bois. C'est un appareil de chauffage clos, dans lequel on enferme le combustible avec évacuation des gaz par un tuyau, et qui chauffe la pièce par rayonnement. Les poêles sont en fonte, en tôle émaillée ou en faïence. Le foyer est généralement muni d'une grille sur un cendrier amovible.

CHAUFFAGE D'APPOINT AU BOIS/ CHARBON
Certains poêles peuvent aussi bien être utilisés pour le chauffage au bois que pour le chauffage au charbon. Ils doivent être équipés d'une grille de chauffe amovible, qui sera fermée pour le bois et ouverte pour le charbon.

CHAUFFAGE D'APPOINT AU GAZ
Il s'agit d'un poêle à gaz. C'est un appareil mobile, le plus souvent équipé de roulettes, fonctionnant avec une bouteille de butane ou de propane.

CHAUFFAGE D'APPOINT ÉLECTRIQUE
Il peut s'agir de différents modèles de radiateurs électriques : convecteurs fixes ou mobiles, sèches-serviettes, panneaux rayonnants... Tous les modèles possèdent un limiteur thermique de sécurité qui coupe le courant en cas de surchauffe. Certaines options sont disponibles selon les modèles, assurant une sécurité totale et une préservation de la qualité de l'air : position hors-gel, fonction silence, ventilation froide pour l'été, programmateur, sécurité enfants.

CHEMINÉE À L'ÉTHANOL
La cheminée à l'éthanol est une cheminée sans fumée, sans suie qui ne dégage aucune d'odeur ni toxicité. L'éthanol est un carburant écologique tiré de la betterave. C'est une énergie propre et renouvelable. Une cheminée fonctionnant à l'éthanol n'a pas besoin de conduit et peut donc être déplacée à l'envi dans la maison. Aucun entretien particulier n'est nécessaire.

CHEMINÉE À FOYER FERMÉ (CHEMINÉE VITRÉE)
Les foyers fermés s'encastrent dans les cheminées prévues à cet effet. L'air chaud se diffuse par rayonnement à travers la vitre et par convection à travers les grilles de soufflage installées dans la hotte. Ils ne nécessitent aucun raccordement électrique. Outre la vitre en vitrocéramique de la façade, cette cheminée se distingue par une chambre à combustion, généralement en fonte, qui offre un rendement bien supérieur à un foyer ouvert. Cela permet ainsi de chauffer plusieurs pièces.

CHEMINÉE À FOYER OUVERT
La cheminée à foyer ouvert renvoie à la forme la plus ancienne et traditionnelle de la cheminée. Un foyer ouvert diffuse par rayonnement 20 % de sa chaleur tandis que les 80 % restant s'échappent en fumée.

FOYER AVEC PORTE(S)
Appareil de chauffage équipé de portes ou d'une vitre escamotable, s'utilisant aussi bien ouvert que fermé. L'appareil puise l'air de combustion directement dans la pièce, ou à l'extérieur de la maison par le biais de tuyaux installés spécialement à cet effet.

GEL FUEL
Le gel fuel est un biocarburant obtenu à partir de la canne à sucre ou d'autres produits végétaux.

HABILLAGE
L'habillage d'une cheminée désigne le revêtement non structurel qui est fixé au conduit de fumée pour offrir une protection supplémentaire contre les transferts de chaleur, les intempéries ou tout simplement pour le décorer.

MATÉRIAUX RÉFRACTAIRES : BRIQUES, DALLES, PIERRES
Un matériau réfractaire est un corps solide capable de résister à de très hautes températures. Lents à chauffer comme à refroidir, ces matériaux sont utilisés pour garnir les chambres à combustion. Ils agissent comme des puits de chaleur en reflétant et rayonnant l'énergie vers le lit de combustible dont elle provient, de manière à entretenir la combustion.

RADIATEUR SÈCHE-SERVIETTES
Le radiateur sèche-serviettes a une double fonction : il sèche les serviettes en même temps qu'il chauffe la salle de bain. Les modèles sont proposés aussi bien pour un chauffage central que pour un chauffage électrique ou mixte. La puissance choisie dépend du volume de la pièce. Certains modèles sont aussi équipés d'un système de ventilation.

RÉCUPÉRATEUR DE CHALEUR
Le récupérateur de chaleur est un système qui permet d'optimiser la qualité de chauffe d'une cheminée à foyer ouvert. Le récupérateur aspire l'air ambiant, le fait circuler dans un échangeur qui récupère la chaleur du feu. L'air chaud est alors expulsé dans la pièce par des bouches placées près de la cheminée et/ou dans une autre pièce. La récupération de chaleur a pour objectif d'économiser l'énergie et, par conséquent, les coûts de fonctionnement.

RÉGULATION THERMOSTATIQUE
La régulation thermostatique permet de contrôler aisément la combustion et donc de programmer la température ambiante de l'habitation.

VERRE PYROCÉRAMIQUE
Le verre pyrocéramique, plan ou courbe, assure une grande propreté autour du foyer. Ce matériau résiste à de très hautes températures, jusqu'à plus de 900°C.

VERSION GAZ
La mention version gaz signifie que le foyer a été conçu pour recevoir éventuellement un brûleur à gaz. La forme du foyer reste inchangée.

cheminée

01. STÛV

DESCRIPTIF : cheminée à bois, vitrée, double face, porte escamotable
NOM : Stûv 21
MATIÈRE/COULEUR : acier gris anthracite, habillage laminé
DIMENSIONS : 85 x 67 x 60 cm
EXISTE EN : version 1 face, autres dimensions et couleurs disponibles
PRIX : env. 4 000 €

01.

centrale

01. FOCUS
DESCRIPTIF : cheminée à gaz
NOM : Filiofocus géant
DESIGN : Dominique Imbert
MATIÈRE/COULEUR : acier noir mat
DIMENSIONS : ø 120 cm, hauteur hotte 200 cm, hauteur conduit sur mesure
PRIX : NC

02. FOCUS
DESCRIPTIF : cheminée murale à gaz, vitrée ; vasque à poser ou à encastrer
NOM : Filiofocus mural
DESIGN : Dominique Imbert
MATIÈRE/COULEUR : acier noir mat, verre pyrocéramique
DIMENSIONS : ø 116 x 63 cm, hotte 72,5 x 200 cm, hauteur conduit sur mesure
EXISTE EN : gris anthracite
PRIX : env. 12 000 €

01.

01. PIROS

DESCRIPTIF : cheminée à bois, hotte galbée sur plateau en dalles réfractaires, coupelle foyère

MATIÈRE/COULEUR : acier brut ciré

DIMENSIONS : 90 x 170 x 600 cm

EXISTE EN : dimensions sur mesure, large gamme de couleurs disponible

PRIX : env. 7 000 €

02. ROCAL

DESCRIPTIF : cheminée à gaz, télécommande

NOM : Giselle

MATIÈRE/COULEUR : tôle d'acier laqué

DIMENSIONS : 80 x 80 x 300 cm

EXISTE EN : autres dimensions disponibles, version fuel avec foyer vitré

PRIX : NC

01.

02.

03. FOCUS
DESCRIPTIF : cheminée à bois, hotte coupole sur table intégrant le foyer
NOM : Mezzofocus
DESIGN : Dominique Imbert
MATIÈRE/COULEUR : acier noir mat
DIMENSIONS : ø 107 cm x 41 cm, hauteur conduit sur mesure
EXISTE EN : gris anthracite
PRIX : env. 4 000 €

03.

centrale

01. FOCUS
DESCRIPTIF : cheminée à bois, suspendue et pivotante à 360°
NOM : Bathyscafocus
DESIGN : Dominique Imbert
MATIÈRE/COULEUR : acier noir mat
DIMENSIONS : ø 70 x 84 cm, hauteur conduit sur mesure
EXISTE EN : version gaz, gris anthracite
PRIX : env. 4 000 €

02. FOCUS
DESCRIPTIF : cheminée télescopique à bois vasque à poser ou à encastrer
NOM : Filiofocus téléscopique
DESIGN : Dominique Imbert
MATIÈRE/COULEUR : acier noir mat
DIMENSIONS : ø 116 cm hauteur hotte 72,5 x 200 cm, hauteur conduit sur mesure
EXISTE EN : gris anthracite
PRIX : env. 11 500 €

01.

01. PIROS
DESCRIPTIF : cheminée à bois, hotte pyramidale, coupelle foyère
MATIÈRE/COULEUR : acier noir mat
DIMENSIONS :
110 x 110 x 250 cm
EXISTE EN : large gamme de couleurs disponible
PRIX : env. 6 000 €

02. CHEMINÉES PHILIPPE
DESCRIPTIF : cheminée à bois, soubassement intégrant le foyer, hotte pyramidale
NOM : Cogolin
MATIÈRE/COULEUR : pierre d'estaillade et marbre rose, hotte en acier laqué
DIMENSIONS :
soubassement 145 x 130 cm, hotte 140 x 125 x 165 cm
GAMME : Contemporaines
PRIX : NC

03. PIROS
DESCRIPTIF : cheminée à bois, hotte pyramidale, plateau cendrier incorporé à la maçonnerie
MATIÈRE/COULEUR : acier brut ciré, soudures apparentes
DIMENSIONS :
110 x 110 x 250 cm
EXISTE EN : large gamme de couleurs disponible
PRIX : env. 4 000 €

01.

02.

03.

04. TIFON

DESCRIPTIF : cheminée à bois, foyer isolé suspendu sur armature
NOM : Variation
MATIÈRE/COULEUR : acier traité, acier inox, hêtre massif
DIMENSIONS : support 100 x 70 x 70 cm
EXISTE EN : aluminium, blanc, acier brossé
PRIX : env. 6 000 €

05. PIROS

DESCRIPTIF : cheminée à bois, hotte pyramidale télescopique, foyer équipé d'un bac à cendres
MATIÈRE/COULEUR : acier noir mat
DIMENSIONS : 110 x 110 x 180 cm
EXISTE EN : large gamme de couleurs disponible
PRIX : env. 7 000 €

04.

05.

centrale

01. FOCUS
NOM : cheminée à gaz, vitrée, galets, télécommande
NOM : Elliptofocus
DESIGN : Dominique Imbert
MATIÈRE/COULEUR : structure métallique recouverte de cuir de vachette châtaigne
DIMENSIONS : 80 x 50 x 245 cm
EXISTE EN : noir ébène, bûches en céramique
PRIX : env. 11 000 €

02. FOCUS
DESCRIPTIF : cheminée vitrée
NOM : Cosmofocus
MATIÈRE/COULEUR : acier massif rouillé
DESIGN : Dominique Imbert
DIMENSIONS : 120 x 250 cm
PRIX : NC

03. TIFON
DESCRIPTIF : cheminée à bois, tablette en nickel brut
NOM : Calypso
DIMENSIONS : ø 100 x 250 cm
EXISTE EN : large gamme de couleurs disponible
PRIX : env. 4 000 €

04. PIROS
DESCRIPTIF : cheminée à bois, hotte et socle figurant un œuf cassé, pièce unique
MATIÈRE/COULEUR : céramique
PRIX : NC

01.

0

03.

01. FOCUS
DESCRIPTIF : cheminée murale à gaz, récupérateur de chaleur
NOM : Paxfocus
DESIGN : Dominique Imbert
MATIÈRE/COULEUR : acier noir mat
DIMENSIONS : 95 x 67 x 67 cm, hauteur conduit sur mesure
EXISTE EN : gris anthracite
PRIX : env. 3 000 €

02. FOCUS
DESCRIPTIF : cheminée à bois, suspendue et pivotante à 360°
NOM : Gyrofocus
DESIGN : Dominique Imbert
MATIÈRE/COULEUR : acier noir mat
DIMENSIONS : ø 125 cm x 58 cm, hauteur conduit sur mesure
EXISTE EN : gris anthracite
PRIX : env. 6 000 €

03. FOCUS
DESCRIPTIF : cheminée murale à bois, vitrée
NOM : Renzofocus
DESIGN : Dominique Imbert
MATIÈRE/COULEUR : acier noir mat, verre pyrocéramique
DIMENSIONS : hublot ø 42 cm, foyer 100 x 81 cm, hauteur conduit sur mesure
EXISTE EN : version pivotante à 180°
PRIX : env. 7 000 €

02.

03.

encastrée

01. ROCAL
DESCRIPTIF : cheminée à bois à encastrer, 2 portes opposées, à ouverture latérale ou verticale, foyer revêtu de briques réfractaires
MATIÈRE/COULEUR : tôle d'acier, verre vitrocéramique
DIMENSIONS : 117 x 72 x 57 cm
PRIX : NC

01.

o2. STÛV
ESCRIPTIF : cheminée
encastrer, 3 fonctions
feu vitré, feu ouvert,
eu continu)
OM : Stûv 30
ATIÈRE/COULEUR : tôle
l'acier, habillage
nétallique blanc
IMENSIONS : 61 x 59 x 200 cm
XISTE EN : autres habillages
isponibles
RIX : env. 4 000 €

2.

encastrée

01. CHEMINÉES DE CHAZELLES
DESCRIPTIF : cheminée à gaz, vitrée, télécommande
NOM : Dancing Flames 150
DIMENSIONS : 150 x 40 x 40,5 cm
EXISTE EN : autres dimensions disponibles
PRIX : env. 6 000 €

02. BODART & GONAY
DESCRIPTIF : cheminée à bois, vitrée, ventilation silencieuse
NOM : Optifire
MATIÈRE/COULEUR : finition noir
DIMENSIONS : 76 x 47,5 x 73 cm
PRIX : env. 3 000 €

03. FOCUS
DESCRIPTIF : cheminée à bois, semi-vitrée
NOM : Ifocus
DESIGN : Dominique Imbert
MATIÈRE/COULEUR : acier, verre pyrocéramique
DIMENSIONS : 44 x 60,5 x 162 cm
EXISTE EN : version gaz
PRIX : env. 5 000 €

04. FONDIS
DESCRIPTIF : cheminée à bois, triple vitrage, ventilation, porte latérale, pierres réfractaires, tiroir à cendres intégré
NOM : Visio 800
MATIÈRE/COULEUR : acier, verre sérigraphié, vitre auto-nettoyante
DIMENSIONS : 77 x 49 x 102 cm
PRIX : env. 3 000 €

01.

02.

03.

01. PIROS
DESCRIPTIF : cheminée murale prismatique à bois, récupérateur d'air chaud
MATIÈRE/COULEUR : acier, verre, finition noir mat
DIMENSIONS :
140 x 50 x 200 cm
EXISTE EN : large gamme de couleurs disponible
PRIX : env. 5 000 €

02. STÛV
DESCRIPTIF : cheminée à bois, vitrée, porte escamotable
NOM : Stûv 21
MATIÈRE/COULEUR : acier gris anthracite
DIMENSIONS : 135 x 50 x 47 cm
EXISTE EN : double face, autres dimensions et couleurs disponibles
PRIX : env. 4 000 €

03. STÛV
DESCRIPTIF : cheminée à bois, vitrée, porte escamotable
NOM : Stûv 21
MATIÈRE/COULEUR : acier gris anthracite
DIMENSIONS : 85 x 54 x 60 cm
EXISTE EN : double face, autres dimensions et couleurs disponibles
PRIX : env. 4 000 €

02.

03.

encastrée

01/02. FOCUS
DESCRIPTIF : cheminée-tableau à bois, vitrée, portes escamotables
NOM : Chromifocusi
DESIGN : Dominique Imbert
MATIÈRE/COULEUR : portes en acier rouge, jaune, bleu, verre pyrocéramique
DIMENSIONS :
100 x 78 x 100 cm
EXISTE EN : version gaz,
PRIX : env. 10 000 €

01.

02.

encastrée

01. PIROS
DESCRIPTIF : cheminée à bois, vitrée, fermée, revêtu de briques réfractaires, porte bombée escamotable
MATIÈRE/COULEUR : acier, habillage sur mesure
DIMENSIONS :
65 x 60 x 60 cm
GAMME : Plein Feu
PRIX : env. 3 000 €

02. PIROS
DESCRIPTIF : cheminée à bois, vitrée, fermée, revêtu de briques réfractaires, porte bombée escamotable
MATIÈRE/COULEUR : acier, façade en plaqué noyer
DIMENSIONS :
65 x 60 x 60 cm
EXISTE EN : large gamme de couleurs disponible
GAMME : Plein Feu
PRIX : env. 4 000 €

03. PIROS
DESCRIPTIF : cheminée à bois, vitrée, fermée, revêtu de briques réfractaires, porte escamotable
MATIÈRE/COULEUR : acier, habillage sur mesure
DIMENSIONS :
140 x 60 x 60 cm
GAMME : Plein Feu
PRIX : env. 4 000 €

01.

02.

01. CHEMINÉES DE CHAZELLES
DESCRIPTIF : cheminée à gaz, rampe à gaz Twin
NOM : Yin-Yang
MATIÈRE/COULEUR : roche blanche et roche noire
DIMENSIONS : 158 x 64 x 130 cm
PRIX : env. 4 000 €

02. PLANIKA DECOR
NOM : cheminée murale à l'éthanol, vitrée
NOM : Expresione
MATIÈRE/COULEUR : verre trempé, cadre décoratif en aluminium
DIMENSIONS : 90 x 24 x 63 cm
EXISTE EN : rouge
PRIX : NC

03. CHEMINÉES DE CHAZELLES
DESCRIPTIF : cheminée à gaz, vitrée, télécommande
NOM : Fura 60
MATIÈRE/COULEUR : cailloux blancs, cadre en acier inox poncé Yara
DIMENSIONS : 81 x 30 x 76 cm
PRIX : env. 4 000 €

01.

02.

03.

04. FONDIS
DESCRIPTIF : cheminée murale à bois, vitrée, allumage automatique
NOM : Lumia
MATIÈRE/COULEUR : verre, acier inox
DIMENSIONS : 60 x 30 x 93 cm
EXISTE EN : autres habillages disponibles
PRIX : NC

01. CHEMINÉES PHILIPPE
DESCRIPTIF : cheminée à bois, vitrée
NOM : Tavaco
MATIÈRE/COULEUR : fonte noire, cadre en acier inox
DIMENSIONS : 83,5 x 55 x 79,5 cm
GAMME : Contemporaines
PRIX : NC

01.

02. CHEMINÉES PHILIPPE

DESCRIPTIF : cheminée à bois, vitrée

NOM : Camus

MATIÈRE/COULEUR : fonte noire, cadre en laiton

DIMENSIONS : 83,5 x 55 x 79,5 cm

GAMME : Design

PRIX : NC

02.

01. WACO & C°
DESCRIPTIF : cheminée à gaz sur mesure, télécommande
NOM : Line
DESIGN : John de Smetch
MATIÈRE/COULEUR : décor pierres de lave, manteau modèle Nirvana
DIMENSIONS : de 80 x 50 x 40 cm à 250 x 50 x 40 cm
PRIX : à partir de 3 000 €

02. FONDIS
DESCRIPTIF : cheminée murale à bois, vitrée, porte escamotable, pierres réfractaires
NOM : Passion
MATIÈRE/COULEUR : acier inox, vitre auto-nettoyante, habillage en faïence
DIMENSIONS : 77 x 55 x 49 cm
EXISTE EN : ouverture latérale
PRIX : env. 3 000 €

03. FONDIS
DESCRIPTIF : cheminée murale à bois, vitrée
MATIÈRE/COULEUR : acier inox, habillage en fonte
DIMENSIONS : 59 x 40 x 48 cm
PRIX : env. 2 000 €

04. STÛV
DESCRIPTIF : cheminée à bois, vitrée, porte escamotabe
NOM : Stûv 21
DESIGN : Gérard Pitance
MATIÈRE/COULEUR : acier inox gris anthracite, habillage métal rouillé
DIMENSIONS : 85 x 56 x 60 cm
EXISTE EN : double face, autres dimensions et couleurs disponibles
PRIX : NC

02.

03.

04.

encastrée

01. FOCUS
DESCRIPTIF : cheminée murale à bois, récupérateur de chaleur
NOM : Miofocus
DESIGN : Dominique Imbert
MATIÈRE/COULEUR : acier noir mat, grille en fonte
DIMENSIONS : 95 x 50 x 60 cm
EXISTE EN : version gaz, gris anthracite
PRIX : env. 2 000 €

02. PIROS
DESCRIPTIF : cheminée murale à bois, hotte galbée, plateau en dalles réfractaires, coupelle foyère
MATIÈRE/COULEUR : acier, finition bleu nuit
DIMENSIONS :
hotte 100 x 60 x 180 cm
socle 120 x 70 x 45 cm
EXISTE EN : large gamme de couleurs disponible
PRIX : env. 7 000 €

03. PIROS
DESCRIPTIF : cheminée murale à bois, hotte galbée, tôle murale, grille, cendrier
MATIÈRE/COULEUR : acier ciré brut
DIMENSIONS :
hotte 100 x 60 x 180 cm
socle 120 x 70 x 45 cm
EXISTE EN : large gamme de couleurs disponible
PRIX : env. 6 000 €

02.

03.

encastrée

01. FOCUS
DESCRIPTIF : cheminée à gaz, vitrée
NOM : Pictofocus 860
DESIGN : Dominique Imbert
MATIÈRE/COULEUR : acier, verre pyrocéramique
DIMENSIONS : 53 x 57 x 86 cm
EXISTE EN : façade semi-vitrée, version foyer à bois
PRIX : env. 4 000 €

02. PIROS
DESCRIPTIF : cheminée à bois, vitrée, porte bombée escamotable, briques réfractaires
MATIÈRE/COULEUR : acier, habillage acier rouillé verni
DIMENSIONS : 80 x 60 x 60 cm
EXISTE EN : large gamme de couleurs disponible
GAMME : Plein Feu
PRIX : env. 3 000 €

03. PIROS
DESCRIPTIF : cheminée à bois, vitrée, double face, 2 portes escamotables, briques réfractaires
MATIÈRE/COULEUR : acier
DIMENSIONS : 65 x 60 x 60 cm
GAMME : Plein Feu
PRIX : env. 6 000 €

01.

02.

03.

04. PIROS
DESCRIPTIF : cheminée à bois en épi, 3 faces sur mesure, 2 faces escamotables, briques réfractaires
MATIÈRE/COULEUR : acier inox
DIMENSIONS :
135 x 60 x 60 cm
EXISTE EN : large gamme de couleurs disponible
GAMME : Plein Feu
PRIX : env. 5 000 €

encastrée

01. FOCUS
DESCRIPTIF : cheminée à bois, vitrée, briques réfractaires
NOM : Octofocus
DESIGN : Dominique Imbert
MATIÈRE/COULEUR : acier massif rouillé, verre pyrocéramique
DIMENSIONS : 100 x 67 x 100 cm
EXISTE EN : version gaz, autres dimensions et couleurs disponibles
PRIX : env. 7 000 €

02. PIROS
DESCRIPTIF : cheminée à bois, vitrée, porte escamotable, briques réfractaires
MATIÈRE/COULEUR : acier, habillage acier rouillé ciré
DIMENSIONS : 80 x 60 x 60 cm
EXISTE EN : large gamme de couleurs disponibles
GAMME : Plein Feu
PRIX : NC

01.

02.

3. PLANIKA DECOR
ESCRIPTIF : cheminée
ıurale à l'éthanol
OM : Quadro Gold
ESIGN : Planika Studio
ATIÈRE/COULEUR : face
orée
IMENSIONS : 75 x 22 x 75 cm
AMME : Biocalor
RIX : NC

encastrée

01. FOCUS
DESCRIPTIF : cheminée à gaz, vitrée, bûches en céramique
NOM : Neofocus
DESIGN : Dominique Imbert
MATIÈRE/COULEUR : acier noir mat
DIMENSIONS : 150 x 56 x 35 cm
EXISTE EN : version bois
PRIX : env. 4 000 €

02. FOCUS
DESCRIPTIF : cheminée à gaz, semi-vitrée
NOM : Stonefocus
DESIGN : Dominique Imbert
MATIÈRE/COULEUR : granit, verre pyrocéramique
DIMENSIONS : 170 x 160 cm, ouverture foyer 70 cm
EXISTE EN : version bois
PRIX : NC

01.

encastrée

01. CONMOTO
DESCRIPTIF : cheminée gel ou fluid fuel, sans conduit
NOM : Plaza
DESIGN : sieger design
MATIÈRE/COULEUR : corps en acier, cadre en verre satiné
DIMENSIONS : 100 x 60 x 20 cm
EXISTE EN : rouge, cadre en acier blanc, noir
PRIX : à partir de 700 €

02. CONMOTO
DESCRIPTIF : cheminée gel ou fluid fuel, sans conduit
NOM : Plaza
DESIGN : sieger design
MATIÈRE/COULEUR : corps en acier, cadre en acier blanc, noir
DIMENSIONS : 75 x 60 x 20 cm
EXISTE EN : rouge
PRIX : à partir de 700 €

01.

02.

3. CONMOTO
ESCRIPTIF : cheminée gel
u fluid fuel, sans conduit
OM : Plaza
ESIGN : sieger design
ATIÈRE/COULEUR : corps
n acier, cadre en acier
lanc, noir
IMENSIONS : 90 x 45 x 20 cm
RIX : env. 900 €

03.

01. ECOSMART
DESCRIPTIF : foyers à l'éthanol à encastrer
NOM : Kit brûleur
DESIGN : Ecosmart Design Team
MATIÈRE/COULEUR : acier inox
DIMENSIONS : 300 x 50 cm ; brûleur 29 x 29 x 11 cm
PRIX : env. 7 000 €

01.

feux d'ambiance

01. PLANIKA DECOR
DESCRIPTIF : cheminée murale à l'éthanol
NOM : Impulse
DESIGN : Planika Studio
MATIÈRE/COULEUR : verre trempé, acier inox brossé
DIMENSIONS : 60 x 20 x 60 cm
GAMME : Biocalor
PRIX : env. 600 €

02. PLANIKA DECOR
DESCRIPTIF : foyers mobiles à l'éthanol
MATIÈRE/COULEUR : verre trempé
DIMENSIONS : 40 x 41 x 39 cm
GAMME : Glass Fire
PRIX : env. 900 €

01.

02.

03. ECOSMART

DESCRIPTIF : foyer à l'éthanol à encastrer
NOM : Kit brûleur
DESIGN : Ecosmart Design Team
MATIÈRE/COULEUR : acier inox
DIMENSIONS : 65 x 33 x 60 cm ; brûleur 29 x 29 x 11 cm
PRIX : env. 2 000 €

03.

01. ECOSMART
DESCRIPTIF : cheminée d'angle mobile, sans conduit, brûleur EcoSmart™
NOM : Trio
MATIÈRE/COULEUR : bois laqué
DIMENSIONS :
94,5 x 74 x 94,5 cm
EXISTE EN : large gamme de couleurs disponible
GAMME : Créateur
PRIX : env. 6 000 €

01.

02. ECOSMART
DESCRIPTIF : foyers à l'éthanol à encastrer
NOM : Kit brûleur
DESIGN : Ecosmart Design Team
MATIÈRE/COULEUR : acier inox
DIMENSIONS : 350 x 200 cm ; brûleur 29 x 29 x 11 cm
PRIX : env. 9 000 €

03. ECOSMART
DESCRIPTIF : foyers à l'éthanol à encastrer
NOM : Kit brûleur
DESIGN : Ecosmart Design Team
MATIÈRE/COULEUR : acier inox
DIMENSIONS : 200 x 40 x 15 cm ; brûleur 29 x 29 x 11 cm
PRIX : env. 7 000 €

02.

03.

01. ECOSMART
DESCRIPTIF : cheminée mobile, sans conduit, brûleur EcoSmart™
NOM : Oxygène
DESIGN : Paul Cohen
MATIÈRE/COULEUR : acier inox, étagère en granit, façade en bois laqué
DIMENSIONS : 120 x 40 x 87 cm
GAMME : Créateur
PRIX : env. 7 000 €

02. ECOSMART
DESCRIPTIF : cheminée mobile, sans conduit, brûleur EcoSmart™
NOM : Element
DESIGN : Paul Cohen
MATIÈRE/COULEUR : acier inox, étagère en granit, façade en bois laqué
DIMENSIONS : 120 x 40 x 105 cm
GAMME : Créateur
PRIX : env. 7 000 €

01.

01. ECOSMART

DESCRIPTIF : cheminée mobile, sans conduit, brûleur EcoSmart™
NOM : Igloo
DESIGN : Paul Cohen
MATIÈRE/COULEUR : cadre en verre
DIMENSIONS : 97 x 49 x 90 cm
GAMME : Créateur
PRIX : env. 7 000 €

01.

02. BLOMUS
DESCRIPTIF : cheminée à l'éthanol, hotte intégrée
DESIGN : Flöz Design
MATIÈRE/COULEUR : acier inox
DIMENSIONS : 70 x 15 x 70 cm
GAMME : Chimo
PRIX : env. 1 000 €

03. BLOMUS
DESCRIPTIF : cheminée à l'éthanol, hotte intégrée
DESIGN : Flöz Design
MATIÈRE/COULEUR : acier inox
DIMENSIONS : 70 x 16 x 70 cm
GAMME : Chimo
PRIX : env. 1 000 €

04. ECOSMART
DESCRIPTIF : foyer à l'éthanol à encastrer
NOM : Kit brûleur
DESIGN : Paul Cohen, Marc Veenendaal
MATIÈRE/COULEUR : acier inox
DIMENSIONS : 140 x 29 x 70 cm ; brûleur 29 x 29 x 11 cm
PRIX : env. 6 000 €

02.

03.

04.

poêle

01. HASE
DESCRIPTIF : poêle à bois pivotant à 360°, 6 Kw
NOM : Bari
DESIGN : Fernando Najera
MATIÈRE/COULEUR : grille argentée, céramique pierre ollaire
DIMENSIONS : 48 x 48 x 110 cm
EXISTE EN : large gamme de couleurs disponible
PRIX : env. 4 000 €

01.

poêle

01. CHEMINÉES PHILIPPE

DESCRIPTIF : poêle à bois, 10,6 Kw
NOM : Monthel
MATIÈRE/COULEUR : acier inox, acier noir
DIMENSIONS : ø 85 x 55 x 121 cm
PRIX : NC

01.

02. CHEMINÉES PHILIPPE
DESCRIPTIF : poêle à bois, 10,6 Kw
NOM : Riazimo
MATIÈRE/COULEUR : acier inox, acier noir
DIMENSIONS : ø 100 x 60 x 224 cm
PRIX : NC

02.

01. GODIN
DESCRIPTIF : poêle à bois, 9 Kw
NOM : Le Nordic
MATIÈRE/COULEUR : foyer en fonte, habillage en acier
DIMENSIONS : 54,5 x 60 x 164 cm
PRIX : env. 3 000 €

01.

02. HASE
DESCRIPTIF : poêle à bois, 3 faces, 8 Kw
NOM : Modena
DESIGN : Fernando Najera
MATIÈRE/COULEUR : gris argenté
DIMENSIONS :
46 x 48 x 124 cm
EXISTE EN : noir
PRIX : env. 4 000 €

03. STÛV
DESCRIPTIF : poêle à bois, suspendu, convertible en feu ouvert ou fermé
NOM : Stûv 60
MATIÈRE/COULEUR :
acier inox gris anthracite
DIMENSIONS :
80 x 95 x 121 cm
PRIX : env. 4 000 €

04. CHEMINÉES PHILIPPE
DESCRIPTIF : poêle à bois, 9 Kw
NOM : Vella
MATIÈRE/COULEUR : acier inox, acier noir
DIMENSIONS :
71,5 x 42,5 x 135 cm
PRIX : NC

02.

03.

04.

poêle

01. ROCAL
DESCRIPTIF : poêle à bois de face, d'angle ou central
MATIÈRE/COULEUR : tôle d'acier, finition noir
DIMENSIONS : 56 x 78 x 42 cm
EXISTE EN : finition gris satiné
PRIX : NC

02. STÛV
DESCRIPTIF : poêle à bois, 3 portes, 3 fonctions (feu vitré, feu ouvert, feu continu)
MATIÈRE/COULEUR : acier gris anthracite
NOM : Stûv 30
DIMENSIONS : 56 x 57,5 x 111 cm
PRIX : env. 4 000 €

01.

poêle

01/02. HASE

DESCRIPTIF : poêle à bois, pouvant disparaître derrière 2 portes, 9,5 Kw
NOM : Odeon Premium
DESIGN : Fernando Najera
MATIÈRE/COULEUR : gris argenté
DIMENSIONS :
57 x 52 x 149 cm
EXISTE EN : noir
PRIX : env. 6 000 €

01.

02.

poêle

01. GODIN
NOM : poêle à bois ; 10,5 Kw
NOM : Petit Carvin
MATIÈRE/COULEUR : fonte
DIMENSIONS :
70 x 46 x 78,5 cm
EXISTE EN : large gamme de couleurs disponible
PRIX : env. 2 000 €

02. GODIN
DESCRIPTIF : poêle à bois, 15 Kw
NOM : Le Brûlhaut
MATIÈRE/COULEUR : foyer en fonte, habillage en acier
DIMENSIONS :
86 x 51,5 x 150 cm
EXISTE EN : large gamme de couleurs disponible
PRIX : env. 3 000 €

01.

02.

03. GODIN
ESCRIPTIF : poêle à bois,
égulation thermostatique ;
0,5 Kw
OM : Biofonte
ATIÈRE/COULEUR : foyer
n fonte, habillage en acier
IMENSIONS :
6 x 75 x 126,5 cm
XISTE EN : large gamme
le couleurs disponible
RIX : env. 2 000 €

04. GODIN
DESCRIPTIF : poêle à bois,
10,5 Kw
NOM : Grand Bois
MATIÈRE/COULEUR : foyer
en fonte, habillage en acier
DIMENSIONS :
87 x 51,5 x 100 cm
EXISTE EN : émaillé sable,
vert pastel, rubis
PRIX : env. 1 000 €

05. GODIN
NOM : poêle à bois, 15 Kw
NOM : Céleste
MATIÈRE/COULEUR :
gris anthracite
DIMENSIONS :
de 108 x 57 x 230 cm
à 108 x 57 x 270 cm
PRIX : env. 4 000 €

03.

04.

05.

radiateur

01. IRSAP

DESCRIPTIF : radiateur mural, de 600 W à 1,6 Kw
NOM : Curval
DESIGN : Jessica Chon Marcello Maniscalchi, Scuola Politecnica di Design
MATIÈRE/COULEUR : acier, gris aluminium métallisé
DIMENSIONS : de 51 x 182 cm à 100 x 182 cm
EXISTE EN : horizontal
PRIX : NC

01.

01. THERMIC
DESCRIPTIF : radiateur vertical pour chauffage central de 765 W à 1,5 Kw
NOM : Xtend-Vertical
MATIÈRE/COULEUR : acier, face laquée
DIMENSIONS : de 42 x 8 x 182 cm à 72 x 12 x 222 cm
EXISTE EN : large gamme de couleurs disponible
PRIX : à partir de 300 €

02. IRSAP
DESCRIPTIF : radiateur porte-manteau mural
NOM : Arco
DESIGN : Roberto Angelini, Stefano Sozzani
MATIÈRE/COULEUR : blanc, pommeaux en cerisier
DIMENSIONS : 48 x 4 x 184 cm
EXISTE EN : autres dimensions et couleurs disponibles
PRIX : env. 1 000 €

01.

02.

ACOVA
CRIPTIF : radiateur
tical, pour chauffage
tral ; 1,1 Kw ou 1,4 Kw
: Altima Onda
IÈRE/COULEUR : acier inox
ssé
ENSIONS :
x 9,5 x 200 cm
: env. 3 000 €

04. ACOVA
DESCRIPTIF : radiateur vertical, pour chauffage central ; 1,5 Kw
NOM : Altima
MATIÈRE/COULEUR : cuivre acide
DIMENSIONS : 60 x 7 x 200 cm
EXISTE EN : large gamme de couleurs disponible
PRIX : à partir de 2 000 €

05. ACOVA
DESCRIPTIF : radiateur vertical, pour chauffage central ; 1,1 Kw ou 1,5 Kw
NOM : Altima Platinium
MATIÈRE/COULEUR : aluminium
DIMENSIONS : 60 x 7 x 200 cm
PRIX : à partir de 1 000 €

04.

05.

radiateur

01. ESKIMO
DESCRIPTIF : radiateur mural pour chauffage central ou électrique ; 700 W à 3,5 Kw
NOM : You Square
MATIÈRE/COULEUR : métal brossé
DIMENSIONS :
de 60 x 5 x 60 cm
à 100 x 5 x 100 cm
EXISTE EN : large gamme de couleurs disponible
PRIX : à partir de 1 000 €

02. THERMIC
DESCRIPTIF : radiateur vertical pour chauffage central ; 686 W à 1,5 Kw
NOM : Xtend Inox
MATIÈRE/COULEUR : acier inox
DIMENSIONS :
de 52 x 2,5 x 182 cm
à 62 x 7,5 x 202 cm
PRIX : à partir de 600 €

01.

02.

THERMIC

CRIPTIF : radiateur mural
ır chauffage central ;
Kw ou 1,5 Kw
M : Taiyou
IÈRE/COULEUR : finition
ome
ENSIONS : ø 100 x 3 cm
ø 140 x 3 cm
STE EN : large gamme
couleurs disponible
MME : C-line
X : env. 1 000 €

04. ESKIMO

DESCRIPTIF : radiateur mural pour chauffage central ou électrique ; 500 W ou 706 W
NOM : Come Round
MATIÈRE/COULEUR : métal brossé
DIMENSIONS : ø 80 cm x 5 cm
EXISTE EN : métal poli miroir
PRIX : env. 1 000 €

04.

01. ACOVA
DESCRIPTIF : radiateur vertical, pour chauffage central, 1 Kw
NOM : Altima
MATIÈRE/COULEUR : acier inox
DIMENSIONS : 60 x 200 cm
PRIX : env. 1 000 €

02. THERMIC
DESCRIPTIF : radiateur plinthe ; 462 W à 1,3 Kw
NOM : Zana-Plint
MATIÈRE/COULEUR : finition chrome
DIMENSIONS : de 100 x 13 x 25 cm à 300 x 13 x 25 cm
EXISTE EN : blanc, pergamon
GAMME : Zana-Line
PRIX : à partir de 300 €

02.

radiateur

01. CARISA
DESCRIPTIF : radiateur pour chauffage central, pose horizontale ou verticale ; 2,5 Kw à 5,4 Kw
NOM : Eurus
MATIÈRE/COULEUR : acier inox
DIMENSIONS :
de 150 x 7 x 40 cm
à 200 x 7 x 60 cm
GAMME : Carisa Elite
PRIX : à partir de 2 000 €

02. CARISA
DESCRIPTIF : radiateur pour chauffage central, pose horizontale ou verticale ; 2,5 Kw à 5,4 Kw
NOM : Notus
MATIÈRE/COULEUR : acier inox
DIMENSIONS :
de 150 x 7 x 40 cm
à 200 x 7 x 60 cm
GAMME : Carisa Elite
PRIX : à partir de 2 000 €

03. CARISA
DESCRIPTIF : radiateur mural pour chauffage central, 990 W
NOM : Titan
MATIÈRE/COULEUR : acier inox
DIMENSIONS : 93 x 19 x 45 cm
GAMME : Carisa Idea
PRIX : env. 5 000 €

01.

02.

03.

04. CARISA

DESCRIPTIF : radiateur mural pour chauffage central

NOM : Cronus

MATIÈRE/COULEUR : acier inox

DIMENSIONS : ø 54 cm x 15 cm

PRIX : env. 3 000 €

04.

radiateur

01. FINIMETAL
DESCRIPTIF : radiateur tubulaire pour chauffage central ; 300 W à 2,4 Kw
NOM : Teolys
MATIÈRE/COULEUR : blanc
DIMENSIONS :
de 40 x 63 x 50 cm à 160 x 101 x 75 cm, 2 à 6 colonnes d'épaisseur
EXISTE EN : large gamme de couleurs disponible
PRIX : à partir de 100 €

02/03. ARBONIA
DESCRIPTIF : radiateur tubulaire pour chauffage central
DIMENSIONS :
de 11 x 6,5 x 19 cm à 272 x 22,5 x 300 cm
EXISTE EN : large gamme de couleurs disponible
PRIX : NC

01.

04. FONDIS

DESCRIPTIF : radiateur mural électrique, pose horizontale ou verticale ; 450 W à 1,5 Kw
NOM : Solaris
MATIÈRE/COULEUR : verre
DIMENSIONS : de 50 x 63 cm à 150 x 63 cm
EXISTE EN : large gamme de couleurs disponible
PRIX : env. 1 000 €

04.

radiateur

01/02/03/04. ESKIMO
DESCRIPTIF : radiateurs pour chauffage central ; 44 W à 328 W
NOM : Ron
MATIÈRE/COULEUR : aluminium poli, satiné ou peint
DIMENSIONS : hauteur de 20 à 200 cm, largeur selon le nombre d'éléments
EXISTE EN : large gamme de couleurs disponible
PRIX : à partir de 500 €

01.

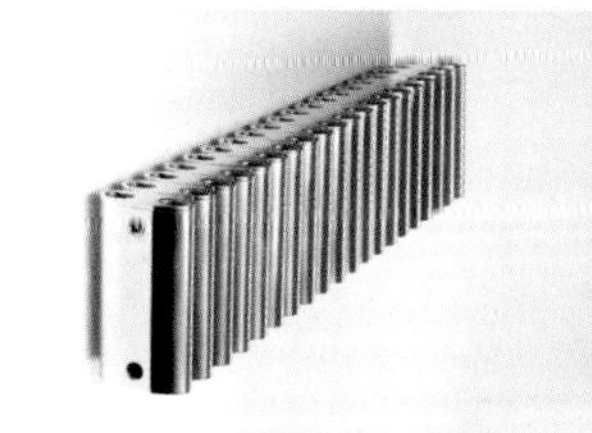

02.

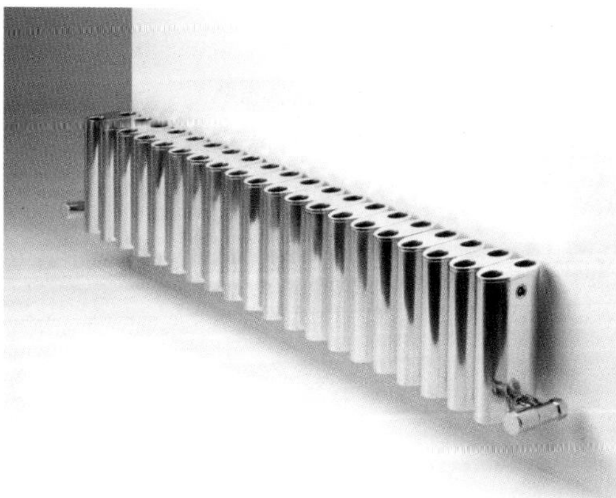

03.

radiateur

01. CARISA
DESCRIPTIF : radiateur pour chauffage central ; 1,2 Kw à 5,4 Kw
NOM : Fortuna
MATIÈRE/COULEUR : acier inox
DIMENSIONS :
de 51 x 10 x 60 cm
à 130 x 10 x 76 cm
GAMME : Carisa Elite
PRIX : à partir de 2 000 €

02. CARISA
DESCRIPTIF : radiateur pour chauffage central à poser, 2,9 Kw
NOM : Unique
MATIÈRE/COULEUR : acier inox
DIMENSIONS :
ø 32 x 193 cm
GAMME : Carisa de luxe
PRIX : env. 12 000 €

03. BISQUE
DESCRIPTIF : radiateur pour chauffage central à poser
NOM : DNA
DESIGN : Damian Evans
MATIÈRE/COULEUR : finition chrome
DIMENSIONS : ø 30 x 180 cm
PRIX : env. 4 000 €

01.

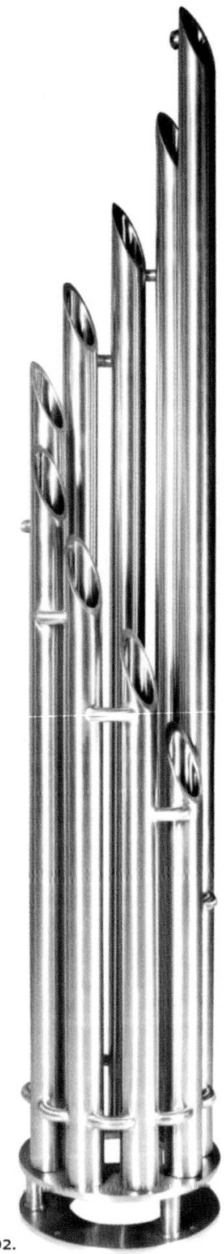

02.

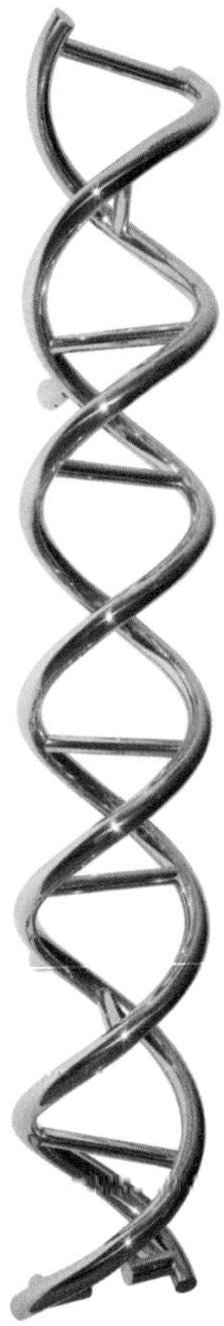

03.

04. AD HOC

DESCRIPTIF : radiateur plinthe pour chauffage central, 1,2 Kw
NOM : Piggy
DESIGN : Giorgio Di Tullio
MATIÈRE/COULEUR : acier inox
DIMENSIONS : 105 x 25 x 30 cm
EXISTE EN : version électrique, large gamme de couleurs disponible
PRIX : env. 5 000 €

04.

radiateur

01. AD HOC
DESCRIPTIF : radiateur tuyau modulable pour chauffage central, à fixer au mur ou à dérouler ; 405 W à 1 Kw
NOM : Ciussai
DESIGN : Stefano Ragaini et Giorgio Di Tullio
MATIÈRE/COULEUR : acier inox
DIMENSIONS : longueur de 15 m à 40 m
EXISTE EN : support crochet
PRIX : à partir de 800 €

01.

02. AD HOC
DESCRIPTIF : radiateurs électriques, 220 W et 280 W
NOM : Sbox
DESIGN : Simone Micheli
MATIÈRE/COULEUR : acier inox satiné
DIMENSIONS :
cubes 50 x 35 x 30 cm, console 115 x 30 x 10 cm
PRIX : 5 000 €

02.

radiateur

01. THERMIC
DESCRIPTIF : radiateur mural ; 674 W à 1,3 Kw
DIMENSIONS :
de 27 x 140 cm
à 32 x 220 cm,
de 8 à 20 tubes
GAMME : Zana-line
PRIX : à partir de 500 €

02. THERMIC
DESCRIPTIF : radiateur mural pour chauffage central ; 738 W à 1,8 Kw
NOM : Libra
DIMENSIONS : de 90 x 38 cm à 180 x 54 cm, 10 à 14 tubes
EXISTE EN : angle à gauche, version verticale à angle en haut ou en bas
GAMME : Zana-line
PRIX : à partir de 500 €

02.

01.

03. THERMIC
DESCRIPTIF : radiateur mural horizontal ; 636 Kw à 4,3 Kw
DIMENSIONS : de 70 x 50 cm à 294 x 70 cm, de 8 à 16 tubes
EXISTE EN : pose libre, version verticale
GAMME : Zana-line
PRIX : à partir de 200 €

03.

radiateur

01. THERMIC
DESCRIPTIF : radiateur plinthe pour chauffage central, banc en option ; 441 W à 3 Kw
DIMENSIONS :
de 50 x 8 x 7 cm
à 390 x 28 x 28 cm
GAMME : PK-line
PRIX : à partir de 200 €

01.

02. ACOVA

DESCRIPTIF : radiateur vertical, pour chauffage central ; 1,1 Kw ou 1,4 Kw
NOM : Altima
MATIÈRE/COULEUR : acier inox poli
DIMENSIONS : 60 x 7 x 200 cm
PRIX : env. 2 000 €

03. ACOVA

DESCRIPTIF : radiateur plinthe pour chauffage central ; 418 W à 1,9 Kw
NOM : Fassane Pack
DIMENSIONS : de 100 x 9 x 22,5 cm à 400 x 9 x 29,5 cm
EXISTE EN : large gamme de couleurs disponible
PRIX : NC

02.

03.

sèche-serviettes

01. ZEHNDER
DESCRIPTIF : sèche-serviettes pour chauffage central, électrique ou mixte ; 300 W à 1,2 Kw
NOM : Yucca
MATIÈRE/COULEUR : blanc
DIMENSIONS : 60 x 130 cm
EXISTE EN : version double, miroir, large gamme de couleurs disponible
PRIX : env. 4 000 €

02. IRSAP
DESCRIPTIF : sèche-serviettes ; 89 W à 127 W
NOM : Alatherm
MATIÈRE/COULEUR : finition chrome
DIMENSIONS :
30 x 2,5 x 32,5 cm ou
50 x 2,5 x 52,5 cm
PRIX : env. 500 €

03. IRSAP
DESCRIPTIF : sèche-serviettes électrique, 80 W
NOM : Ala 1
MATIÈRE/COULEUR : acier inox laqué blanc
DIMENSIONS : 53,5 x 3 x 53 cm
EXISTE EN : finition chrome
PRIX : NC

01.

02.

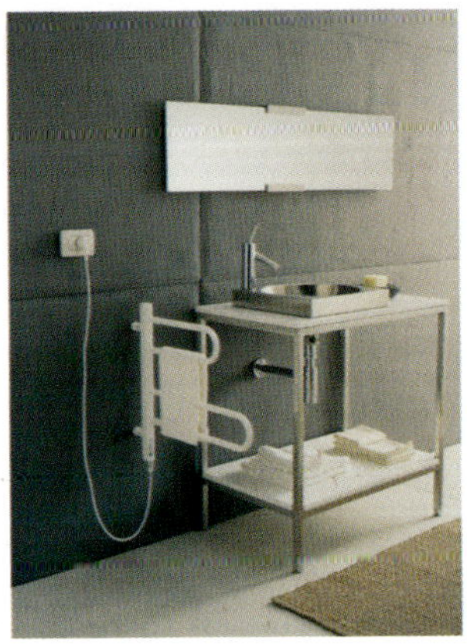

03.

04. ACOVA
DESCRIPTIF : sèche-serviettes, pour chauffage central, 661 W ou 941 W
NOM : Altima spa
MATIÈRE/COULEUR : acier inox
DIMENSIONS : 51 x 150 cm ou 61 x 185 cm
EXISTE EN : aluminium
PRIX : env. 1 000 €

05. THERMIC
DESCRIPTIF : radiateur mural ; 674 W à 1,3 Kw, tablette en verre en option
DIMENSIONS : de 27 x 140 cm à 32 x 220 cm
GAMME : Zana-line
PRIX : à partir de 400 €

04.

05.

sèche-serviettes

01/02. THERMIC
DESCRIPTIF : sèche-serviettes mural pour chauffage central ; 738 W à 1,8 Kw
NOM : Libra
DIMENSIONS : de 38 x 90 cm à 54 x 180 cm
EXISTE EN : version horizontale, angle à gauche ou à droite
GAMME : Zana-line
PRIX : à partir de 500 €

01.

02.

03. AD HOC
DESCRIPTIF : sèche-serviettes électrique, 250 W
NOM : Leo
DESIGN : Studio Nardi
MATIÈRE/COULEUR : finition chrome
DIMENSIONS : 80 x 35 x 32,5 cm
EXISTE EN : large gamme de couleurs disponible
PRIX : 800 €

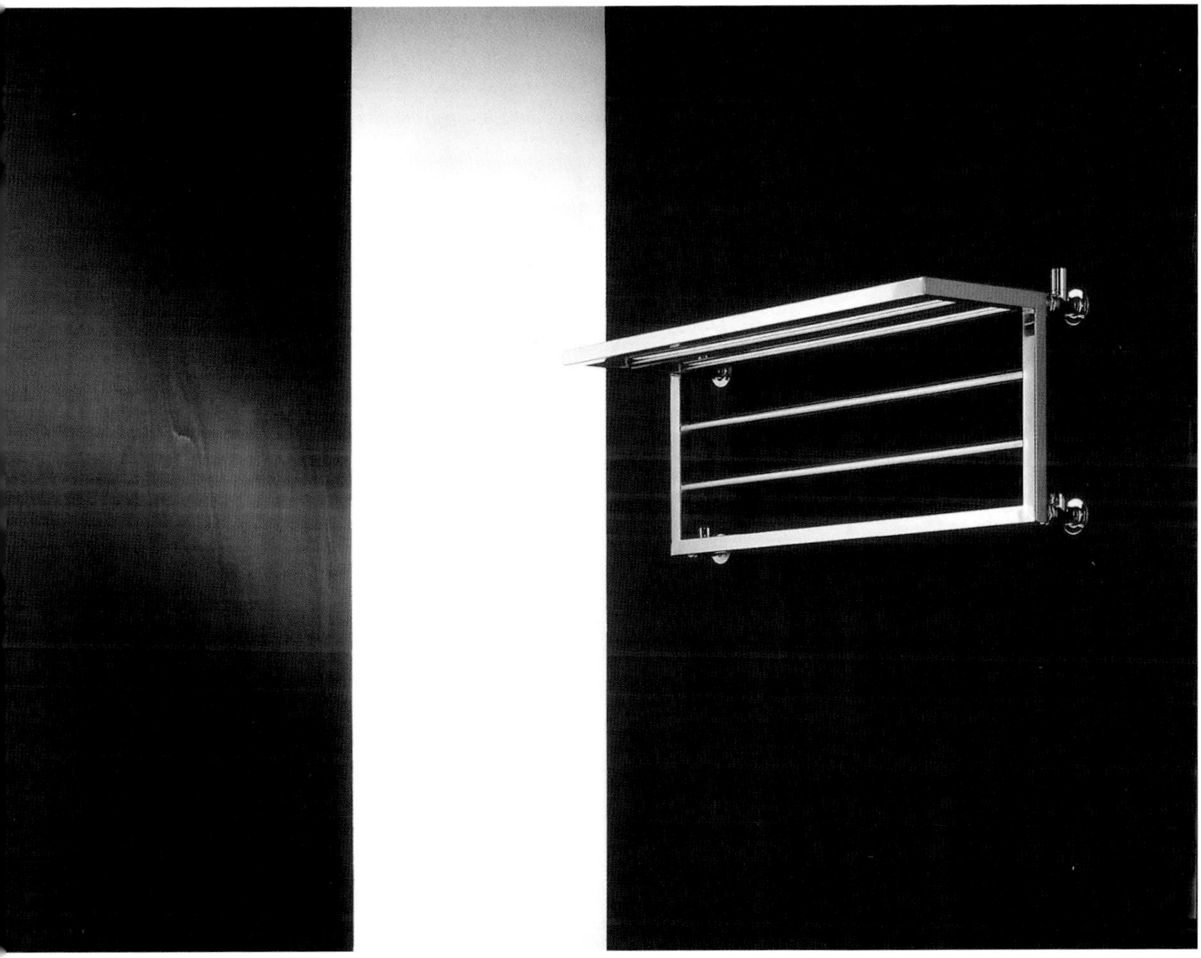

03.

sèche-serviettes

01. ATLANTIC
DESCRIPTIF : sèche-serviettes électrique, 500 W
NOM : Doris
MATIÈRE/COULEUR : finition chrome
DIMENSIONS : 50 x 8,5 x 136 cm
EXISTE EN : autres dimensions disponibles
PRIX : à partir de 800 €

02. FINIMETAL
DESCRIPTIF : sèche-serviettes pour chauffage central ou électrique ; 286 W à 1 Kw
NOM : Tahiti Surf
MATIÈRE/COULEUR : finition chrome
DIMENSIONS : de 50 x 86 cm à 75 x 193 cm
EXISTE EN : large gamme de couleurs disponible
PRIX : à partir de 200 €

03. KERMI
DESCRIPTIF : sèche-serviettes pour chauffage central ; 422 W à 1,2 Kw
NOM : Credo-V
MATIÈRE/COULEUR : finition chrome
DIMENSIONS : de 47 x 3,5 x 109 cm à 77 x 3,5 x 119 cm
PRIX : NC

01.

02.

sèche-serviettes

01. FINIMETAL
DESCRIPTIF : sèche-serviettes pour chauffage central ou électrique ou mixte ; 707 W à 1 Kw
NOM : Sanora Teck
MATIÈRE/COULEUR : colonne en teck
DIMENSIONS : 60 x 135 cm ou 60 x 192 cm
EXISTE EN : large gamme de couleurs disponible
PRIX : NC

02. FINIMETAL
DESCRIPTIF : sèche-serviettes pour chauffage central ; 257 W ou 457 W
NOM : Soho
MATIÈRE/COULEUR : laiton chromé
DIMENSIONS : 60 x 99 cm ou 60 x 180 cm
PRIX : à partir de 1 000 €

01.

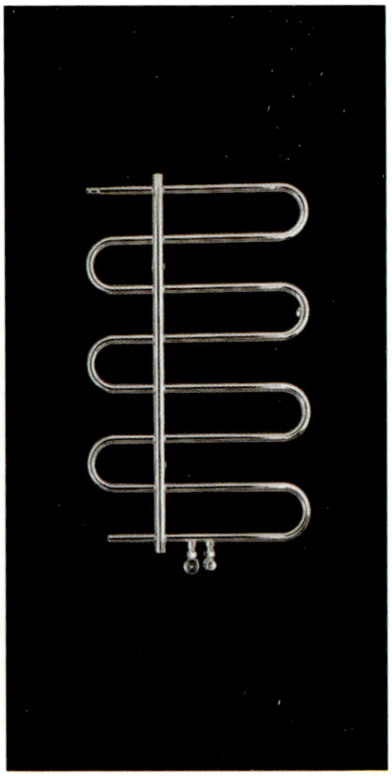

02.

03. KERMI
DESCRIPTIF : sèche-serviettes pour chauffage central ; 422 W à 1,2 Kw
NOM : Credo-V
MATIÈRE/COULEUR : finition chrome
DIMENSIONS : de 47 x 3,5 x 109 cm à 77 x 3,5 x 119 cm
PRIX : NC

04. ARBONIA
DESCRIPTIF : sèche-serviettes électrique
NOM : Cobratherm
MATIÈRE/COULEUR : mauve
DIMENSIONS : de 40 x 6 x 100 cm à 60 x 6 x 170 cm
EXISTE EN : large gamme de couleurs disponible
PRIX : NC

05. FINIMETAL
DESCRIPTIF : sèche-serviettes pour chauffage central ; 287 W ou 540 W
NOM : Soho d'angle
MATIÈRE/COULEUR : laiton chromé
DIMENSIONS : 51 x 99 cm ou 51 x 180 cm
PRIX : à partir de 1 000 €

06. ESKIMO
DESCRIPTIF : sèche-serviettes électrique, 50 W
NOM : Towel Clip
MATIÈRE/COULEUR : acier inox chromé
DIMENSIONS : 80 x 25 cm
EXISTE EN : large gamme de couleurs disponible
PRIX : env. 700 €

03.

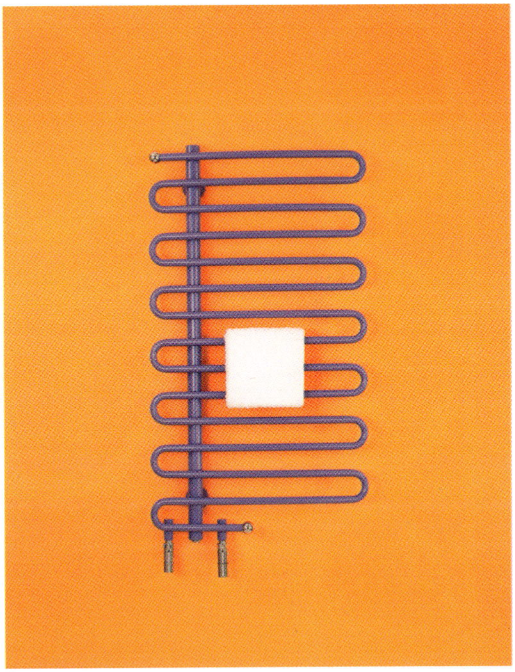
04.

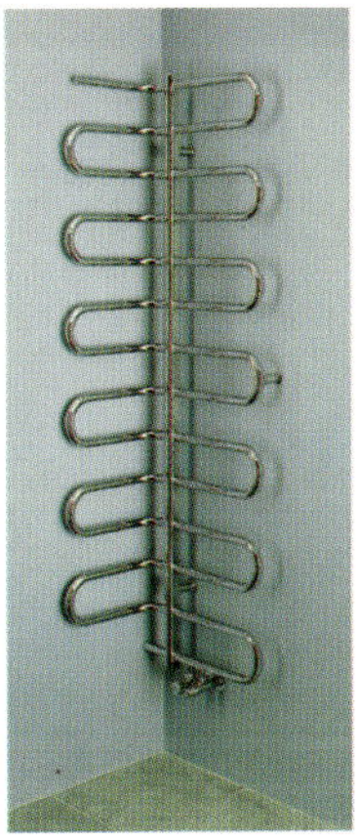
05.

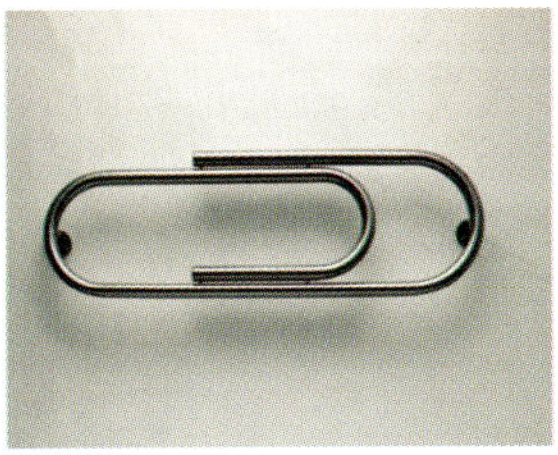
06.

sèche-serviettes

01. CARISA
DESCRIPTIF : sèche-serviettes pour chauffage central ou électrique ; 300 W à 900 W
NOM : Environ
MATIÈRE/COULEUR : acier inox
DIMENSIONS : 40 x 14 x 130 cm
EXISTE EN : autres dimensions disponibles
GAMME : Carisa idea
PRIX : à partir de 2 000 €

02. CARISA
DESCRIPTIF : sèche-serviettes pour chauffage central, 718 W
NOM : Griffe
MATIÈRE/COULEUR : acier inox
DIMENSIONS : 60 x 11,5 x 87 cm
GAMME : Carisa idea
PRIX : env. 2 000 €

03. CARISA
DESCRIPTIF : sèche-serviettes pour chauffage central ou électrique ; 450 W à 582 W
NOM : Cameron
MATIÈRE/COULEUR : acier inox
DIMENSIONS : 90 x 6 x 100 cm ou 90 x 6 x 130 cm
GAMME : Carisa idea
PRIX : env. 2 000 €

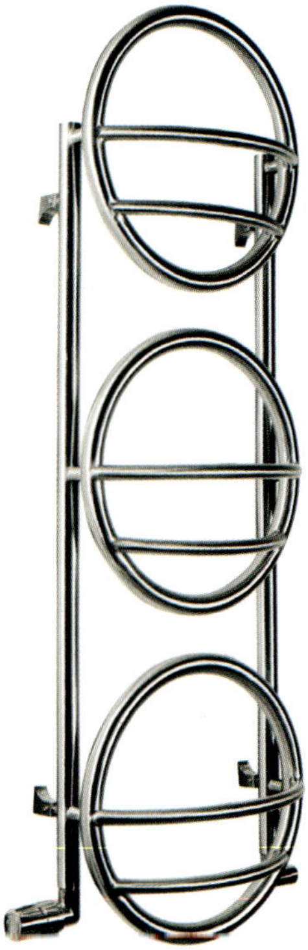
01.

02.

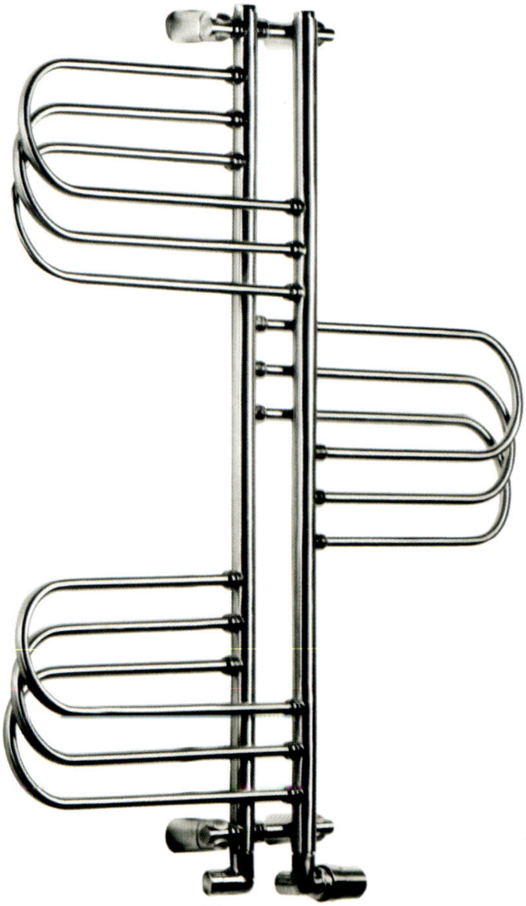
03.

04. CARISA
DESCRIPTIF : sèche-serviettes pour chauffage central ou électrique ; 478 W à 1,4 Kw
NOM : Eclipse
MATIÈRE/COULEUR : acier inox
DIMENSIONS : 50 x 16 x 80 cm
EXISTE EN : autres dimensions disponibles
GAMME : Carisa idea
PRIX : à partir de 2 000 €

05. CARISA
DESCRIPTIF : sèche-serviettes pour chauffage central ou électrique ; 400 W à 800 W
NOM : Castor
MATIÈRE/COULEUR : acier inox
DIMENSIONS : 55 x 4 x 130 cm
EXISTE EN : autres dimensions disponibles
GAMME : Carisa idea
PRIX : à partir de 2 000 €

06. CARISA
DESCRIPTIF : sèche-serviettes pour chauffage central ou électrique, 1 Kw
NOM : Unicorn
MATIÈRE/COULEUR : acier inox
DIMENSIONS : 55 x 8 x 126 cm
GAMME : Carisa idea
PRIX : env. 2 000 €

07. CARISA
DESCRIPTIF : sèche-serviettes pour chauffage central ou électrique ; 1,1 Kw
NOM : Todor
MATIÈRE/COULEUR : acier inox
DIMENSIONS : 50 x 7 x 114 cm
EXISTE EN : autres dimensions disponibles
GAMME : Carisa idea
PRIX : à partir de 2 000 €

04.

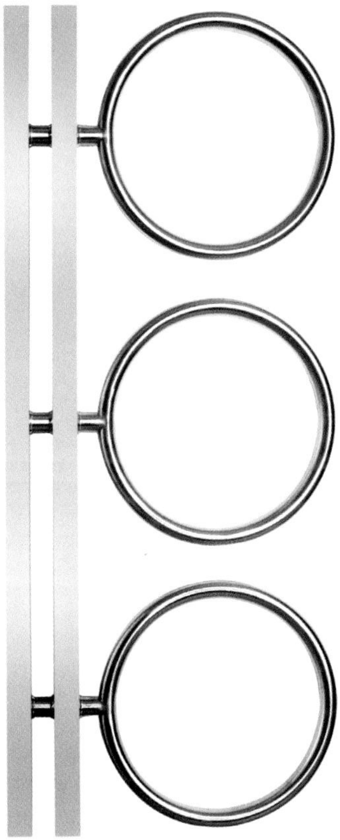
05.

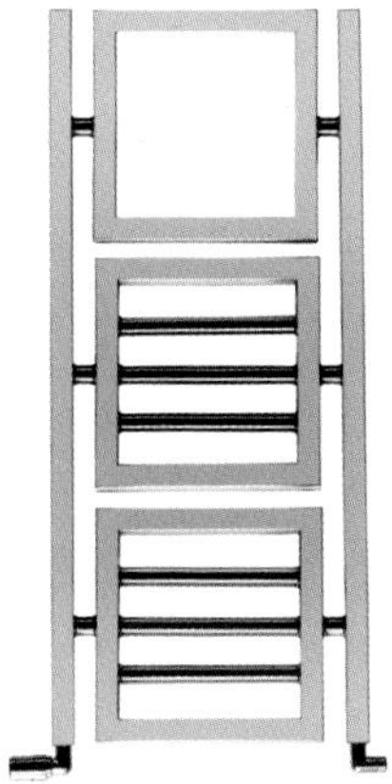
06.

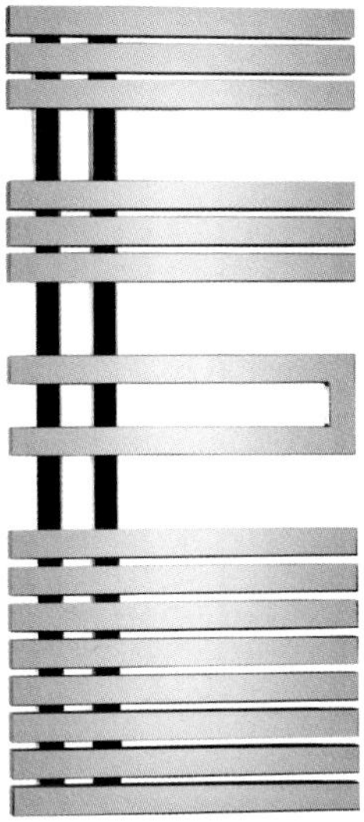
07.

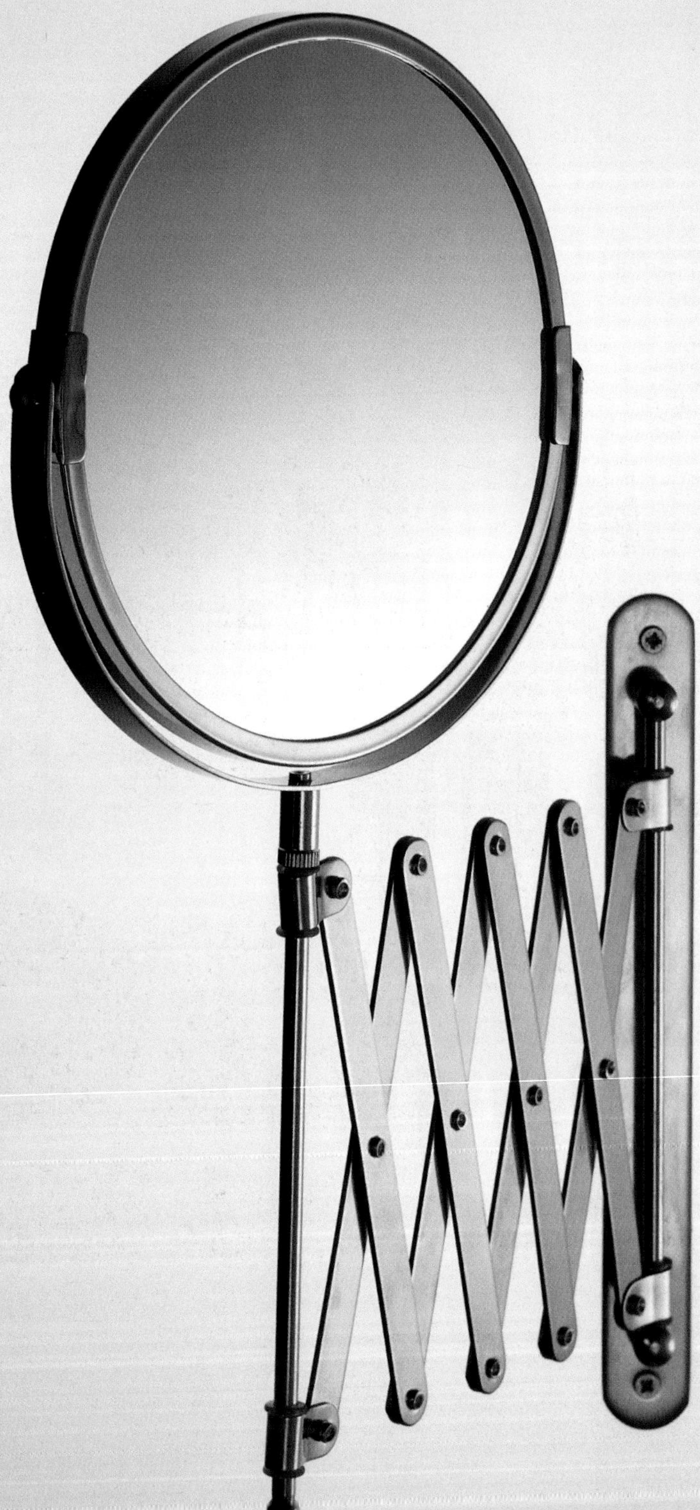

- MIROIR
- INTERRUPTEUR
- CHASSE D'EAU
- POIGNÉE

Accessoires

accessoires

MATÉRIAUX

Acajou
Acier inox (brossé, satiné, peint, verni)
Acrylique
Aluminium
Améthyste
Ardoise
Chêne
Corian®
Cuivre chromé
Élastomère thermoplastique polyester
Feuille argentée
Feuille dorée
Fonte d'aluminium
Jaspe
Laiton
Lapis-lazuli
Laque
Malachite
Matière synthétique
Miroir
Œil de tigre
Nickel
Plexiglas
Polyamide
Porcelaine
Surlyn®
Verre
Zamak

GLOSSAIRE

BOÎTES D'ENCASTREMENT (BOÎTES STANDARD OU BOÎTES SCELLÉES)
Les boîtes d'encastrement permettent de fixer les interrupteurs, les prises ou les appliques sur un mur et les suspensions luminaires au plafond. La boîte d'encastrement est adaptée à l'emplacement et au rôle qui lui est réservé. Le système de fixation des boîtes doit être adapté à la paroi dans laquelle elles sont encastrées. Il existe des boîtes d'encastrement pour deux types de cloisons : les boîtes pour cloisons ou plafonds pleins (en briques, en béton...), qui sont appelées boîtes à sceller et les boîtes pour cloisons ou plafond creux (en plaques de plâtre, en lambris...), qui sont appelées boîtes standard ou boîtes à fixer.

BOUTON-POUSSOIR
Le bouton-poussoir permet de faire une liaison électrique momentanée le temps que l'on appuie dessus. Ce type particulier d'interrupteur est notamment adapté à un télérupteur (qui gère plusieurs points de commande pour un même éclairage).

CHASSE D'EAU TOUCHE INTERROMPABLE
Une touche interrompable permet d'interrompre volontairement la chasse d'eau en cours. Grâce à ce système, il est possible d'adapter la quantité d'eau nécessaire à l'évacuation et de réduire la consommation d'eau de plusieurs litres à chaque remplissage de la cuvette.

CHASSE D'EAU DOUBLE TOUCHE
Certains modèles sont équipés d'un bouton-poussoir à double commande, permettant d'utiliser la moitié ou la totalité du réservoir. Ces modèles sont spécifiquement destinés à réduire la consommation d'eau.

COMMANDE VOLET ROULANT
La commande volet roulant permet la montée, la descente ou l'arrêt de volets et stores motorisés.

DIODE ÉLECTROLUMINESCENTE (LED)
Une diode électroluminescente (abrégée en DEL), appelée le plus souvent LED de l'anglais « light-emitting diode » est un composant électronique qui émet de la lumière lorsqu'il est parcouru par un courant électrique. Une LED produit un rayonnement monochromatique à partir d'une transformation d'énergie. Une LED de couleur peut consommer près de cent fois moins qu'une ampoule à incandescence classique dotée d'un filtre, tout en possédant une durée de vie cent fois supérieure, à luminosité égale.
Les LED permettent de créer toutes sortes d'ambiances lumineuses.

INTERRUPTEUR
Un interrupteur est un appareil permettant l'établissement ou la coupure d'un circuit électrique. On parle d'interrupteur simple lorsque l'allumage et l'extinction du luminaire sont commandés depuis un seul bouton.

POLYESTER ÉLASTOMÈRE THERMOPLASTIQUE (TPE)
Le Polyester élastomère thermoplastique est une matière synthétique très résistante, non polluante et recyclable. Le TPE appartient à la famille des polyoléfines. Ce groupe possède aussi bien des propriétés thermoplastiques (soudure thermique) qu'élastomères (caoutchouc, ou élasticité).

POIGNÉE DE PORTE
Les poignées de portes ont des formes différentes mais les deux plus courantes sont la béquille et le bouton. Les modèles les plus simples sont souvent en aluminium, en plastique ou en zamak (un alliage de zinc, d'aluminium et de magnésium). Les matériaux nobles comme le laiton, le bois, le bronze, la porcelaine, l'inox et le verre sont également utilisés. Les poignées de portes sont vendues par paire ou à l'unité. La paire est composée de deux poignées et de deux rosaces. Le choix d'une poignée à l'unité peut être intéressant dans la mesure où l'on veut équiper une porte de deux poignées au style différent, en fonction de la déco ration de chacune des pièces.

ROSACE
Aussi appelée « plaque de propreté », la rosace a pour fonction de protéger la porte et la serrure quand on manipule la poignée. Le dessin d'une rosace de porte peut se conformer à une esthétique très simple ou devenir un véritable objet d'ornement.

SYSTÈME DE FERMETURE DE PORTE
La poignée doit être adaptée au système de fermeture de la porte. Dans les pièces à vivre, une simple poignée sans serrure ni verrou suffit. Pour préserver l'intimité dans la salle de bains, les toilettes ou la chambre, mieux vaut prévoir un système de fermeture de l'intérieur.

VA-ET-VIENT
Un circuit va-et-vient est un montage électrique qui permet d'allumer ou d'éteindre une lampe (ou tout autre appareil électrique) à partir de deux interrupteurs. Ce principe de montage est recommandé pour les pièces disposant de deux entrées.

VARIATEUR DE LUMIÈRE
Un variateur de lumière permet de faire varier l'intensité lumineuse d'un luminaire. Ce dispositif s'installe à la place d'un simple interrupteur. S'il est lié à un seul point lumineux, le variateur se pose en même temps que la prise électrique correspondante. Il existe également des variateurs à commandes multiples qui fonctionnent à partir de plusieurs points lumineux. Aussi, il est possible de regrouper le système variateur directement sur le tableau électrique général.

miroir

01. AGAPE

DESCRIPTIF : armoires miroir simples ou lumineuses, à combiner
NOM : 4 x 4
DESIGN : Benedini Associati
MATIÈRE/COULEUR : acier inox satiné
DIMENSIONS : de 40 x 40 cm à 40 x 120 cm
EXISTE EN : large gamme de couleurs disponible
PRIX : à partir de 300 €

01.

miroir

01. AGAPE
DESCRIPTIF : armoire miroir avec 3 rangements pour chaussures, 1 étagère simple
DESIGN : Marco Ferreri
MATIÈRE/COULEUR : miroir, montants en aluminium
DIMENSIONS : 38,5 x 23,5 x 123,5 cm
EXISTE EN : verre
GAMME : Barralibera
PRIX : à partir de 500 €

02. FLAMINIA
DESCRIPTIF : miroirs lumineux
DIMENSIONS : 60 x 6 x 120 cm et 70 x 6 x 70 cm
GAMME : Simple
PRIX : env. 700 €

03. FLAMINIA
DESCRIPTIF : miroir lumineux
DIMENSIONS : 120 x 6 x 60 cm
GAMME : Simple
PRIX : env. 700 €

01.

02.

03.

04. FLAMINIA
DESCRIPTIF : miroir lumineux
DIMENSIONS : 150 x 6 x 30 cm
ou 180 x 6 x 30 cm
EXISTE EN : lumière à droite
GAMME : Simple
PRIX : env. 700 €

04.

miroir

01. AGAPE
DESCRIPTIF : miroir rectangulaire inclinable à suspendre
DESIGN : Fabio Bortolani Ermanno Righi
DIMENSIONS : 80 x 10 x 60 cm
GAMME : Bucatini
PRIX : à partir de 200 €

02. AGAPE
DESCRIPTIF : armoire miroirs, miroirs fixes et orientables, étagère centrale, 6 étagères de côté
DESIGN : Marco Ferreri
MATIÈRE/COULEUR : miroir, montants en aluminium
DIMENSIONS : 140 x 11,5 x 63,5 cm
EXISTE EN : verre
GAMME : Barralibera
PRIX : à partir de 500 €

01.

02.

03. AGAPE
DESCRIPTIF : armoire miroir pivotante, comprenant 4 étagères - récipients
DESIGN : Konstantin Grcic
MATIÈRE/COULEUR : finition laqué blanc, étagères en aluminium
DIMENSIONS : 20 x 17 x 60 cm
EXISTE EN : version horizontale
GAMME : Jet
PRIX : à partir de 600 €

04. AGAPE
DESCRIPTIF : armoire à pharmacie, 3 étagères
DESIGN : Marco Ferreri
MATIÈRE/COULEUR : miroir, montants en aluminium
DIMENSIONS : 44 x 11,5 x 48,5 cm
GAMME : Barralibera
PRIX : à partir de 500 €

04.

03.

01/04. AGAPE
DESCRIPTIF : miroir double face avec face grossissante monté sur tuxaux flexibles, à poser ou à fixer au mur
NOM : Fusilli
DESIGN : Giampaolo Benedini
MATIÈRE/COULEUR : cuivre chromé
DIMENSIONS : ø 21 x 50 cm
EXISTE EN : marbre, bois
PRIX : à partir de 400 €

02. AGAPE
DESCRIPTIF : ensemble comprenant miroir, 4 étagères, reposes-verres, distributeur de savon
DESIGN : Konstantin Grcic
MATIÈRE/COULEUR : acier inox satiné, étagères en Corian®
DIMENSIONS :
miroir 60 x 2 x 55 cm
GAMME : Mach
PRIX : accessoires à partir de 100 €

03. AGAPE
DESCRIPTIF : miroirs ronds suspendus, ajustables en hauteur
DESIGN : Fabio Bortolani, Ermanno Righi
DIMENSIONS : ø 50 et ø 25 cm
GAMME : Bucatini
PRIX : à partir de 200 €

02.

03.

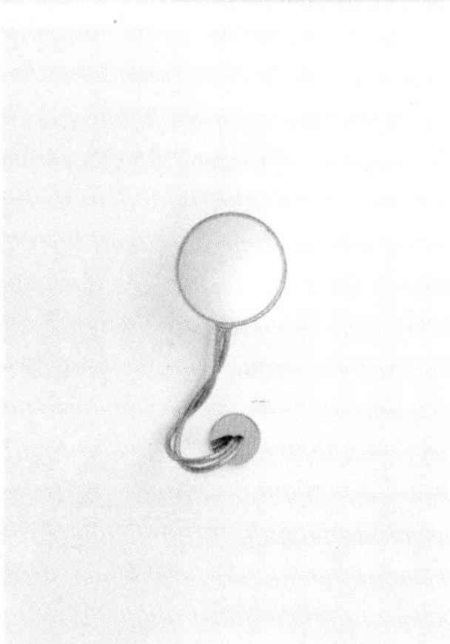
04.

01. MERATI
DESCRIPTIF : miroir encadré
NOM : Eco
DESIGN : Studio B
MATIÈRE/COULEUR : feuille argentée
DIMENSIONS : 85 x 85 cm
EXISTE EN : feuille dorée
PRIX : NC

02. AGAPE
DESCRIPTIF : 2 armoires miroir, 1 miroir simple et 1 élément lumineux combinables
NOM : 4 x 4 Perotel
DESIGN : Benedini Associati
MATIÈRE/COULEUR : acier inox peint
DIMENSIONS : de 40 x 40 cm à 120 x 40 cm
EXISTE EN : large gamme de couleurs disponible
PRIX : env. 2 000 €

03. MERATI
DESCRIPTIF : armoire miroir avec portes ouvrant sur simple pression
NOM : Slide
DESIGN : Merati
DIMENSIONS : 140 x 18 x 60 cm
EXISTE EN : chêne blanchi, teinté ou laqué, autres dimensions disponibles
PRIX : NC

01.

02.

03.

04. AGAPE
DESCRIPTIF : miroirs suspendus
DESIGN : Benedini Associati
MATIÈRE/COULEUR : dos du miroir en Corian® blanc, câbles et pivots en acier
DIMENSIONS : 120 x 140 cm
GAMME : Minuetto
PRIX : à partir de 5 000 €

04.

miroir

01. DURAVIT
DESCRIPTIF : miroir avec applique (lumière chaude / froide), 2 x 14 W
DESIGN : James Irvine
DIMENSIONS : 70 x 4 x 80 cm
EXISTE EN : autres dimensions disponibles
GAMME : Change
PRIX : env. 900 €

02. AGAPE
DESCRIPTIF : miroir lumineux
NOM : Parabola - Vertical
DESIGN : Benedini Associati
MATIÈRE/COULEUR : rampe lumineuse en aluminium blanc verni
DIMENSIONS : 48,5 x 6,5 x 120 cm
EXISTE EN : version horizontale
PRIX : à partir de 1 000 €

01.

miroir

01. DORNBRACHT
DESCRIPTIF : miroir à pied sur roulettes, 3 étagères
NOM : Turn Around
DESIGN : Rodolfo Dordoni
MATIÈRE/COULEUR : acier verni, aluminium mat/blanc, étagères en acrylique satiné
DIMENSIONS :
45 x 40 x 180 cm
GAMME : Interiors
PRIX : env. 1 000 €

02. AQUAMONDO
DESCRIPTIF : miroir lumineux, face grossissante, à fixer au mur
NOM : Arita
DIMENSIONS : 22 x 17 cm
PRIX : env. 100 €

03. IKEA
DESCRIPTIF : miroir face grossissante, à fixer au mur
NOM : Fräc
MATIÈRE/COULEUR : acier inox, verre
DIMENSIONS : ø 17 cm
PRIX : moins de 50 €

01.

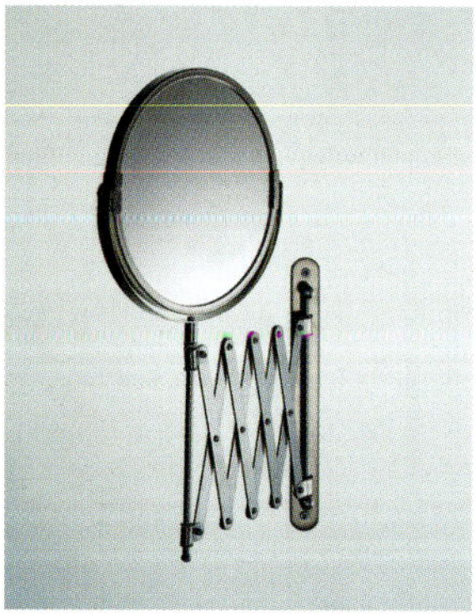
03.

02.

04. AGAPE
DESCRIPTIF : miroirs orientables et ajustables en hauteur
NOM : Spin
DESIGN : Giampaolo Benedini
MATIÈRE/COULEUR : chêne foncé
DIMENSIONS : 47 x 5 x 44 cm
EXISTE EN : chêne, vernis blanc, orange, vert, gris
PRIX : env. 500 €

04.

miroir

01. AGAPE
DESCRIPTIF : ensemble comprenant 1 armoire miroir (4 étagères) et 4 étagères à combiner
DESIGN : Marco Ferreri
MATIÈRE/COULEUR : acier inox satiné
DIMENSIONS :
73,5 x 23,5 x 123,5 cm
GAMME : Barralibera
PRIX : NC

02. DORNBRACHT
DESCRIPTIF : miroir, tablette murale
DESIGN : Rodolfo Dordoni
MATIÈRE/COULEUR : verre
DIMENSIONS :
miroir 45 x 60 cm,
tablette 120 x 15 x 44 cm
GAMME : Interiors
PRIX : miroir 200 €,
tablette 800 €

01.

02.

03. AGAPE
DESCRIPTIF : miroirs suspendus
DESIGN : Benedini Associati
MATIÈRE/COULEUR : dos du miroir en Corian® blanc, câbles et pivots en acier inox
DIMENSIONS : 26 x 40 cm
GAMME : Minuetto
PRIX : NC

03.

miroir

01. MERATI
DESCRIPTIF : miroirs encadrés
NOM : Eco
DESIGN : Studio B
MATIÈRE/COULEUR : feuille argentée
DIMENSIONS : 85 x 85 cm
EXISTE EN : feuille dorée
PRIX : NC

01.

02. MERATI
DESCRIPTIF : miroirs lumineux
NOM : Narciso
DESIGN : Studio B
DIMENSIONS : 60 x 60 cm
PRIX : NC

02.

01. MERATI
DESCRIPTIF : armoires miroir
NOM : Lilliput
DESIGN : Théo Williams
MATIÈRE/COULEUR : portes en miroir, étagères en aluminium
EXISTE EN : plusieurs dimensions disponibles
PRIX : NC

02. DORNBRACHT
DESCRIPTIF : miroir avec tablette lumineuse
NOM : Looking Glass
MATIÈRE/COULEUR : tablette en plexiglas bleu
DIMENSIONS : 68 x 21 x 100 cm
GAMME : Meta Plasma
PRIX : env. 800 €

03. KEUCO
DESCRIPTIF : armoire lumineuse modulable, à poser ou à encastrer, télécommande permettant de changer les couleurs
MATIÈRE/COULEUR : éclairage par diodes électroluminescentes, étagères en verre
DIMENSIONS : module de base 30 x 17 x 70 cm
PRIX : à partir de 300 €

02.

03.

interrupteur

01. MELJAC

DESCRIPTIF : interrupteur à encastrer, double bouton poussoir, plaque sans vis, adaptable uniquement sur boîtier scellé, 2 A/230 V
DESIGN : André Bousquet
MATIÈRE/COULEUR : laiton, nickel brossé
DIMENSIONS : 11,5 x 8 cm
EXISTE EN : large gamme de finitions disponible
PRIX : env. 100 €

01.

interrupteur

01. FONTINI
DESCRIPTIF : interrupteur à encastrer, va-et vient, pour installation horizontale ou verticale en boîte standard, 10/16 A, 250 V
MATIÈRE/COULEUR : cadre en bois, bouton en acier inox
DIMENSIONS : 10 x 10 cm
EXISTE EN : cadre en verre
GAMME : F-37
PRIX : moins de 50 €

01.

02. PARIS GANG
DESCRIPTIF : triple variateur à encastrer, de 300 W à 500 W
MATIÈRE/COULEUR : acier brossé
DIMENSIONS : 15 x 9 cm
EXISTE EN : laiton, nickel brillant, bronze ancien
PRIX : env. 200 €

03. PARIS GANG
DESCRIPTIF : double variateur à encastrer, de 300 W à 500 W
MATIÈRE/COULEUR : acier brossé
DIMENSIONS : 9 x 9 cm
EXISTE EN : laiton, nickel brillant, bronze ancien
PRIX : env. 200 €

04. PARIS GANG
DESCRIPTIF : variateur simple à encastrer, de 300 W à 500 W
MATIÈRE/COULEUR : acier brossé
DIMENSIONS : 9 x 9 cm
EXISTE EN : laiton, nickel brillant, bronze ancien
PRIX : env. 100 €

02.

03.

04.

interrupteur

01. MELJAC
DESCRIPTIF : interrupteur à encastrer, bouton poussoir et va-et-vient, 2 A, 230 V
DESIGN : André Bousquet
MATIÈRE/COULEUR : laiton, nickel brossé
DIMENSIONS : 8 x 11,5 cm
EXISTE EN : large gamme de finitions disponible
PRIX : env. 100 €

02. PARIS GANG
DESCRIPTIF : interrupteur à encastrer, double va-et-vient, 20 A
MATIÈRE/COULEUR : acier brossé
DIMENSIONS : 9 x 9 cm
EXISTE EN : laiton, nickel brillant, bronze ancien
PRIX : env. 100 €

03. PARIS GANG
DESCRIPTIF :interrupteur à encastrer, bouton poussoir
MATIÈRE/COULEUR : acier brossé, 6 A
DIMENSIONS : 9 x 9 cm
EXISTE EN : laiton, nickel brillant, bronze ancien
PRIX : env. 100 €

01.

02.

03.

04. SIMON
DESCRIPTIF : interrupteur à encastrer, bouton poussoir, 10 A, 250 V
MATIÈRE/COULEUR : zamak, acier foncé
DIMENSIONS : 9 x 9 cm
EXISTE EN : large gamme de couleurs disponible
PRIX : NC

05. SIMON
DESCRIPTIF : interrupteur à encastrer, bouton poussoir, 10 A, 250 V
MATIÈRE/COULEUR : zamak, grafite
DIMENSIONS : 9 x 9 cm
EXISTE EN : large gamme de couleurs disponible
PRIX : NC

04.

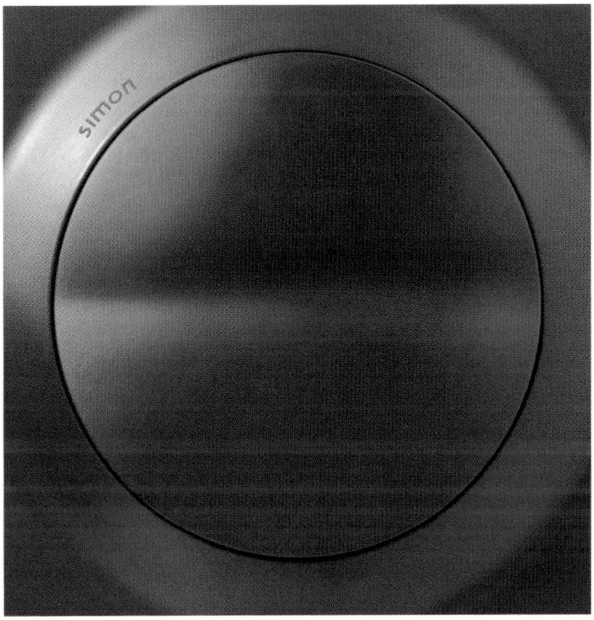

05.

interrupteur

01. HAGER
DESCRIPTIF : interrupteur simple à encastrer
DESIGN : Erwin Van Handenhoven
MATIÈRE/COULEUR : peinture métallisée Carbone
DIMENSIONS : 9 x 8 cm
GAMME : Kallysta
PRIX : moins de 50 €

02. HAGER
DESCRIPTIF : interrupteur simple à encastrer
DESIGN : Erwin Van Handenhoven
MATIÈRE/COULEUR : peinture métallisée Titane
DIMENSIONS : 9 x 8 cm
GAMME : Kallysta
PRIX : moins de 50 €

03. HAGER
DESCRIPTIF : interrupteur simple à encastrer
NOM : Erwin Van Handenhoven
MATIÈRE/COULEUR : peinture métallisée Dune
DIMENSIONS : 9 x 8 cm
GAMME : Kallysta
PRIX : moins de 50 €

04. SIMON
DESCRIPTIF : interrupteur à encastrer, simple va-et-vient, 10 A, 250 V
MATIÈRE/COULEUR : ardoise, acier inox
DIMENSIONS : 10 x 9 cm
EXISTE EN : large gamme de couleurs disponible
PRIX : NC

05. SIMON
DESCRIPTIF : interrupteur à encastrer, simple va-et-vient, 10 A, 250 V
MATIÈRE/COULEUR : acier inox
DIMENSIONS : 10 x 9 cm
EXISTE EN : large gamme de couleurs disponible
PRIX : NC

01.

02.

03.

04.

05.

06. LEGRAND
DESCRIPTIF : interrupteur à encastrer intégrant commande volet roulant et va-et-vient
MATIÈRE/COULEUR : Corian®, finition Pompéi Red
DIMENSIONS : 8 x 21 cm
EXISTE EN : large gamme de couleurs disponible
GAMME : Celiane™
PRIX : moins de 50 €

07. LEGRAND
DESCRIPTIF : interrupteur simple à encastrer
MATIÈRE/COULEUR : finition acajou
DIMENSIONS : 8 x 10 cm
EXISTE EN : large gamme de couleurs disponible
GAMME : Celiane™
PRIX : moins de 50 €

06.

07.

interrupteur

01. MELJAC
DESCRIPTIF : interrupteur semi-encastré, bouton poussoir et plaque sans vis, adaptable uniquement sur boîtier scellé, 2 A, 230 V
DESIGN : André Bousquet
MATIÈRE/COULEUR : laiton massif, bronze médail clair
DIMENSIONS : ø 8 cm
EXISTE EN : large gamme de finitions disponible
PRIX : env. 100 €

02. MELJAC
DESCRIPTIF : interrupteur à encastrer, bouton poussoir, 2 A, 230 V
DESIGN : André Bousquet
MATIÈRE/COULEUR : laiton, champagne
DIMENSIONS : ø 6 cm
EXISTE EN : large gamme de finitions disponible
PRIX : env. 100 €

03. MELJAC
DESCRIPTIF : interrupteur à encastrer, bouton poussoir, 2 A, 230 V
DESIGN : André Bousquet
MATIÈRE/COULEUR : verre, rouge
DIMENSIONS : ø 9,5 cm
EXISTE EN : large gamme de couleurs disponible
GAMME : Pierrot
PRIX : env. 200 €

04. MELJAC
DESCRIPTIF : interrupteur à encastrer, bouton poussoir, 2 A, 230 V
DESIGN : André Bousquet
MATIÈRE/COULEUR : verre, vert
DIMENSIONS : 8 x 8 cm
EXISTE EN : large gamme de couleurs disponible
GAMME : Pierrot
PRIX : env. 200 €

05. MELJAC
DESCRIPTIF : interrupteur à encastrer, bouton poussoir, 2 A, 230 V
DESIGN : André Bousquet
MATIÈRE/COULEUR : laiton, canon de fusil ardoise
DIMENSIONS : 8 x 11,5 cm
EXISTE EN : large gamme de couleurs disponible
PRIX : env. 100 €

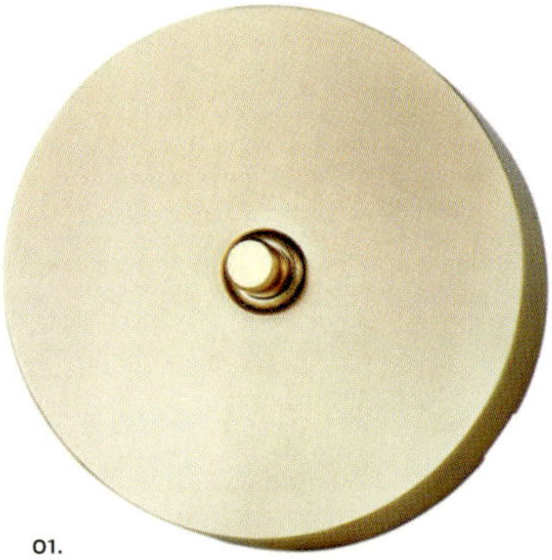
01.

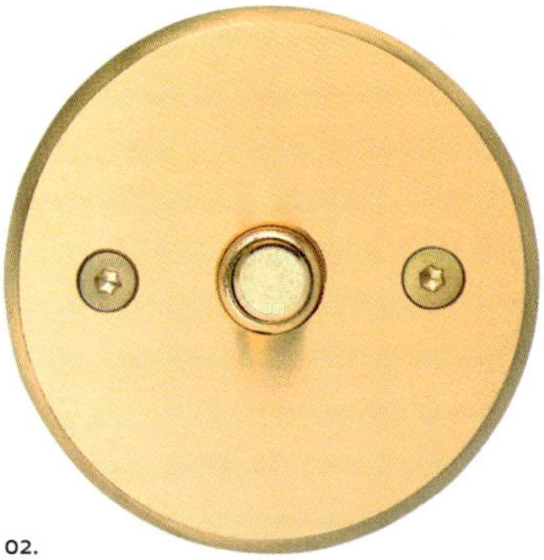
02.

03.

04.

05.

06. MELJAC
DESCRIPTIF : interrupteur à encastrer, bouton poussoir et va-et-vient 2 A, 230 V
DESIGN : André Bousquet
MATIÈRE/COULEUR : verre, bleu
DIMENSIONS : 8 x 11,5 cm
EXISTE EN : large gamme de couleurs disponible
GAMME : Pierrot
PRIX : env. 200 €

07. MELJAC
DESCRIPTIF : interrupteur à encastrer, double va-et-vient, 10 A, 230 V
DESIGN : André Bousquet
MATIÈRE/COULEUR : verre, turquoise
DIMENSIONS : 8 x 11,5 cm
EXISTE EN : large gamme de couleurs disponible
GAMME : Pierrot
PRIX : env. 200 €

08. MELJAC
DESCRIPTIF : interrupteur à encastrer, va-et-vient, 10 A, 230 V
DESIGN : André Bousquet
MATIÈRE/COULEUR : verre, saumon
DIMENSIONS : 8 x 8 cm
EXISTE EN : large gamme de couleurs disponible
GAMME : Pierrot
PRIX : env. 200 €

06.

07.

08.

chasse d'eau

01. GEBERIT
DESCRIPTIF : chasse d'eau simple touche, interrompable
NOM : Rumba
MATIÈRE/COULEUR : matière synthétique
DIMENSIONS : 24 x 1,5 x 16 cm
EXISTE EN : large gamme de couleurs disponible
GAMME : Danceline
PRIX : moins de 50 €

01.

GEBERIT

chasse d'eau

01. GEBERIT
DESCRIPTIF : chasse d'eau double touche
NOM : Twist
MATIÈRE/COULEUR : fonte d'aluminium
DIMENSIONS : 24 x 1,5 x 16 cm
EXISTE EN : large gamme de couleurs disponible
GAMME : Danceline
PRIX : env. 100 €

02. GEBERIT
DESCRIPTIF : chasse d'eau simple touche, interrompable
NOM : Mambo
MATIÈRE/COULEUR : acier inox brossé
DIMENSIONS : 24 x 2,5 x 16 cm
GAMME : Danceline
PRIX : env. 100 €

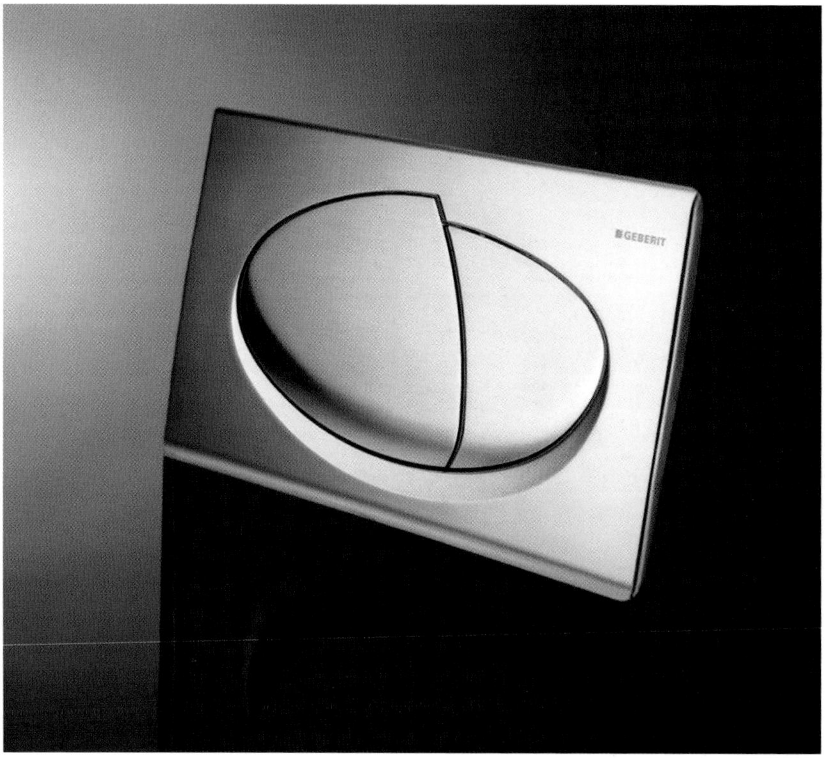

01.

02.

03. GEBERIT
DESCRIPTIF : chasse d'eau simple touche, interrompable
NOM : Tango
MATIÈRE/COULEUR : fonte d'aluminium
DIMENSIONS : 24 x 1 x 16 cm
EXISTE EN : large gamme de couleurs disponible
GAMME : Danceline
PRIX : moins de 50 €

04. GEBERIT
DESCRIPTIF : chasse d'eau double touche
NOM : Bolero
MATIÈRE/COULEUR : matière synthétique
DIMENSIONS : 24 x 1 x 16 cm
EXISTE EN : large gamme de couleurs disponible
GAMME : Danceline
PRIX : moins de 50 €

03.

04.

chasse d'eau

01/02. GEBERIT
DESCRIPTIF : chasse d'eau double touche
NOM : Samba
MATIÈRE/COULEUR : matière synthétique
DIMENSIONS : 24 x 1,5 x 16 cm
EXISTE EN : large gamme de couleurs disponible
GAMME : Danceline
PRIX : moins de 50 €

01.

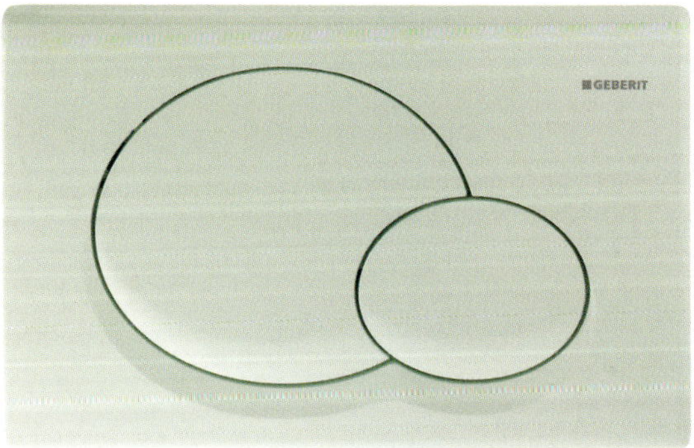

02.

03. GEBERIT
DESCRIPTIF : chasse d'eau double touche
NOM : Kappa 20
MATIÈRE/COULEUR : matière synthétique
DIMENSIONS : 21 x 2 x 14 cm
EXISTE EN : large gamme de couleurs disponible
PRIX : moins de 50 €

04. GEBERIT
DESCRIPTIF : chasse d'eau double touche
NOM : Kappa 50
MATIÈRE/COULEUR : acier inox brossé
DIMENSIONS : 21 x 1,5 x 14 cm
PRIX : env. 100 €

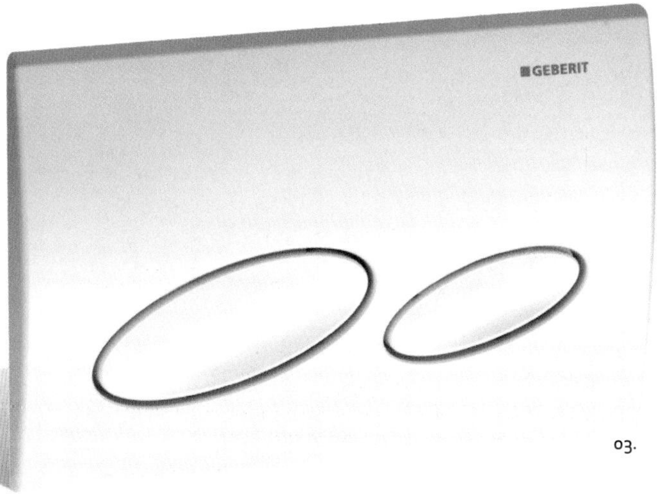

03.

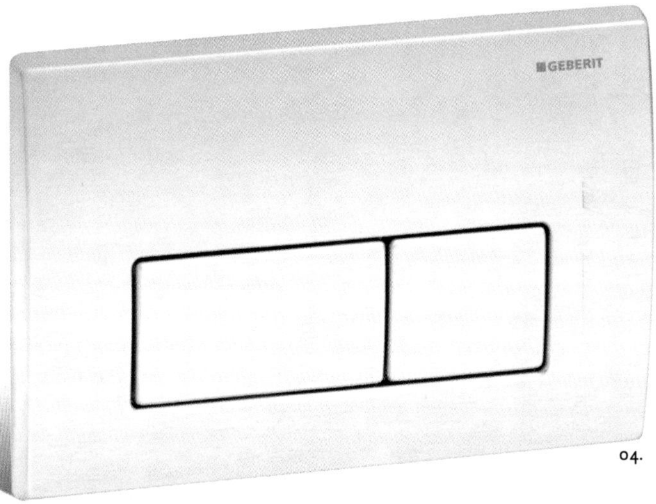

04.

poignée

01. FREE GO
DESCRIPTIF : poignée de porte lumineuse, possibilité de choisir la couleur et l'intensité de la lumière
NOM : Leo
MATIÈRE/COULEUR : Corian®, Surlyn®
DIMENSIONS : 11 x 5 cm
EXISTE EN : large gamme de couleurs disponible
PRIX : NC

01.

poignée

01/02/03. LES VERRERIES DE BREHAT

DESCRIPTIF : poignée de porte ovale
MATIÈRE/COULEUR : verre
DESIGN : Yves Neumager
DIMENSIONS : 6 x 4 cm
EXISTE EN : forme sphérique, forme disque, version translucide, large gamme de couleurs disponible
PRIX : env. 100 €

01.

02.

04. LES VERRERIES DE BREHAT

DESCRIPTIF : poignée de porte ovale, bulle centrale à couronne
MATIÈRE/COULEUR : verre
DESIGN : Yves Neumager
DIMENSIONS : 6 x 4 cm
EXISTE EN : forme sphérique, forme disque, version translucide, large gamme de couleurs disponible
PRIX : env. 100 €

03.

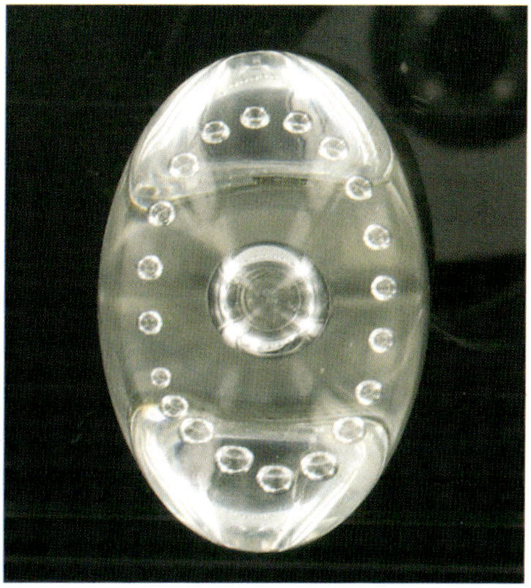

04.

poignée

01. HEWI
DESCRIPTIF : poignée de porte avec rosace, système de fermeture à clé intérieur et extérieur
MATIÈRE/COULEUR : polyamide, acier inox
DIMENSIONS : 13,5 x 8 cm
EXISTE EN : large gamme de couleurs disponible
PRIX : moins de 50 €

02. HEWI
DESCRIPTIF : poignée de porte avec rosace, système de fermeture à clé intérieur et extérieur
MATIÈRE/COULEUR : polyamide, acier inox
DIMENSIONS : 14 x 8 cm
EXISTE EN : large gamme de couleurs disponible
PRIX : moins de 50 €

03. HEWI
DESCRIPTIF : poignée de porte avec rosace, système de fermeture à clé intérieur et extérieur
MATIÈRE/COULEUR : polyamide, acier inox
DIMENSIONS : 15 x 9 cm
EXISTE EN : large gamme de couleurs disponible
PRIX : env. 100 €

01.

02.

poignée

01. FREE GO
DESCRIPTIF : poignée de porte en pierre semi-précieuse
NOM : New Age
MATIÈRE/COULEUR : malachite
DIMENSIONS : 11 x 5 cm
EXISTE EN : lapis-lazuli, améthyste, œil de tigre, jaspe
PRIX : env. 300 €

01.

02/03/04. FREE GO
DESCRIPTIF : poignée de porte anti-choc
NOM : No Shock
MATIÈRE/COULEUR : élastomère thermoplastique polyester
DIMENSIONS : 11 x 5 cm
EXISTE EN : version aromathérapie, large gamme de couleurs et d'essences disponible
PRIX : moins de 50 €

02.

03.

04.

poignée

01. FSB
DESCRIPTIF : poignée de porte avec rosace, système de fermeture à clé intérieur et extérieur
MATIÈRE/COULEUR : aluminium
DIMENSIONS : 13 x 5 cm
EXISTE EN : aluminium gris, acier inox
PRIX : env. 100 €

02. FSB
DESCRIPTIF : poignée de porte avec rosace, système de fermeture à clé intérieur et extérieur
DESIGN : Behles et Jochimsen
MATIÈRE/COULEUR : aluminium
DIMENSIONS : 12 x 6 cm
EXISTE EN : aluminium gris
PRIX : env. 100 €

03. FSB
DESCRIPTIF : poignée de porte avec rosace, système de fermeture à clé intérieur et extérieur
DESIGN : Miguel Milá
MATIÈRE/COULEUR : aluminium
DIMENSIONS : 14 x 6 cm
EXISTE EN : aluminium gris, acier inox
PRIX : env. 100 €

04. FSB
DESCRIPTIF : poignée de porte avec système de fermeture à clé intérieur et extérieur
DESIGN : Christoph Ingenhoven
MATIÈRE/COULEUR : aluminium
DIMENSIONS : 13,5 x 6 cm
EXISTE EN : aluminium gris
PRIX : env. 100 €

05. FSB
DESCRIPTIF : poignée de porte avec rosace, système de fermeture à clé intérieur et extérieur
MATIÈRE/COULEUR : aluminium
DIMENSIONS : 14 x 6 cm
EXISTE EN : aluminium gris, acier inox, laiton
PRIX : env. 100 €

01.

02.

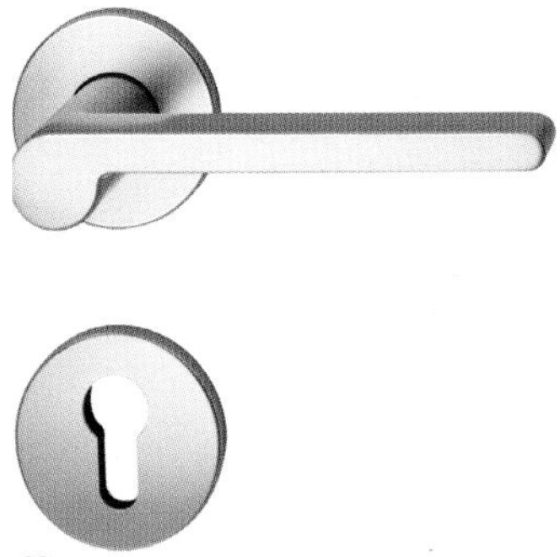
03.

04.

05.

06. FSB
DESCRIPTIF : poignée de porte avec système de fermeture à clé intérieur et extérieur
DESIGN : Philippe Starck
MATIÈRE/COULEUR : aluminium
DIMENSIONS : ø 18,5 cm
PRIX : env. 200 €

06.

Annexes

- INDEX
- ADRESSES WEB
- CRÉDITS

index

DESIGNERS

index

MARQUES

adresses web

Acova	www.acova.fr
Ad Hoc	www.madeadhoc.com
AEG	www.aeg-electrolux.be/fr
AGA	www.agafrance.fr
Agape	www.agapedesign.it
Alape	www.alape.com
Alessi	www.alessi.com
Aquamass	www.aquamass.com
Aquamondo	www.aquamondo.fr
Arbonia	www.arbonia.fr
Ariston	www.ariston-france.fr
Arthur Martin Electrolux	www.electrolux.fr
Ateliers des Mousselières	www.mousselieres.com
Atlantic	www.atlantic.tm.fr
Axia	www.axia.be
Axor	www.axor-design.com
Binova	www.binova.com
Bisque	www.bisque-exports.com
Blinox	www.blinox.fr
Blomus	www.blomus.com
Bodart & Gonay	www.b-g.be
Boffi Bains	www.boffibains.com
Boffi Cuisines	www.boffi-cuisines.com
Bosch	www.bosch.fr
Brandt	www.brandt.com
Bulthaup	www.bulthaup.fr
Carisa	www.le-webstore.com/carisa.htm
Casa Cucine	www.casacucine.com
Cascade Design	www.cascade-bain.com
Castorama	www.castorama.fr
Cesa	www.cesa.tm.fr
Cheminées de Chazelle	www.chazelles.com
Cheminées Philippe	www.chemineesphilippe.com
Ciatti a Tavola	www.ccrdesign.it
Comera	www.comera.com
Conmoto	www.ppcmsarl.fr
Decotec	www.decotec.fr
De Dietrich	www.dedietrich-electromenager.com
Dornbracht	www.dornbracht.com/fr
Dupont	www.corian.com
Durat	www.durat.com
Duravit	www.duravit.fr
Duscholux	www.duscholux.fr
Ecosmart	www.ecosmartfire.com
Elica	www.elica.com
Elmar	www.elmarcucine.com
Eskimo	www.le-webstore.com/eskimo.htm
Fantini	www.fantini.it
Finimetal	www.finimetal.fr
Fisher & Paykel	www.fisherpaykel.com
Flaminia	www.flaminiafrance.com
Focus	www.focus-creation.com
Fondis	www.fondis.fr
Fontini	www.fontini.com
Franke	www.franke.fr
Free Go	www.freegodesign.com
FSB	www.fsb.de
Gaggenau	www.gaggenau.com
Geberit	www.geberit.fr
Glemgas	www.glemgas.com
Godin	www.godin.fr
Gorenje	www.gorenje.fr
Grohe	www.grohe.fr
Hager	www.hager.fr
Hansa	www.hansa.de/fr
Hansgrohe	www.hansgrohe.com
Hase	www.hase.fr
Hewi	www.hewi.fr
HSK	www.hsk-duschkabinenbau.de
Ideal Standard	www.idealstandard.fr
Ikea	www.ikea.fr

Indesit	www.indesit.com
Irsap	www.irsap.it
Jacob Delafon	www.jacobdelafon.com
Jado	www.jado.com
Kermi	www.kermi.fr
Keuco	www.keuco.de
Kitchoo	www.kitchoo.com
Kohler	www.kohler.com
La Cornue	www.lacornue.com
Legrand	www.legrand.fr
Leicht	www.leicht.de
Meljac	www.meljac.fr
Merati	www.merati.com
Miele	www.miele.fr
Neff	www.neff.co.uk
Paini	www.paini.fr
Paris Gang	www.parisgang.com
Piros	www.piros.fr
Planika Decor	www.planikadecor.com
Prestige sanitaire	www.prestige-sanitaire.fr
Ritmonio	www.ritmonio.it
Rocal	www.rocal.es
Rosières	www.rosieres.fr
Sauter	www.sauter-electromenager.com
Schiffini	www.schiffini.it
Scholtes	www.scholtes.fr
Siematic	www.siematic.com
Siemens	www.siemens-electromenager.com
Simon	www.simon.es
Smeg	www.smeg.fr
Snaidero	www.snaidero.it
Stûv	www.stuv.fr
Sub-Zero	www.subzero.com
Thermic	www.thermic.be
Tifon	www.tifon.com
Toncelli	www.toncelli.it
Toscoquattro	www.toscoquattro.it
Valentin	www.valentin.fr
Vedette	www.vedette.com
Verreries de Bréhat	www.verreriesdebrehat.com
Villeroy & Boch	www.villeroy-boch.com
Zehnder	www.zehnder.fr
Waco & C°	www.wacoandco.be
Water Monopoly	www.watermonopoly.com

crédits photographiques

p. 12-13 Agape / p. 14 Durat / p. 15 n°2 ; n°4 Durat ; n°3 Aquamass ; n°5 Duravit / p. 16-17 Flaminia / p. 18 n°1, n°3, n°4 Boffi ; n°2 Axia / p. 20 Toscoquattro / p. 21 n°2 Toscoquattro ; n°3 Villeroy & Boch / p. 22 n°1, n°3 Agape ; n°2 Prestige Sanitaire / p. 23 Agape / p. 24 n°1 Durat ; n°2 Duravit / p. 25 n°3 Prestige Sanitaire ; n° 4 Kohler Co / p. 26-29 The Water Monopoly / p. 30 n°1, n°2, n°3 Valentin ; n°4 Castorama / p. 31 Duravit / p. 32 Jacob Delafon / p. 33 n°2, n°3, n°4, n°5, n°6 Valentin ; n°7, n°8 Hansgrohe / p. 34 Valentin / p. 35 Jacob Delafon / p. 36-37 Agape / p. 38 n°1 Agape ; n°2 Hansgrohe,/ p. 39 Agape / p. 40 Duravit / p. 41 Cascade Design / p. 42 Kohler Co / p. 43 n°2 Alessi ; n°3, n°4 HSK / p. 44 Valentin / p. 45 Hansgrohe / p. 46 Duscholux / p. 47 Dornbracht / p. 48 Valentin / p. 49 n°6, n°10 Hansgrohe ; n°7, n°8, n°9 Valentin / p. 50 Dornbracht / p. 51 n°2, n°4 Dornbracht ; n°3 Kohler Co / p. 52 Agape / p. 53 n°2 Dornbracht ; n°3 Hansgrohe / p. 54 n°1 Robinetterie Ritmonio Srl ; n°2, n°3, n°4 Dornbracht / p. 56-57 Fantini / p. 58 Hansgrohe / p. 59 n°3, n°5 Hansgrohe ; n°2, n°4, n°6, n°7, n°8, n°9, n°10 Valentin / p. 60-61 Valentin / p. 62 n°1 n°2, n°3, n°4, n°5 Valentin ; n°6 Hansgrohe / p. 63 Hansgrohe / p. 64 Durat / p. 65 Flaminia / p. 66 n°1 Villeroy & Boch ; n°2 Duravit / p. 67-68 Jacob Delafon / p. 69 Valentin / p. 70-71 Toscoquattro / p. 72 n°1 Duravit ; n°2 Flaminia / p. 73-74 Flaminia / p. 75 Agape / p. 76 n°1, n°3 Duravit ; n°2 Alape / p. 77 n°4, n°7 Jacob Delafon ; n°5, n°6 Franke / p. 78 Toscoquattro / p. 79 n°2 Toscoquattro ; n°3 Kohler Co / p. 80 n° 1 Duravit ; n°2, n°3 Decotec / p. 81 n°4, n°5, Decotec ; n°6 Villeroy & Boch / p. 82 n°1 Alape ; n°2 Jacob Delafon / p. 83 n°3 Toscoquattro ; n°4 Duravit / p. 84 Kohler Co / p. 85 n°2 Alape ; n°3 Duravit ; n°4 Dupont / p. 86 n°1 Jacob Delafon ; n°2 Flaminia / p. 87 n°3 Flaminia ; n°4, n°5 Agape / p. 88 Toscoquattro / p. 89 Duravit / p. 90 Durat / p. 91 Arup product design-Durat / p. 92-94 Duravit / p. 95 Nexa Arquitectonica / p. 96 n°1 Duravit ; n°2 Alessi ; n°3 Alape / p. 97 Duravit / p. 98 Dupont / p. 99 n°2, n°3, n°5 Boffi ; n°4 Duravit / p. 100 n°1 Toscoquattro ; n°2 Duravit ; n°3 Jacob Delafon / p. 101-105 Duravit / p. 106 n°1, n°2 Flaminia ; n°3 Duravit / p. 107 Flaminia / p. 108 n°1 Jacob Delafon ; n°2 Durat / p. 109 Dupont / p. 110 Duravit / p. 111 Boffi / p. 112 n°1 Agape ; n°2 Duravit ; n°3 Jacob Delafon ; n°4 Villeroy & Boch / p. 113 Duravit / p. 114 n°1, n°2 Jacob Delafon ; n°3 Agape / p. 115 Duravit / p. 116 n°1, n°3 Agape ; n°2 Durat / p. 117 n°4 Prestige Sanitaire ; n°5 Villeroy & Boch / p. 118 n°1 Villeroy & Boch ; n°2 Alape ; n°3 Duravit / p. 119 Duravit / p. 120-121 Dornbracht / p. 122 Boffi / p. 123 n°2 Paini ; n°3 Grohe / p. 124 Toscoquattro / p. 125 Dornbracht / p. 126 n°1 Boffi ; n°2 Fantini ; n°3 Hansa / p. 127 Boffi / p. 128 Jacob Delafon / p. 129 Grohe / p. 130 n°1, n°3 Grohe ; n°2, n°4, n°5 Ikea / p. 131 Grohe / p. 132 Dornbracht / p. 133 n°2, n°3 Dornbracht ;n°4 Paini / p. 134 Dornbracht / p. 135 n°2, n°4 Dornbracht ; n°3 Alessi / p. 136 n°1 Hansgrohe ; n°2, n°3 Dornbracht / p. 137 Dornbracht / p.138 n°1, n°2 Dornbracht ; n°3 Paini ; n°4 Prestige Sanitaire / p. 139 n°5 Dornbracht ; n°6 Fantini / p. 140 Dornbracht / p. 141 Hansgrohe / p. 142 Dornbracht / p. 143 n°3 Dornbracht ; n°4 Robinetterie Ritmonio Srl / p. 144 Robinetterie Ritmonio Srl / p. 145 n°2 Hansa ; n°3 Dornbracht / p. 146-147 Grohe / p. 148-150 Flaminia / p. 151 Alessi / p. 152 Jacob Delafon / p. 153 n°2 Duravit ; n°3 Jacob Delafon / p. 154 Duravit / p. 155 n°2, n°4 Duravit ; n°3 Franke / p. 156 Jacob Delafon / p. 157 n°2, n°3, n°5, n°6 Jacob Delafon ; n°4 Franke / p. 158 Jacob Delafon / p. 159 Duravit /

p. 166-167 Elmar – Indoor / p. 168 n°1 Schiffini Mobili Cucine SpA / p. 169 n°2, n°3, n°4 Schiffini Mobili Cucine SpA ; n°5 Casa Cucine design by Cesar / p. 170-171 Schiffini Mobili Cucine SpA / p. 172 Casa Cucine design by Cesar / p. 173 n°4 Binova ; n°5, n°7 Casa Cucine design by Cesar ; n°6 Cesa / p. 174 Binova / p. 175-177 Casa Cucine design by Cesar / p. 178 Leicht Küchen AG / p. 179 n°2 Bulthaup – Christophe Kicheler ; n°3 Leicht Küchen AG ; n°4 Siematic / p. 180 n°1 Snaidero ; n°2 Boffi, ; n°3 Binova / p. 181 n°4 Snaidero ; n°5 Siematic ; n°6 Leicht Küchen AG ; n°7 Casa Cucine design by Cesar / p. 182 n°1, n°3 Leicht Küchen AG ; n°2 Snaidero ; n°4 Siematic / p. 183 Boffi / p. 184 n°1 Siematic ; n°2 Comera ; n°3 Binova ; n°4 Bulthaup – Christophe Kicheler / p. 185-187 Siematic / p. 188 n°1 Leicht Küchen AG ; n°2 Alessi – Gianni Antoniali / p. 189 Alessi – Gianni Antoniali / p. 190-191 Toncelli Cucine SpA / p. 192 Alessi - Gianni Antoniali / p. 193 n°2, n°5 Snaidero ; n°3, n°4 Casa Cucine design by Cesar / p. 194-195 La Cornue / p. 196-197 Boffi / p. 198 Toncelli Cucine SpA / p. 199 Boffi / p. 200-201 Toncelli Cucine SpA / p. 202 n°1 Candy Hoover ; n°2 Gorenje France SAS / p. 203 n°3 Brandt Appliances ; n°4 Candy Hoover ; n°5 Kitchoo Suisse SA / p. 204-205 Kitchoo Suisse SA / p. 206-207 Fischer & Paykel / p. 208 n°1 Brandt Appliances ; n°2 Fischer & Paykel ; n°3, n°4 Sub-Zero Freeze Company / p. 209 n°5, n°6 Smeg ; n°7 Gaggenau / p. 210 n°1 Scholtes ; n°2 Sub-Zero Freeze Company – Hans Gissinger / p. 211 n°3, n°4, n°5 Smeg ; n°6 Gorenje France SAS / p. 212-213 Smeg / p. 214 n°1 Gorenje France SAS ; n°2 Brandt Appliances ; n°3 Candy Hoover ; n°4 Indesit ; n°5 Ariston / p. 215 n°6 Siemens ; n°7 Sub-Zero Freeze Company / p. 216 n°1 Smeg ; n°2 Electrolux Arthur Martin / p. 217-218 Smeg / p. 219 n°2 Gaggenau ; n°3 Brandt Appliances ; n°4 Gorenje France SAS / p. 220-222 Smeg / p. 223 Fischer & Paykel / p. 224 n°1 Ariston ; n°2 Scholtes / p. 225 n°3 Scholtes ; n°4 Brandt Appliances ; n°5 Gorenje France SAS ; n°6 Candy Hoover / p. 226-227 Smeg / p. 228 n°1, n°2, n°3 Aga ; n°4, n°5 La Cornue / p. 229 n°6 La Cornue ; n°7, n°8 Godin SA 02120 Guise / p. 230 n°1 Godin SA 02120 Guise ; n°2, n°4 Brandt Appliances ; n°3 Aga / p. 231 Godin SA 02120 Guise / p. 232 n°1 Smeg ; n°2 Candy Hoover / p. 233-234 Smeg / p. 235 n°2 Smeg ; n°3 Airlux ; n°4 Brandt Appliances ; n°5 Ariston ; n°6 Bosch ; n°7, n°8 Neff / p. 236 n°1, n°5 Ariston ; n°2, n°6 Scholtes ; n°3 Airlux ; n°4 Brandt Appliances / p. 237 Smeg / p. 238 n°1 Miele ; n°2 Scholtes ; n°3, n°4 Gorenje France SAS / p. 239 Gaggenau / p. 240 n°1 Smeg ; n°2 Scholtes / p. 241 Gaggenau / p. 242 Brandt Appliances / p. 243 Gaggenau / p. 244 Smeg / p. 245 n°2 Smeg ; n°3 Brandt Appliances / p. 246 n°1, n°2 Fischer & Paykel ; n°3 Neff / p. 247 Miele / p. 248 Candy Hoover / p. 249 Smeg / p. 250 Candy Hoover / p. 251 n°7, n°8, n°9 Siemens ; n°10 Brandt Appliances / p. 252 n°1, n°2, n°3 Wolf Appliance Company ; n°4 Smeg ; n°5 Airlux ; n°6 Candy Hoover / p. 253 Gaggenau / p. 254 Scholtes / p. 255 Bosch / p. 256 n°1 Gorenje France SAS ; n°2 Fischer & Paykel ; n°3, n°4 Smeg ; n°5 Neff ; n°6 Brandt Appliances / p. 257 Smeg / p. 258 n°1 Scholtes ; n°2, n°3 Brandt Appliances / p. 259 Smeg / p. 260 n°1, n°2, Smeg ; n°3 Gorenje France SAS / p. 261 n°4, n°7 Smeg ; n°5, n°6 Brandt Appliances / p. 262 n°1 Brandt Appliances ; n°2, n°3 Smeg / p. 263 n°4, n°5 Gorenje France SAS ; n°6, n°7 Smeg ; n°8 Gaggenau / p. 264 n°1, n°3, n°4 Brandt Appliances ; n°2 Candy Hoover / p. 265 n°5 Smeg ; n°6 Brandt Appliances / p. 266 Ariston /p. 267 n°2 Gorenje France SAS ; n°3, n°4 Brandt

crédits photographiques

Appliances ; n°5 Scholtes / p. 268 AEG / p. 269 Gaggenau / p. 270 n°1 Neff ; n°2 Siemens / p. 271 n°3 Miele ; n°4 Gaggenau / p. 272-274 Elica / p. 275 n°2, n°3 Elica ; n°4 Brandt Appliances / p. 276-281 Elica /p. 282 n°1 Elica ; n°2 Wolf Appliance Company ; n°3 Gaggenau / p. 283 n°4 Elica ; n°5 Smeg / p. 284 Gaggenau / p. 285 Smeg / p. 286-287 Elica / p. 288 Miele / p. 289 Elica / p. 290-291 Fischer & Paykel / p. 292-293 Smeg / p. 294 Gaggenau / p. 295 Fischer & Paykel / p. 296 n°1 Brandt Appliances ; n°2 Smeg / p. 297 Smeg / p. 298 n°1, n°2 Airlux ; n°3 Brandt Appliances / p. 299 Fischer & Paykel / p. 300 Smeg / p. 301 n°3, n°4 Ariston ; n°5 Brandt Appliances ; n°6 Electrolux Arthur Martin / p. 302-303 Kohler Co / p. 304 n°1, n°2, n°3 Kohler Co ; n°4 Seam / p. 305 Kohler Co / p. 306 n°1, n°2 Franke ; n°3 Jacob Delafon / p. 307 Franke / p. 308 Villeroy & Boch / p. 309-311 Franke / p. 312-313 Kohler Co / p. 314-321 Franke / p. 322 Smeg / p. 323 Franke / p. 324-325 Dornbracht / p. 326 n°1 Dornbracht ; n°2 Kohler Co / p. 327-329 Dornbracht / p. 330 Kohler Co / p. 331 Franke / p. 332 n°1, n°2 Kohler Co ; n°3 Ideal Standard / p. 333 Ideal Standard / p. 334 Franke / p. 335 Ideal Standard / p. 336 Dornbracht / p. 337 n°2, n°4 Kohler Co ; n°3 Ideal Standard / p. 338 Franke / p. 339-340 Dornbracht / p. 341 Franke / p. 342 Dornbracht / p. 343 n°2 Ideal Standard ; n°3 Kohler Co / p. 348-349 Concept & forme – Médiane / p. 350 Focus – Atelier Dominique Imbert / p. 351 Focus – Atelier Dominique Imbert / p. 352 n°1 Piros, n°2 Manufacturas Rocal SA / p. 353 Focus – Atelier Dominique Imbert / p. 354 Focus – Atelier Dominique Imbert / p. 355 Focus – Atelier Dominique Imbert / p. 356 n°1, n°3 Piros ; n°2 Cheminées Philippe / p. 357 n°4 Tifon ; n°5 Piros / p. 358 n°1, n°2 Focus – Atelier Dominique Imbert ; n°3 Tifon / p. 359 Piros / p. 360-361 Focus – Atelier Dominique Imbert / p. 362 Manufacturas Rocal SA / p. 363 Concept & forme – Jean-Luc Laloux / p. 364 n°1 Cheminées de Chazelles ; n°2 Bodart & Gonay ; n°3 Focus – Atelier Dominique Imbert / p. 365 n°4 Fondis / p. 366 Piros / p. 367 Concept & forme – Médiane / p. 368-369 Focus – Atelier Dominique Imbert / p. 369 Focus – Atelier Dominique Imbert / p. 370- 371 Piros / p. 372 n°1, n°3 Cheminées de Chazelles ; n°2 Planika Decor / p. 373 Fondis / p. 374-375 Cheminées Philippe/ p. 376 Waco & C°/ p. 377 n°2, n°3 Fondis ; n°4 Concept & forme – Daubersy / p. 378 Focus – Atelier Dominique Imbert / p. 379 Piros / p. 380 n°1 Focus – Atelier Dominique Imbert ; n°2, n°3 Piros / p. 381 Piros / p. 382 n°1 Focus – Atelier Dominique Imbert ; n°2 Piros / p. 383 Planika Decor / p. 384-385 Focus – Atelier Dominique Imbert / p. 386-387 Conmoto / p. 388-389 Ecosmart / p. 390 Planika Decor / p. 391-396 Ecosmart / p. 397 n°2, n°3 Blomus ; n°4 Ecosmart / p. 398-399 Hase / p. 400-401 Cheminées Philippe / p. 402 Godin / p. 403 n°2 Hase ; n°3 Concept & forme – Médiane ; n°4 Cheminées Philippe / p. 404 Manufacturas Rocal SA / p. 405 Concept & forme – Daubersy / p. 406-407 Hase / p. 408-409 Godin / p. 410-411 IRSAP SpA / p. 412 n°1 Thermic ; n°2 IRSAP SpA / p. 413 Acova / p. 414 n°1 Eskimo ; n°2 Thermic / p. 415 n°3 Thermic ; n°4 Eskimo / p. 416 Acova / p. 417 Thermic / p. 418-419 Carisa / p. 420 n°1 Finimetal ; n°2, n°3 Arbonia / p. 421 Fondis / p. 422-423 Eskimo / p. 424 n°1, n°2 Carisa ; n°3 Bisque / p. 425-427 Ad Hoc / p. 428-430 Thermic / p. 431 Acova / p. 432 n°1 Zehnder ; n°2, n°3 IRSAP SpA / p. 433 n°4 Acova ; n°5 Thermic / p. 434 Thermic / p. 435 Ad Hoc / p. 436 n°1 Atlantic ; n°2 Finimetal/ p. 437 Kermi / p. 438 Finimetal / p. 439 n°3 Kermi ; n°4 Arbonia ; n°5

Finimetal ; n°6 Eskimo / p. 440-441 Carisa / p. 446-447 Agape / p. 448 n°1 Agape ; n°2, n°3 Flaminia / p. 449 Flaminia / p. 450-453 Agape / p. 454 n°1, n°3 Merati Srl ; n°2 Agape / p. 455 Agape / p. 456 Duravit / p. 457 Agape / p. 458 n°1 Dornbracht ; n°2 Aquamondo ; n°3 Ikea / p. 459 Agape / p. 460 n°1 Agape ; n°2 Dornbracht / p. 461 Agape / p. 462-464 Merati Srl / p. 465 n°2 Dornbracht ; n°3 Keuko / p. 466-467 Meljac / p. 468 Fontini / p. 469 Paris Gang / p. 470 n°1 Meljac ; n°2, n°3 Paris Gang / p. 471 Simon SA / p. 472 n°1, n°2, n°3 Hager ; n°4, n°5 Simon SA / p. 473 Legrand / p. 474-475 Meljac / p. 476-481 Geberit / p. 482-483 F.lli Razetto & casareto SpA / p. 484-485 Les Verreries de Bréhat / p. 486-487 Hewi / p. 488-489 F.lli Razetto & casareto SpA / p. 490-491 FSB.

RÉDACTION & RÉALISATION :

CASSI EDITION

Julien Guillemard

Sabine Alaguillaume, Victor Audouin, Dorothée Baignères, Vanessa Blondel, Emmanuelle Bons, Laetitia Mazzocchi, Jane Néaumet, Sabrina Regoui.

Direction artistique : Romain Nougairède.

CASSI EDITION **remercie**
Jean Abou, Stéphane Dougoud, Nathalie Moine et Patrice Renard.

Dépôt légal : septembre 2007
ISBN : 978-2-501-05576-5
4044814/01
Imprimé en Espagne par Graficas Estella